Frontiere Einaudi

www.einaudi.it

ISBN 978-88-06-23280-1

Corrado Augias e Giovanni Filoramo

Il grande romanzo dei Vangeli

Einaudi

Il grande romanzo dei Vangeli

I.

UNA LETTERATURA FANTASTICA

Jorge Luis Borges ha lasciato, tra le tante, questa sorprendente osservazione: i testi sacri sono un ramo della letteratura fantastica. Parole che alla luce della teologia possono sembrare riduttive se non blasfeme. Invece, in quel richiamo alla letteratura potrebbe esserci un'intuizione che si può tentare di cogliere aggiungendovi un celebre aforisma di Umberto Eco: su ciò di cui non si può teorizzare, si deve narrare.

I personaggi delle Scritture ci vengono incontro irrigiditi dalla loro funzione, non uomini e donne ma simboli, figure piene di fascino che però si presentano con la fissità delle statue. Viene da chiedersi se non sia possibile raccontarli come se fossero protagonisti d'un dramma o d'un romanzo, fatti come ciascuno di noi di carne e di sangue, ma completati, come ogni personaggio della letteratura, da un plausibile rivestimento fantastico.

Si può partire da una certezza: la sopravvivenza nell'immaginazione del mondo di quegli uomini e di quelle donne è molto piú importante della loro incerta verità storica.

Il primo ad affermare in maniera documentata questo modo di guardare al protagonista stesso di quegli eventi, Gesú di Nazareth, è stato il grande teologo protestante tedesco Rudolf Bultmann all'inizio del Novecento. Ricostruendo la predicazione di Gesú, scriveva: «Noi non possiamo sapere piú nulla della vita e della personalità di Gesú, poiché le fonti cristiane non si sono interessate al riguardo se non in modo molto frammentario e con taglio leggendario, e perché non esistono altre fonti su Gesú». I Vangeli, secondo Bultmann, hanno attribuito a Gesú quella che è stata in realtà la predicazione del primo cristianesimo.

Tuttavia, sul comportamento di quegli uomini e di quelle donne si sono fondate in Occidente, per un tempo lunghissimo, le basi della convivenza, è stata edificata una civiltà. La circostanza che oggi, in società sempre piú secolarizzate, quei precetti abbiano perso una parte piú o meno grande della loro forza esemplare, nulla toglie all'importanza che hanno avuto. Anche a causa loro, la storia del nostro paese e dell'Europa è andata com'è andata.

Riprendiamo allora Borges: quali prospettive si aprono se – con ogni dovuto rispetto – si leggono le Scritture come se fossero «un ramo della letteratura fantastica»? Si può ipotizzare che, restituite – nei limiti del possibile – alla loro umanità, quelle figure ci parlino piú e meglio di quanto non abbiano mai fatto dall'alto dei loro piedistalli.

Mettiamoci nella condizione di un viaggiatore che, venuto da un mondo lontano, cominciasse a sfogliare le pagine dei Vangeli totalmente ignaro della loro origine e di ogni possibile implicazione teologica; che cosa leggerebbe? In buona sostanza quattro versioni in parte (ma non del tutto) simili della tragica vicenda di un predicatore che, avendo sfidato il potere, viene processato e condannato a morte. In termini contemporanei, il protagonista, il reo, sarebbe accusato (con tutte le approssimazioni del caso) di attentato all'integrità dello Stato, forse di alto tradimento. In uno Stato teocratico invece, uno di quelli allora esistenti e che ancora qua e là sopravvivono, l'accusa potrebbe essere di blasfemia, stregoneria, eresia. Reati che la civiltà moderna considera ripugnanti ma in nome dei quali, nel corso dei secoli, migliaia di esseri umani sono stati torturati e uccisi – e continuano talvolta a essere uccisi.

L'altro elemento che colpirebbe il nostro ipotetico lettore ingenuo è la folla di personaggi in cui il protagonista s'imbatte, o da cui è accompagnato, nel corso della sua breve esistenza; lo colpirebbe la diversità delle loro reazioni con estremi opposti di odio implacabile e di smisurato amore. Poi noterebbe le turbe, il popolo, una folla indistinta, poveramente vestita, rassegnata o crudele, fatta di pescatori, operai dei campi e delle vigne, di pastori, tutti analfabeti, alcuni gravemente malati o affetti da disturbi d'origine nervosa, tutti fiduciosi nella storia del loro popolo e nell'aiuto costante, in pace e in guerra, del loro Dio.

Da questa povera folla si distaccano alcune figure con ruolo di coprotagonisti. La madre del condannato, per cominciare, figura che dovrebbe avere carattere centrale e che invece risulta, stranamente, appena abbozzata, una presenza sfuggente caratterizzata da rapporti spesso aspri con suo figlio. Ecco un enigma sul quale il nostro viaggiatore si interrogherebbe e che noi dovremo cercare di sciogliere. Quale logica, quale psicologia, quali necessità narrative spiegano un rapporto cosí scarno che solo al momento della morte si tinge di vero patimento e d'affetto? Tanto piú in una terra nella quale il ruolo materno era ed è considerato cardine della vita familiare? Ancora meno comprensibile gli apparirebbe la figura del padre del condannato. Un personaggio esile, che tende quasi a confondersi con l'ambiente, mai una parola, muto davanti all'incalzare degli eventi, muto davanti alle dicerie che hanno accompagnato la nascita di quel suo ragazzo. Sappiamo che si chiama Yosef, Giuseppe, ma chi è in realtà? Umile, certo, un falegname o un carpentiere, al piú un piccolo impresario edile, però lo dicono di stirpe regale, sicuramente un buon ebreo, osservante della Torah. Nessuno di questi elementi aiuta a spiegarne il comportamento. Anche qui bisognerà indagare.

Viene ora incontro con torva baldanza un'altra enigmatica figura, si chiama Giuda, piú precisamente Giuda Iscariota. Osservandolo meglio sembra però d'intuire che forse non è baldanza la sua, bensí inquietudine, da alcuni dettagli si potrebbe arguire che nasconda sotto l'arroganza profonde, drammatiche, incertezze – angoscia. Molte persone lo accusano di tradimento, cioè di aver venduto il leader del piccolo gruppo di cui fa parte – e di cui è il tesoriere – alle autorità del Tempio e a quelle romane, proprio perché fosse tolto di mezzo, giustiziato. Perché lo ha fatto? Per denaro? Sembra improbabile, la cifra di cui si parla è irrisoria: trenta monete d'argento. Qual è il loro valore? Troviamo un riferimento in *Esodo* 21,32: «Se il bue colpisce con le corna uno schiavo o una schiava, si darà al suo padrone del denaro, trenta sicli, e il bue sarà lapidato». Lo stesso prezzo vale per uno schiavo ucciso e per un uomo accusato di un reato cosí grave? Incredibile. E allora? Se si esclude un'innata crudeltà d'animo quale motivazione può spiegare un gesto che appare abietto? Cercheremo, vedremo. Le cose non sono semplici ma una spiegazione forse c'è e potrebbe essere proprio Giuda a darcela.

Non abbiamo ancora finito di interrogarci sull'enigma di Giuda che una donna si distacca dalla folla dirigendosi verso di noi; viene da Magdala, si chiama Myriam, ovvero Maria, molti la conoscono come La Maddalena. Il suo passato è oscuro, c'è chi dice che si sia guadagnata da vivere prostituendosi; sarebbe però inutile chiederle chi sia, che vita abbia condotto, dal suo sguardo fermo trapela una determinazione che ne svela il temperamento: questa donna sa imporsi, sa quel che vuole, ha il carattere di un capo, potrebbe sorprenderci con gesti estremi. È bella e lo sa, infatti usa l'avvenenza come un'arma.

Quasi tutti questi personaggi indossano le povere vesti in uso nella Palestina di venti secoli fa, per i piú umili addirittura rattoppate o lacere, ai piedi rudimentali calzature che rendono penoso il cammino su strade polverose cosparse di pietre. Una figura si distingue però dalle altre, si fa notare per la tunica di un bianco immacolato che lo avvolge, per i calzari di buon cuoio sbalzato, unti con grasso di bue, morbidi al piede, per un prezioso monile che orna lo scollo dei vestimenti. Mentre incede alza lievemente il braccio destro, nella mano stringe una specie di corto scettro cilindrico, di tanto in tanto lo agita in un gesto ambiguo che potrebbe essere di benedizione, d'imperio, di minaccia.

Non è un giudeo ma un alto funzionario romano, si chiama Pilato, Ponzio Pilato. L'imperatore Tiberio, su consiglio del potente Seiano, lo ha mandato, col grado di procuratore o prefetto, a reggere la difficile regione della Giudea, perennemente inquieta, parte della provincia di Siria-Palestina; il suo diretto superiore è – o sarà: fonti storiche e una consolidata vulgata non coincidono – Lucio Vitellio, governatore dell'area, che risiede ad Antiochia e ha quattro legioni al suo comando, circa venti-trentamila uomini. Il mandato non è entusiasmante, anche se Pilato comunque s'è battuto per averlo: si tratta di terre povere, con vaste zone desertiche, abitate da genti riottose, fanatici religiosi che hanno la pretesa ridicola – agli occhi di un romano – di adorare un unico dio, come se un dio fosse in grado, da solo, di gestire il caos dell'animo umano.

In termini contemporanei la provincia di Siria-Palestina comprende gli attuali Stati di Siria, Giordania, Israele e Libano. Lassú ad Antiochia, Lucio Vitellio non è del tutto contento di quel sottoposto. Teme che non abbia capito bene con quali genti ha a che fare. I suoi informatori riferiscono di certi suoi atteggiamenti inutilmente provocatori, di eccessi nella repressione; il governatore ha paura che un giorno o l'altro Pilato possa compiere un gesto insensato, compromettendo magari anche lui agli occhi dell'imperatore e, chissà, affibbiandogli una nomea negativa nei futuri resoconti della storia, se mai ci saranno. Tanto piú che i rapporti tra gli occupanti romani e le genti che dovrebbero governare sono improntati a un reciproco disprezzo, e non è il caso di rendere ancora piú complicata l'esazione delle imposte che è l'unica, solida ragione della loro presenza tra quelle popolazioni sempre cosí inquiete.

Ci eravamo concentrati sull'elegante figura del procuratore, trascurando una scena che nel frattempo si sta svolgendo in un'altra zona del quadro. Il nostro viaggiatore arrivato da lontano adesso vede con l'immaginazione una pattuglia di legionari romani che trascinano brutalmente un uomo in catene; sono diretti alle carceri. Il prigioniero si guarda intorno con aria di sfida, scuote i ferri che gli stringono le braccia. Al clangore la folla rumoreggia, i soldati protendono minacciosamente le lance pronti a respingere ogni tentativo di liberarlo. Qualcuno grida il nome del prigioniero: «Barabba, Barabba!» Strano nome, un altro enigma: Bar-abbâ, figlio del padre, chi sarà mai costui? Si alza perfino una voce, lacerante, quasi disperata, che lo invoca: Yoshua Bar-abbâ, Gesú figlio del padre. Già solo il nome annuncia un'altra storia complicata, anche di questa dovremo occuparci.

Stiamo per allontanarci dalla scena perché vogliamo dare finalmente inizio al racconto e al colloquio con l'esperto professor Filoramo, ma indugiamo: la nostra attenzione è attirata dalla figura di un uomo che procede a passo spedito facendosi all'occorrenza largo tra la folla con una certa sbrigatività; gli ornamenti che indossa lo denotano come fariseo. Dev'essere benestante, lo si capisce dai modi, dal riguardo con cui chi gli ha ostacolato accidentalmente il passo s'affretta a farsi da parte. Dicono che si chiami anche lui Giuseppe e che venga da una cittadina poco lontana di nome Arimatea. Quale sarà la sua parte nel dramma? Un fariseo? Diffidare. Invece no, c'è chi sostiene che da quel fariseo verrà un gesto inaspettato di generosa pietà. È possibile? Vedremo anche questo.

I personaggi che vogliono essere rappresentati, che chiedono di diffondere il racconto della loro vicenda qui sono molto piú numerosi dei sei messi in scena all'inizio del Novecento dal piú celebre drammaturgo italiano. Soprattutto, l'intreccio delle loro storie ha un grado molto piú alto di drammaticità, non solo per la tragica fine del protagonista che in un modo o nell'altro li coinvolge tutti, ma perché sulla storia che stanno per rappresentare, partendo da quattro brevi racconti, è stata costruita una dottrina e una Chiesa che per secoli ha determinato la vita, il pensiero, in alcuni casi la morte, di miliardi di esseri umani.

Tutti questi personaggi, e altri che incontreremo, chiedono che la loro storia sia raccontata come le fonti la tramandano ma anche come possono completarla coerenti aggiunte narrative perché emerga piú chiaramente lo svolgimento dei fatti e il ruolo che ognuno vi ha avuto. D'altronde il grande veggente Jorge Luis Borges ha lasciato non a caso, tra le tante, quella sorprendente osservazione: letteratura fantastica, un'intuizione che si può tentare di sviluppare. Prima di essere testi sacri quelle pagine contengono uno straordinario racconto e una dozzina di affascinanti personaggi.

Cominciamo dunque dalla storia principale, l'asse portante attorno al quale tutte le altre si svolgono ovvero la vicenda del protagonista, l'uomo della profezia e della croce che volle sfidare il potere e ne rimase schiacciato.

II.

SERMO DE MONTE

L'uomo s'inerpica per l'erta nel fresco sole, appena sopra la linea dell'orizzonte. Sotto di lui, sulla destra, la superficie lucente del grande lago, le acque appena increspate dalla brezza rimandano a tratti fugaci barbagli. Il passo è agile, il busto leggermente proteso per assecondare lo sforzo. Ha distanziato di alcuni metri i suoi seguaci che procedono con maggiore fatica, inciampano sulle pietre del sentiero, hanno smesso di parlottare per risparmiare fiato. L'uomo si chiede chi siano davvero quegli umili che hanno abbandonato casa e famiglia per seguirlo, quali sentimenti provino, se in qualcuno non si stia affacciando il tarlo doloroso del pentimento, in quale misura potrà davvero contare su di loro. Non si stupirebbe se dopo una confessione, aperta o di sotterfugio, qualcuno lo abbandonasse. Sono operai, artigiani, pescatori: un'enorme responsabilità grava sulle sue spalle. Vuole che capiscano bene a quali compiti li ha chiamati, che sia chiara da subito la posta in gioco perché i rischi sono molti e i nemici già in agguato. Non si dà senza pericolo una nuova visione della vita, per di piú in un paese dominato da soldati pagani dove tutto diventa politica, dove la politica esaspera e divide – spesso uccide.

Ha raggiunto un pianoro ricoperto di bassa vegetazione, si ferma, asciuga la fronte madida. L'erba rada nasconde le asperità del suolo, sui fragili steli brilla ancora qualche stilla di rugiada. Il grande lago, l'amato mare della Galilea natale, da lassú è quasi completamente visibile. I discepoli si indicano l'un l'altro le costruzioni che biancheggiano contro il bruno delle zolle e l'azzurro intenso del cielo, i solchi dritti dei campi, gli olivastri che segnano i confini; forse c'è chi riconosce la casa che ha da poco lasciato. Non è ancora arrivato il momento di parlare. Il pianoro dove si sono fermati è stretto, poco piú sopra, sull'altipiano, ci sarà abbastanza spazio e pietre tutt'intorno, quasi un teatro o un'aula; lí tutti potranno sedere per ascoltare le sue parole.

Una piccola fitta d'angoscia attraversa il petto dell'uomo; sa che sta per incrinare la loro innocenza indicandogli un traguardo sublime, lontano da tutto ciò che nella loro povera giovinezza hanno mai udito o osato pensare. Li guarda ancora una volta prima di riprendere la salita, incombe su di lui l'incarico terribile di trasformare in saggezza, pazienza e forza la buona volontà e la fiducia, loro uniche doti.

D'improvviso un grido, l'uomo si volta, Giacomo figlio di Zebedeo che chiamano «il Maggiore» sta indicando qualcosa in basso, all'inizio del sentiero; forse è Matteo il gabelliere, non Giacomo, non sempre riesce a distinguerli. Vede anche lui il lento fiume in movimento: una folla, una grande folla ha preso a seguirli, è già alle prime balze, avanza disordinatamente, si snoda lungo i tornanti, gli sembra di scorgere dei bambini tenuti per mano dai piú grandi, tendendo l'orecchio si ode un bisbiglio sordo, il fruscio dei calzari sul suolo impervio. La folla non era prevista, la novità cambia l'intera strategia del suo intervento, voleva parlare ai suoi non tenere un discorso pubblico. Ha predicato nelle sinagoghe, discusso con i rabbini, asciugato lacrime, curato piaghe, che dirà ora alla folla che sale verso di lui?

Riprende il cammino con maggior vigore, la fatica accelera i suoi pensieri. Aveva detto ai discepoli: «Non andate fra i pagani e non entrate nelle città dei Samaritani; rivolgetevi piuttosto alle pecore perdute della casa d'Israele». Aveva detto: «Strada facendo, predicate, dicendo che il regno dei cieli è vicino». Ha dato loro poteri tremendi con la speranza che ne colgano la portata, ne saggino la misura: «Guarite gli infermi, risuscitate i morti, purificate i lebbrosi, scacciate i demòni». Non riusciranno mai a farlo, importante però è che sappiano la vastità del progetto.

Copre l'ultimo tratto del sentiero, davanti a lui s'apre l'altipiano; una tale folla non era prevista ma lo spazio è abbastanza vasto. Ha già individuato una larga pietra alla sommità d'un piccolo rilievo, sarà la sua tribuna, proclamerà da lí la vera sapienza che rivaleggia, che dà alla vita misura e valore, che imprime la sua verità.

Ora che s'è fermato, i suoi gli si stringono intorno ansanti, lo fissano. «Lui possiede la luce», sussurra uno di loro. Scruta quei volti, aspettano che dica qualcosa prima che la folla li raggiunga. La sua voce è bassa, il messaggio quasi sillabato: «Guardatevi dagli uomini, perché vi consegneranno ai tribunali e vi flagelleranno nel-

le loro sinagoghe; e sarete condotti davanti a governatori e re per causa mia, per dare testimonianza a loro e ai pagani. Ma, quando vi consegneranno, non preoccupatevi di come o di che cosa direte, perché vi sarà dato in quell'ora ciò che dovrete dire». Lo fissano intimoriti, qualcuno abbassa lo sguardo per nascondere imbarazzo o paura, due si danno furtivamente di gomito. Forse ha esagerato, voleva saggiarne la tempra non spaventarli. Non c'è tempo per altro, non sono piú soli. Cinge con un braccio le spalle di Giovanni figlio anche lui di Zebedeo che ama sopra ogni altro, soffia nel suo orecchio: «E non abbiate paura di quelli che uccidono il corpo, ma non hanno potere di uccidere l'anima; abbiate paura piuttosto di colui che ha il potere di far perire nella Geènna e l'anima e il corpo».

La folla li ha raggiunti, si leva un sommesso brusio, molti si vanno accomodando in cerchio cercando di tenere in qualche modo a bada i bambini, quelli però scappano ridendo da tutte le parti, raccolgono pezzi di legno per il fuoco, il sole non è ancora alto, l'aria conserva il freddo notturno e punge la pelle.

Deve trovare la forza di parlare a tutti loro, scuoterli; se solo ci fossero i canti e un battere ritmico delle mani sembrerebbe una festa popolare. Ma l'uomo non vuole una festa, chiede un'iniziazione, se saprà trovare le parole adatte.

Dopo aver raccolto la veste che intralcia il passo, copre l'ultimo tratto; ora deve solo inerpicarsi sulla pietra piatta, prima però si raccoglie, solo con i suoi pensieri, oppresso dal peso del messaggio che sta per pronunciare. Le parole sono terribili, deve dimostrare di possedere l'onnipotenza, osare il massimo: offrirà loro l'impossibile, griderà che bisogna contraddire le piú profonde inclinazioni umane, quella che molti chiamano la natura degli uomini. Dovrà presentarsi come Verità perché solo alla Verità è lecito presentarsi con una violenza tale da rovesciare consuetudini, ordine sociale, raddrizzare quel legno storto di cui gli esseri viventi sono fatti; la fine dei tempi è vicina ma c'è ancora abbastanza tempo per guadagnare l'eterna salvezza. Sa molte altre cose, piú ancora ne immagina.

Alcuni di quelli che vede lí radunati, perfino qualcuno dei suoi piú stretti seguaci vorrebbero che parlasse della rivolta contro i soldati pagani che occupano la terra d'Israele e l'oltraggiano con i falsi dèi portati da Roma, con le loro bestemmie. Ma non è possibile cambiare il mondo se prima non sono cambiati gli uomini e le donne che lo abitano. Né si può cambiare seguendo il capriccio degli umori, le alterne vicende della fortuna e della salute. Se quella turba è disposta a credere in lui, il cambiamento sarà repentino, offerto e accolto con tale impeto da farli ridiscendere a valle diversi da com'erano quando sono saliti, irriconoscibili a se stessi. Dovrà proporre l'impossibile come se fosse un'occasione che ognuno ha sempre avuto a portata di mano senza nemmeno saperlo. Deve fare di questa giornata l'ora piú memorabile della loro vita, il momento della vera nascita, e i bambini che ora corrono intorno vociando e giocano a gettare trucioli di legno tra le fiamme, la ricorderanno attraverso le parole dei loro genitori quando avranno abbastanza anni per comprendere: quel giorno di benedetta memoria – diranno a ognuno dei loro figli – c'eri anche tu e hai ascoltato con le tue orecchie quelle parole; ora che sei grande ne conosci peso e valore, sai che t'accompagneranno per l'intera tua vita, amén.

È il momento, prima che faccia troppo caldo; sale sulla pietra, la sua figura si erge alta contro il cielo sopra la folla e i discepoli nelle prime file. Tace, si diffonde la consapevolezza della sua presenza, l'accompagna il progressivo smorzarsi delle voci; le madri stringono a sé i bambini zittendoli.

«Beati i poveri in spirito perché di essi è il regno dei cieli!», grida aprendo le braccia.

Tace aspettando una reazione, non c'è. Nel silenzio si odono solo l'ultima eco della sua voce che si spegne giú nella valle e lo sfrigolare dei ceppi tra le fiamme.

Riprende con voce ancora piú forte: «Beati quelli che sono nel pianto, perché saranno consolati. Beati i miti, perché avranno in eredità la terra».

Ancora silenzio quasi che dall'assenza di reazioni visibili trapeli un accenno di timore per quelle parole inaudite. I miti? Chi ha mai parlato dei miti? Non sono forse destinati alla sconfitta? Non sono forse coloro che non hanno mai ereditato nulla? Che va mai dicendo quel pazzo?

Ora o mai piú. Capiranno, devono capire: o riesce ad aprirsi un varco nelle loro menti o è finita. Li sta invitando ad abbandonare la parte abietta della loro natura, a scegliere di salire verso il divino. Deve continuare, alzare ancora di piú la posta; sente il pet-

to attraversato da un'onda straordinaria di lucidità e di audacia. Può farlo, può farcela.

«Beati quelli che hanno fame e sete della giustizia, perché saranno saziati. Beati i misericordiosi, perché troveranno misericordia. Beati i puri di cuore, perché vedranno Dio. Beati gli operatori di pace, perché saranno chiamati figli di Dio. Beati i perseguitati per la giustizia, perché di essi è il regno dei cieli. Beati voi quando vi insulteranno, vi perseguiteranno e, mentendo, diranno ogni sorta di male contro di voi per causa mia. Rallegratevi ed esultate, perché grande è la vostra ricompensa nei cieli... Voi siete il sale della terra... voi siete la luce del mondo».

Le ultime parole sono state un grido appassionato, il suo sguardo emanava una tale luce che due o tre donne sono cadute in ginocchio levando le braccia verso di lui in un gesto di venerazione. Prende coraggio da loro: quelle donne si sono inginocchiate per lui. Riprende gridando, muovendo le braccia per indicare ora l'uditorio, ora se stesso, ora levando l'indice verso l'alto cielo dove adesso la mattinata trionfa nel suo intenso azzurro. Parla dell'adulterio, parla dell'inutilità dei giuramenti perché il parlare di un uomo dev'essere sí, sí, no, no e «il di piú viene dal Maligno». Grida la necessità del perdono e dell'amore che deve spingersi fino al limite inaudito di amare i propri nemici.

«Amare i nemici?» grida qualcuno. Amare i nemici?

Vuole scacciare la bestia che si nasconde nel cuore di ognuno, abolire l'istinto di un primitivo stato ferino, chi saprà cogliere il messaggio diventerà un figlio prediletto dello spirito.

Pensa all'avvento imminente del Regno, ma anche alla vita nel momento presente, su questa terra, alle infinite miserie, a quanto si potrebbe fare se le sue parole fossero davvero accolte. Ha gridato la necessità del perdono e dell'amore, rinunciare alla vendetta, anzi offrirsi senza difesa alle percosse, dare all'umana natura la possibilità di una totale sublimazione, è la sua utopia nella realtà d'un mondo in cui dominano menzogna e avidità, ingiustizia e odio. C'è un solo modo per reagire: capovolgere i valori perché la purezza del cuore possa trionfare sulla forza, e la rassegnazione sappia farsi onnipotenza.

Scende dalla pietra barcollando, la veste è fradicia di sudore, la gola riarsa dallo sforzo. Uno dei suoi gli porge una borraccia. Interroga con lo sguardo i discepoli che gli si sono stretti intorno; nella folla c'è già qualche movimento ma nessuna voce si leva, molti si preparano a discendere.

Vorrebbe un cenno di comprensione dagli uomini che gli sono piú vicini; nei loro occhi gli sembra di scorgere solo uno smarrito sgomento.

AUGIAS Professor Filoramo, il breve racconto che precede, liberamente ispirato al Vangelo di Matteo, ricostruisce, completandolo con libertà narrativa, l'evento grandioso che va sotto il nome di Discorso della Montagna o delle Beatitudini. Quel giorno Gesú osò veramente il massimo indicando a chi lo ascoltava dei traguardi impossibili: amare i propri nemici in un mondo in cui non è facile amare nemmeno gli amici o i congiunti – egli stesso del resto non era molto amato in famiglia. Non reagire alle offese, rinunciare ai beni e alle cose del mondo, in poche parole rendersi quasi divini. Proprio per la sublime irraggiungibilità degli obiettivi quelle parole sono diventate il piú celebre messaggio nella storia umana. Molti di quei precetti venivano dalla tradizione ebraica. Gesú però li modificò rendendoli piú stringenti, in pratica rivoluzionandoli. Un solo esempio per tutti: esisteva già il vecchio detto che imponeva di non fare agli altri ciò che non si vuole venga fatto a noi. Egli va piú in là, toglie il «non», volge il precetto in positivo, ordina di fare agli altri ciò che si vorrebbe fosse fatto a noi; non piú una semplice astensione dal male ma un'attiva azione per il bene. Possiamo dire che in quelle parole è racchiuso il nucleo della sua visione del mondo, della sua dottrina? Possiamo immaginare che chi in Giudea deteneva il potere ha potuto leggere una minaccia in quelle parole?

FILORAMO Quel famoso discorso Gesú potrebbe averlo pronunciato lontano da Gerusalemme, al Nord, nella sua Galilea. Lo riporta Matteo da lei citato ma, in una versione diversa (il cosiddetto Discorso della Pianura), anche Luca. Comunque, resta il fatto che il Discorso della Montagna, a prescindere ora dalle differenze tra Matteo

e Luca, è un discorso di radicalismo etico. Non a caso, spiriti sommi come Tolstoj o Gandhi vi hanno visto il nucleo del Vangelo. Limitandoci alle Beatitudini colpisce il fatto che Matteo, rispetto a Luca, le ha piú che raddoppiate, aggiungendone cinque alle quattro in comune con Luca, relative ai miti, ai misericordiosi, ai puri di cuore, agli artefici di pace, ai perseguitati per la giustizia. In questo modo egli sposta l'attenzione dalla condizione di privazione materiale all'esaltazione di alti valori morali. Se è vero, come io credo, che il nucleo originario di queste beatitudini, conservato in Luca, è dedicato esclusivamente a poveri, affamati e afflitti (non a caso, è un testo di riferimento per ogni teologia della liberazione che si rispetti), la rilettura di Matteo ne fa una sorta di codice etico delle virtú cristiane. Mentre nel primo caso a prevalere – come lei ben coglie – è l'annuncio messianico, a suo modo rivoluzionario, di un imminente rovesciamento della condizione degli ultimi, in Matteo tutto ciò diventa atemporale: una sorta di carta di fondazione dell'etica comunitaria dei seguaci di Cristo.
Con queste osservazioni, però, mi rendo conto di non avere risposto veramente alle sue domande. Che colgono il punto essenziale: Gesú è venuto ad annunciare un cambiamento radicale, nei termini del Vangelo, una metanoia, un mutamento totale della mente e di conseguenza dell'atteggiamento. Questo cambiamento è religioso, non è etico.

AUGIAS Ecco un primo inciampo. Dov'è, in che consiste la differenza?

FILORAMO Mi spiego. Gesú non è venuto a portare una nuova dottrina etica – anche se le Beatitudini contengono indubbiamente un insegnamento etico – ma un annuncio salvifico: non è un Tolstoj o un Gandhi della Palestina del I secolo, ma un profeta che agisce, come gli antichi profeti, mosso da una voce interiore che egli ritiene di Dio, o meglio del Padre. Molti Giudei pensavano che l'epoca della profezia fosse terminata; ma, come insegna il caso di Giovanni il Battista, in realtà Gesú si muove in uno scenario

religioso dove si agitano diverse figure profetiche. Ora, Gesú agisce come un profeta che è venuto ad annunciare l'imminenza del Regno di Dio e a recare un messaggio che permette all'uomo peccatore di salvarsi.
In che cosa consiste questo messaggio? Come lei ha ricordato, in un sovvertimento radicale dei valori mondani dominanti, ieri come oggi, a cominciare dalla violenza e dall'odio. Diciamo la verità: i precetti singolari che Gesú annuncia sono irrealizzabili. Pensi se un insegnante un giorno decidesse di farli propri e insegnarli in classe ai suoi allievi. I genitori si rivolterebbero: ma come è possibile insegnare a mio figlio che, se prende uno schiaffo su una guancia, invece di rispondere come si deve, come gli ho insegnato, deve porgere l'altra guancia? E cosí via con gli altri precetti: un'utopia, che contraddice volutamente ogni socialità ordinaria, una sfida radicale all'esperienza degli uomini e alla dura realtà delle cose. Ma proprio qui sta, come lei ha ben colto, la novità del messaggio. Il nuovo ordinamento che Gesú propone è giudicato secondo il criterio dell'assolutezza: o tutto o niente. Questo Assoluto desta inevitabilmente scandalo: può sovvertire l'ordine politico stabilito, i valori su cui si fonda (di qui la sua pericolosità anche politica, per rispondere a un'altra sua domanda). Colui che espone un insegnamento di questo tipo e, soprattutto, lo mette in pratica – perché questo è il punto per me decisivo: la coerenza tra dire e fare; qui sta la forza perenne della figura di Gesú che inevitabilmente diventa oggetto di scandalo – deve essere pronto anche al sacrificio di se stesso in quanto testimone di questo Assoluto.

AUGIAS Ma che cosa o chi è questo Assoluto?

FILORAMO Ecco la domanda. Nel breve racconto che apre il capitolo a un certo punto lei ha scritto che Gesú «dovrà presentarsi come Verità perché solo alla Verità è lecito presentarsi con una violenza tale da rovesciare consuetudini, ordine sociale, raddrizzare quel legno storto di cui gli esseri viventi sono fatti; la fine dei tempi è vicina ma c'è ancora abbastanza tempo per guadagnare l'eterna salvezza». Sono parole che valgono per il Salvatore celeste del Vangelo di Giovanni (di cui parleremo), non per il Gesú di Matteo, che non si presenta come verità e soprattutto non vuole attivare nessuna violenza, anche solo a scopo di bene.

AUGIAS Un'osservazione che ci fa capire quanto diversi siano i Vangeli tra di loro, soprattutto quanto diverso sia il testo di Giovanni rispetto a quelli che lo precedono. Offro alla sua analisi un punto che mi sembra importante, ovvero la beatitudine paradossale di Matteo alla quale lei ha fatto riferimento: «Avete inteso che fu detto: *Occhio per occhio* e *dente per dente*. Ma io vi dico di non opporvi al malvagio; anzi, se uno ti dà uno schiaffo sulla guancia destra, tu porgigli anche l'altra, e a chi vuole portarti in tribunale e toglierti la tunica, tu lascia anche il mantello».

FILORAMO La lite giudiziaria per il chitone, ossia la tunica, una camicia lunga provvista di maniche, portata sul corpo nudo, ci riporta a un ambiente di poveri. L'invito di Gesú è a restare nudi, pur di non restituire la violenza. Non bisogna opporsi, anzi, al contrario, offrire anche il mantello: il povero rinuncia a un suo diritto. Infatti, secondo *Esodo* 22,25, il mantello poteva essere preso in pegno solo di giorno: era per la notte l'unico indumento con cui coprirsi. L'invito di Gesú, su questo sfondo, è ancora piú folle: egli deve consegnarsi nudo all'avversario, piuttosto di reagire. Non si tratta di debolezza o d'indifferenza ma di una presa di distanza interiore radicale: la stessa che sta dietro il porgere l'altra guancia. Come è possibile ciò? Per rispondere a questa domanda e per comprendere l'unicità del messaggio di Gesú è inevitabile fare una breve riflessione comparativa. Vi sono altri «fondatori» di religioni, come Buddha o Laozi, che con un atteggiamento vicino a quello di Gesú, rifiutano alla radice la violenza. All'epoca di Gesú vi erano filosofi come l'imperatore Marco Aurelio su posizioni analoghe. Un filosofo come Epitteto, un maestro di morale che ha influenzato anche pensatori cristiani, si spinge fino a dire che l'uomo saggio deve lasciarsi percuotere come un asino e al tempo stesso

amare quanti lo percuotono – come un qualche padre o un fratello. In che cosa differisce l'invito di Gesú? Nella sua radice teologica, nel fatto che l'amore a cui si richiama, nel disperato tentativo di mutare il rapporto normale tra gli uomini determinato da egoismo e aggressività, è l'amore di Dio, del Padre. Di qui l'invito a essere perfetti com'è perfetto il Padre celeste.
Anche se le due parti del comandamento dell'amore, amare Dio e amare il prossimo come se stessi, che permettono di superare la legge del taglione, sono una regola sapienziale che si ritrova in diverse tradizioni religiose e nella stessa Bibbia, nell'annuncio di Gesú c'è qualcosa di nuovo. Forse l'esempio migliore è la parabola del buon samaritano: uno straniero, per piú ragioni inviso ai Giudei contemporanei di Gesú, che però per il Maestro, nella sua parabola, rappresenta il vero esempio dell'amore che dovrebbe caratterizzare il nuovo ordinamento. Questo amore, per concludere, deve essere in grado di vincere ogni violenza: non si può vincere la violenza con una controviolenza, per quanto a fin di bene. Occorre porgere l'altra guancia, cioè attivare un atteggiamento direi di accondiscendenza. Non è debolezza, ma il tentativo di superare il male con il bene. Solo cosí si può sperare di interrompere la catena di violenza in cui siamo immersi. Questo è possibile perché – a differenza dei movimenti nonviolenti contemporanei – l'atteggiamento di Gesú è radicato nel suo amore di Dio.

III.

CHI HA SCRITTO I VANGELI?

AUGIAS Professor Filoramo, prima di proseguire il racconto dei nostri personaggi, vorrei porle una domanda di fondo. Le figure che vogliamo raccontare nascono, escono, da testi chiamati Vangeli – ovvero «buone novelle». Ma dal punto di vista storico e materiale della loro redazione, che cosa sono i Vangeli? Chi li ha scritti? Quando?

FILORAMO Siamo in Italia, se fossimo in un altro paese la risposta che sto per darle sarebbe diversa. L'Italia è un paese cattolico, Roma è la sede del papato, i Vangeli sono inevitabilmente condizionati da questa presenza essendo testi che in un certo momento sono stati fissati dalla Chiesa cattolica come testi sacri, ovvero divinamente ispirati. Già qui si presenta un primo problema: il rapporto esistente tra questi scritti e l'istituzione che li ha gestiti. Il rapporto delle altre confessioni cristiane con i Vangeli è diverso. Basti pensare al caso protestante dove, a partire da Lutero, vige il principio del *sola scriptura*: il credente è invitato a porsi in ascolto della Parola di Dio contenuta nei Vangeli senza mediazioni ecclesiastiche.

AUGIAS Infatti, aver abolito ogni mediazione tra il credente e il suo Dio nella Riforma fa un'enorme differenza. Se tuttavia prescindessimo da questo rapporto diciamo istituzionale?

FILORAMO Dovremo farlo, credo che sia lo scopo della nostra conversazione; se ne prescindiamo potremmo dire che i Vangeli sono una grande narrazione, che poggiano su un eccezionale protagonista. Li ho letti e riletti molte volte.

Ci sono passaggi che, parlo da laico, mi colpiscono ancora in modo fortissimo.

AUGIAS Anche su di me, non credente, la figura di Gesú esercita uno straordinario fascino. Lei ha appena detto che i testi dei Vangeli in un certo momento sono stati fissati nella forma che conosciamo. È possibile precisare storicamente quel momento?

FILORAMO Si può fare con sufficiente precisione tenuto conto che, dicendo Vangeli, pensiamo naturalmente ai quattro Vangeli canonici, quindi i tre sinottici (ovvero coerenti tra di loro) piú quello di Giovanni che – come abbiamo in parte già visto – possiede invece una fisionomia spirituale diversa. Il vescovo Ireneo di Lione nel 180 scrive un trattato importante contro le eresie, ovvero contro gli gnostici. Quel trattato è la carta d'identità della Grande Chiesa. È stato Ireneo a dare a questa Chiesa la coscienza della sua unità, della sua universalità (cattolica vuol dire «universale»), della sua dimensione istituzionale. La sua autorità poggia sulla rivelazione contenuta nei quattro Vangeli che sono poi entrati nel canone. Questo significa che all'epoca in cui Ireneo scrive questi Vangeli sono ormai fissati nella loro forma definitiva.

AUGIAS Perché parla di Grande Chiesa?

FILORAMO Grande Chiesa è un termine paradossale: la prima attestazione la troviamo in quegli stessi anni in un critico di questa Chiesa, il filosofo pagano Celso, che distingue la chiesa cui appartiene Ireneo dalle tante altre che lottavano tra di loro. Il pensiero di questo Celso lo conosciamo non direttamente dalle sue opere bensí dal testo di un altro pensatore cristiano, Origene, che parecchi anni dopo, verso la metà del III secolo, s'ingegnò di confutarlo. Celso aveva scritto l'*Alethes logos*, il *Discorso veritiero*. Origene scrive il *Contra Celsum* che è oggi la nostra fonte, perché, per confutare Celso, cita lunghi brani dalla sua opera.

AUGIAS Curioso questo gioco di rimbalzi. Come mai l'originale manca?

FILORAMO Manca perché la tradizione cristiana, che ha conservato la maggior parte dei testi pervenutici dall'antichità classica (una goccia nel mare, aggiungo), per motivi di censura ha teso a non trasmettere i testi degli eretici e dei grandi confutatori pagani, come appunto Celso e poi il piú importante, Porfirio. I loro scritti li recuperiamo – quand'è possibile – attraverso i frammenti o – come in questo caso – attraverso il testo di un oppositore che, per opporsi, ha dovuto di necessità citarlo. Ireneo, per difendere l'unità della Chiesa contro le scritture degli gnostici, usa questa immagine: i veri Vangeli sono come i quattro punti cardinali, e trova anche la simbologia degli animali nella visione del profeta Ezechiele ripresa nell'*Apocalisse*, quattro esseri viventi con sembianze rispettivamente di uomo, leone, bove, aquila. Gli autori cristiani applicarono agli evangelisti queste raffigurazioni per cui Matteo è simboleggiato da un uomo alato, cioè un angelo, Marco da un leone, Luca da un bove, Giovanni da un'aquila...

AUGIAS Non molto lusinghiero per il povero Luca, essere accostato a un bove, lui autore di un testo tra i piú toccanti.

FILORAMO C'è una ragione. Gli antichi amavano molto il simbolismo animale. L'aquila si riteneva fosse in grado di fissare il suo sguardo nel sole senza rimanerne accecata. Nella rilettura cristiana, Giovanni, l'aquila di Patmos, è tale perché il suo Vangelo è l'unico che tenta di fissare il suo sguardo nel mare sterminato del mistero divino. Quanto agli altri evangelisti, Matteo fu simboleggiato nell'uomo alato (o angelo), perché il suo Vangelo inizia con l'elenco degli uomini antenati di Gesú Messia. Marco fu simboleggiato nel leone, perché il suo Vangelo comincia con la predicazione di Giovanni Battista nel deserto, dove c'erano anche bestie selvatiche. Luca fu simboleggiato nel bove, perché il suo Vangelo comincia con la visione di Zaccaria nel Tempio, ove si sacrificavano animali come buoi e pecore.

AUGIAS Lei ha indicato una data, il 180, come momento in cui nasce la Grande Chiesa. A quella data, se capisco bene, Ireneo vescovo di Lione, può fondare il suo trattato contro le eresie su testi evangelici già consolidati. Devo allora riproporre la domanda iniziale: quei testi quando e da chi erano stati scritti?

FILORAMO È una storia complicata. Ancora oggi non esiste tra gli specialisti un consenso sulla datazione. Faccio un esempio paradossale: si ritiene che il Vangelo piú antico sia quello di Marco; sicuramente è il testo che conserva di piú il profilo storico di Gesú. Lo si può ritenere scritto poco dopo il 70, anno della distruzione del Tempio da parte di Tito. I seguaci di Cristo, che lo ritenevano un Messia, fuggono da Gerusalemme. Secondo lo storico ecclesiastico Eusebio di Cesarea, che scrive però nella prima metà del IV secolo, pare che andassero a rifugiarsi in una cittadina non lontana, Pella, per sfuggire alle persecuzioni dei Romani. Vero o non vero, questa è una delle poche date sicure che abbiamo. Il Vangelo di Marco si colloca dunque intorno a quella data, per cui sarebbe il piú antico. L'ipotesi corrente, che anche a me sembra la piú plausibile, è che per numerosi motivi i Vangeli di Luca e Matteo utilizzino il testo di Marco. Aggiungo però che io non sono un esegeta, gli esegeti veri, tra i quali il professor Mauro Pesce, passano la vita a interrogarsi su tali questioni, forse lo faranno anche nell'aldilà.

AUGIAS Lí potranno chiederlo direttamente agli autori, finalmente.

FILORAMO Invece no, perché quegli autori non ci sono. I nomi che identificano i vari testi sono attribuzioni convenzionali o di comodo, non corrispondono a delle persone reali. Per esempio: a seconda di come si collocano Luca e Matteo rispetto al piú antico testo di Marco, Matteo si rivolgerebbe prevalentemente a un pubblico giudeo-ellenistico, per cui le date potrebbero essere gli anni Ottanta per Matteo e gli anni Novanta per Luca. Poi c'è il misterioso Vangelo di Giovanni, che dovrebbe essere dello stesso autore dell'*Apocalisse* canonica, in questo caso le date si collocano a cavallo tra il I e il II secolo. Uno specialista, Markus Vinzent, che insegna a Erfurt e al King's College di Londra, studioso di Marcione, ha scritto recentemente un libro nel quale sostiene che Marco dipenderebbe da Marcione, riprendendo una tesi già avanzata da autori tedeschi dell'Ottocento poi caduta nel dimenticatoio. Siccome di Marcione abbiamo dei frammenti che risultano composti tra il 130 e il 140, lei vede bene che se Vinzent, e gli esegeti, non pochi, che sono disposti a seguirlo, avesse ragione...

AUGIAS Tutto verrebbe spostato al II secolo, niente meno! Ovvero, quei testi riporterebbero fatti accaduti quasi cento anni prima.

FILORAMO Esattamente, e Gesú, lei capisce...

AUGIAS La fedeltà alla memoria di Lui, già cosí incerta, diventerebbe decisamente problematica. Sarebbe come voler scrivere oggi la biografia di un uomo vissuto negli anni della Prima guerra mondiale, in assenza di vere fonti scritte o di testimonianze certe, basandosi su qualche diceria, un brandello di manifesto, i versetti d'un cantastorie.

FILORAMO Era solo per dirle quanto la questione sia complicata.

AUGIAS Talmente complicata che provo a proporle la stessa domanda sull'attendibilità delle fonti da una diversa prospettiva. Non molto tempo fa è stato pubblicato un saggio del biblista americano Bart Ehrman dal titolo in apparenza innocuo *Prima dei Vangeli*. Sconvolgente era però il sottotitolo che recitava: *Come i primi cristiani hanno ricordato, manipolato e inventato le storie su Gesú*. Manipolato e inventato niente meno: salta all'occhio la gravità di questi due termini. La tesi dello studioso è che i testi che conosciamo siano stati scritti dopo essere stati lungamente tramandati per via orale con tutto ciò che una trasmissione di quel tipo – il passaggio di bocca in bocca con gli inevitabili fraintendimenti – comporta. Si tratta insomma di testi arrivati alla pagina dopo un viaggio avventuroso ed è questo, secondo Ehrman, che rende la loro interpretazione filologica estremamente complicata e non sempre attendibile.

FILORAMO Infatti è una scommessa. Anche Ehrman però può essere confutato ricordando che nelle culture antiche in cui dominava l'analfabetismo la trasmissione orale sapeva conservare una sua fedeltà. Questo vale a maggior ragione per i testi sacri (nel nostro caso, le parole o i loghia di Gesú). Basti pensare che testi sacri fondamentali come i Veda per l'induismo o l'Avesta per gli zoroastriani furono per secoli trasmessi solo oralmente, appresi a memoria, dai sacerdoti a ciò preposti. Non è dunque detto che, in questi casi, la trasmissione per via orale sia meno fedele di quella scritta, come ben sa qualunque filologo, che ha in genere a che fare con le mille variazioni che i copisti apportavano a un testo. Tornando ai Vangeli sinottici e non considerando altre fonti importanti come i numerosi testi sbrigativamente liquidati come «apocrifi», qualche accettabile tentativo di filologia è possibile.

AUGIAS Vorrei ricordare che la definizione di apocrifo, stando all'originale greco della parola, indicava solo un testo tenuto nascosto o lontano. In seguito però il significato si è corrotto – o se si preferisce si è esteso – sicché dal concetto di lontananza si è passati a quello di falsità. Oggi molti pensano che i vangeli apocrifi siano per l'appunto dei vangeli falsi.

FILORAMO Non è del tutto esatto. Già gli antichi autori cristiani, nel tentativo di stabilire un criterio di verità (teologica, naturalmente), dividevano i molti scritti non compresi nel canone (il quale è chiuso in modo definitivo solo nel 367 d.C.) in testi accettabili, anche se non ispirati (i Vangeli dell'infanzia, ad esempio), e testi falsi, dunque inaccettabili perché contenevano dottrine condannate come eretiche: è il caso, ad esempio, dei vangeli attribuiti agli gnostici. Il termine «apocrifo» (segreto) può essere usato anche in senso positivo: esiste per esempio un fondamentale scritto gnostico intitolato Apocrifo di Giovanni. A un certo punto, con la Riforma protestante, «apocrifo» è stato usato per indicare testi dell'Antico e del Nuovo Testamento che non erano entrati nel canone (dunque non utilizzabili a livello dottrinale o liturgico) ma comunque fruibili dalla comunità dei credenti. In una prospettiva storica, molti di questi testi, alcuni dei quali antichissimi, si rivelano fondamentali per studiare la formazione del cristianesimo. È il caso di un apocrifo di grande interesse noto come il Vangelo di Tommaso – ne parleremo tra un attimo.

AUGIAS Lei ha ovviamente ragione. Io però mi riferivo all'interpretazione comune, largamente diffusa a livello popolare, dell'aggettivo «apocrifo» che molti ritengono l'equivalente di «falso».

FILORAMO Restiamo ai testi canonici, piú esattamente ai tre sinottici. È nozione comunemente accettata che i testi di Matteo e Luca – come ho già detto – abbiano ripreso tutta una serie di passi da Marco, che è una loro fonte. Se accettiamo questa verosimile ipotesi vediamo che dalla morte di Gesú – convenzionalmente datata all'anno 33 – sono comunque passati poco meno di cinquant'anni, una generazione e mezzo. Come funzionava la memoria orale in quei contesti? Probabilmente, come ho appena ricordato, meglio che quella di alcuni nostri studenti; battute a parte, certamente meglio di oggi, dove la memoria vivente è sempre piú sostituita dalle memorie artificiali.

AUGIAS Viene subito la domanda se sia possibile sapere se quel testo, una volta fissato per iscritto, sia davvero lo stesso da cui s'era partiti molti anni prima.

FILORAMO Aiutano a rispondere due criteri. Il primo è, come ho detto, l'ininterrotto esercizio della memoria; il secondo, l'obbligo di trasmetterlo fedelmente, pena la violazione del sacro, l'interdetto. Poi certo l'uomo è fallibile, ma gli studi antropologici sulla memoria, sul rapporto oralità-scrittura, portano a ritenere verosimile la possibilità di una trasmissione sufficientemente fedele. Quando si riesce a trovare un qualche riscontro, si vede che la tradizione orale è addirittura piú fedele di quella scritta: i copisti, ripeto, spesso copiavano male per pigrizia, stanchezza o perché non interpretavano bene il testo; non sarei quindi cosí pessimista sulla possibilità di questa conservazione.

A questo punto sorge però un'altra appassionante domanda. Che cosa si conservava con questo tipo di trasmissione? Qui arriva un'altra possibile fonte oltre a Marco, la cosiddetta fonte «Q», ovvero *Quelle* che in tedesco vuol dire appunto «fonte», «sorgente». Rientra in ballo il Vangelo detto di Tommaso, cui accennavo, un testo composto da brevi frasi o sentenze, detti, loghia.

AUGIAS Non molti conoscono questo testo cosí misterioso e affascinante, leggerne qualche versetto aiuta a capire di che cosa stiamo parlando. Ecco per esempio i primi tre loghia: «1. Egli disse: "Chiunque trova la spiegazione di queste parole non gusterà la morte". 2. Gesú disse: "Colui che cerca non cessi dal cercare, finché non trova e quando troverà sarà commosso, e quando sarà stato commosso contemplerà e regnerà sul Tutto". 3. Gesú disse: "Se coloro che vi guidano vi dicono: 'Ecco! Il Regno è nel cielo', allora gli uccelli del cielo vi saranno prima di voi. Se essi vi dicono: 'Il Regno è nel mare', allora i pesci vi saranno prima di voi. Ma il Regno è dentro di voi ed è fuori di voi. Quando conoscerete voi stessi, sarete conosciuti e saprete che siete figli del Padre Vivente. Ma se non conoscerete voi stessi, allora sarete nella privazione e sarete voi stessi privazione"».
Eccetera, fino al loghion che recita: «I suoi discepoli gli dissero: "Quando verrà il Regno?" "Verrà quando non lo si aspetta. E non si dirà 'Eccolo, è qui!', oppure 'Eccolo, è là!' Ma, il Regno del Padre è sparso sopra la terra e gli uomini non lo vedono"».

FILORAMO Si capisce subito l'importanza di un testo del genere quale che sia l'interpretazione che si vuol dare ai singoli loghia, a volte non facile da cogliere.
La linea che attualmente prevale tende ad attribuire al testo di Tommaso un'antichità quasi maggiore di quello di Marco. Si leggono in Tommaso, confrontandolo con la fonte «Q», dei detti che secondo alcuni studiosi potrebbero addirittura risalire direttamente a Gesú, o comunque fissati prima del Vangelo di Marco.

AUGIAS Abbiamo promesso ai nostri lettori un racconto dei numerosi personaggi dei Vangeli umanamente cosí ricchi, anzi sorprendenti se li si esamina nella loro umanità, invece la sto intrattenendo su meno appassionanti questioni di filologia. Sa perché insisto su questo aspetto? Mi è successo piú volte, andando a parlare nelle scuole o in altre occasioni pubbliche, di constatare quanto poco i fedeli sappiano sui libri fondativi della loro religione, sul loro vero significato. I piú si accontentano di qualche favoletta edificante perdendo il punto centrale della rivoluzionaria predicazione di Gesú: beninteso in senso spirituale, non politico. Prenda il loghion ricordato di Tommaso: i suoi discepoli gli chiedono quando verrà il Regno e Gesú risponde che verrà quando non lo si aspetta, che il Regno del Padre è sulla terra e nessuno lo vede. Nessuno lo vede perché il Regno è potenzialmente all'interno di chiunque lo cerchi. Ma quanti sono oggi quelli disposti a tentare una ricerca del genere?
Riprendo il nostro discorso: in questa conversazione racconteremo con ogni dovuto riguardo i vari protagonisti, però esaminandoli quasi fossero personaggi della letteratura, ovvero nel loro valore e peso narrativi, spogliati da ogni riferimento teologico, arricchiti in compenso da ulteriori elementi umani. Un'altra domanda preliminare potrebbe allora essere questa: normalmente si dice che i Vangeli sono testi né storici né biografici, semmai apologetici, cioè che descrivono le persone di cui parlano, a cominciare dal Protagonista, in maniera elogiativa e alla luce di un complessivo disegno teologico. Se lei è d'accordo su questa premessa chiedo: che dobbiamo pensare dei vari personaggi? Ci possiamo fidare di loro, possiamo davvero credere alle azioni che compiono e alle parole che dicono?

FILORAMO Prima di rispondere a questa domanda, mi dichiaro d'accordo con lei sull'insufficiente stato di acculturazione religiosa. C'è chi, con buone ragioni, ha parlato di dilagante analfabetismo religioso, nella fattispecie cristiano: ma l'ignoranza della Bibbia e in genere della storia cristiana non è solo del Belpaese: nella Francia un tempo

cattolicissima le cose non vanno diversamente. Non è nemmeno un problema di credere o non credere, ma di nozioni di cultura generale, e viene da pensare che perfino la famosa e controversa ora di religione serva a ben poco, visti i risultati.
Vengo alla domanda sulla credibilità dei personaggi. Che cosa ne sappiamo? Che cosa recuperiamo? C'è per esempio un bellissimo personaggio che a me è sempre molto piaciuto, Giuda, ce ne occuperemo a lungo. Ma è davvero esistito? Di lui non sappiamo nulla. In certi casi come vedremo ci possono anche essere fonti non cristiane che ci aiutano; cosí succede per Giovanni il Battista di cui parla lo scrittore-storico Giuseppe Flavio. Chi era questo «Battista»? Perché aveva riesumato l'antico rito del battesimo? Ci sono poi nei Vangeli altri personaggi sulla cui storicità si può dubitare. Come accostarli?

AUGIAS Tuttavia, questi personaggi vengono proposti ai fedeli come esempi di vita, gli si dice – a parte Giuda – di imitarli. I fedeli vengono cioè invitati a imitare non delle persone realmente esistite ma dei modelli astratti, questo è il dubbio che viene a chi, non essendo credente, legge i Vangeli come se fossero testi di una certa affidabilità.

FILORAMO Proviamo a distinguere. Torno a citare Giuda, ad esempio, perché mi sembra un personaggio privo di consistenza storica anche se si può incasellare in vari modi, prenderlo come un simbolo, costruirci sopra una leggenda. All'estremo opposto si può trovare però una figura come quella di Giacomo, fratello del Signore, personaggio storico sicuramente esistito, capo della Chiesa di Gerusalemme dopo la morte di Gesú. Ci torneremo perché è una questione rimasta aperta, materia di archeologi. Intanto le racconto un fatto che risale a qualche tempo dopo l'attentato alle Torri Gemelle di New York. Il 21 ottobre 2002 in una conferenza stampa organizzata a Washington dalla «Biblical Archaeology Review» venne annunciata un'eccezionale scoperta. La stampa internazionale riportò la notizia: un gruppo di archeologi israeliani e un americano avevano trovato vicino a Gerusalemme un'iscrizione e delle ossa che, a loro giudizio, appartenevano a Giacomo. Esibirono l'epigrafe in un grande convegno dell'Associazione dei biblisti americani. Il reperto venne lungamente discusso fino a quando un archeologo dichiarò di non poter accettare l'attribuzione considerato che, secondo il dogma, Gesú era figlio unigenito, ovvero «unico». Piú cattolico degli stessi cattolici, come vede. Tutti gli altri si dissero invece convinti che potevano davvero essere le ossa di Giacomo. La questione rimane aperta, anche se studi successivi hanno messo in discussione o rifiutato questa identificazione. Cito l'episodio per dire che, storicamente, Giacomo va trattato in modo diverso da altri personaggi, privi di reale consistenza storica come, ripeto, Giuda.

AUGIAS Capisco l'argomento, ne aggiungo un altro in un certo modo analogo, ovvero il ritrovamento nei sotterranei del Vaticano a Roma di alcune ossa attribuite all'apostolo Pietro, una serie di otto frammenti della lunghezza tra i due e i tre centimetri; l'autenticità dell'attribuzione è stata piú volte messa in discussione. Non è il caso di riferire qui i diversi e contrastanti pareri su quei poveri resti. Cito l'argomento solo per ribadire che se le nostre ricostruzioni dei vari personaggi saranno completate con ipotesi o deduzioni piú o meno probabili, comunque coerenti, il procedimento non sarà poi cosí diverso dall'opinabile filologia che ha accompagnato la nascita d'una religione.

FILORAMO È certo che intorno a questi e ad altri ritrovamenti è cresciuta una serie di tradizioni e di leggende per cui, anche se all'inizio c'era un qualche elemento di storicità, col tempo è andato perduto.

AUGIAS Poc'anzi lei ha citato il fatto che accanto ai quattro testi riconosciuti come canonici esistono tanti altri vangeli. Quei quattro, lei ha anche detto, vennero scelti da Ireneo, e gli altri? E poi, altra curiosità, come mai tanti vangeli?

FILORAMO L'annuncio cristiano ha un caratteristico elemento distintivo rispetto ad altre tradizioni religiose: fin dalle origini è plurale e polifonico. I Vangeli ci trasmettono aspetti di Gesú molto diversi l'uno dall'altro. Cos'ha a che fare il Gesú di Marco, un predicatore della Galilea, con l'Inviato celeste di Giovanni? Eppure, i due descrivono la stessa persona. Se già i Vangeli canonici, che rappresentano comunità e tradizioni accettate dalla Grande Chiesa, tramandano volti cosí diversi, perché stupirsi? Io da storico non mi stupisco che siano esistiti tanti vangeli. Ireneo ne aveva letti molti, a cominciare da quelli gnostici, che rifiuta, e che tuttavia danno una loro solida interpretazione del personaggio Gesú; per lo storico anche questa interpretazione è, come ogni altra, legittima.

AUGIAS Negli ultimi tempi su molti di questi testi s'è riversata l'attenzione degli studiosi, mentre venivano fortunosamente ritrovati altri testi. Penso per esempio ai papiri scoperti a Nag Hammâdi nel 1945, nascosti in una giara, venuti alla luce con modalità degne di un film con Indiana Jones.

FILORAMO Guardi la cosa dal punto di vista dello storico: avevamo brevissimi frammenti di diversi vangeli che rimandano a diverse tradizioni. Quando sono stati ritrovati a Nag Hammâdi questi vangeli gnostici interi o quasi, è cambiato tutto. Ireneo ci aveva parlato di un Vangelo gnostico della Verità, ma non ne sapevamo nulla. Poi a Nag Hammâdi s'è scoperto che non l'aveva inventato Ireneo, esisteva davvero.

IV.
LA STRANA FAMIGLIA DI GESÚ

Il padre di Gesú secondo la carne è un artigiano carpentiere o piccolo imprenditore edile; sua madre una giovinetta andata prestissimo sposa. La durata media della vita era piuttosto breve, le ragazze venivano maritate poco dopo la prima mestruazione in modo da sfruttare al massimo il loro periodo fertile. Del resto, questo costume imposto dalla fisiologia si è protratto fino a tempi non molto lontani. Se prendiamo i Vangeli alla lettera, Gesú ha avuto quattro fratelli (Giacomo, Giuseppe, Simone, Giuda) e almeno due sorelle, di loro non si fa il nome ma le si indica al plurale, quindi dovettero essere almeno due; se invece stiamo al dogma, Gesú è rimasto figlio unico per di piú concepito in modo anomalo grazie all'intervento di un imprecisato «spirito» cosí come la dottrina lo ha fissato.

A parte le strabilianti modalità in cui il bambino venne concepito, che famiglia era quella di Gesú? Come trascorse i primi anni? Quanto era vasta la cerchia della parentela, e composta da chi? Nessuno riesce a vivere al di fuori del suo tempo, del clima storico e culturale nel quale impara a guardare gli altri e il mondo; nemmeno Gesú poté farlo, come del resto lascia capire egli stesso. Sulla sua infanzia però i testi canonici o tacciono (Marco, Giovanni) o danno poche e scarne notizie (Matteo, Luca). I quattro Vangeli non sono biografie, il bambino e l'adolescente interessano poco ai loro autori, quali che siano. Questi testi sono fondativi d'una dottrina, parlano dell'uomo, del profeta, del Figlio del Padre. Fortunatamente abbiamo anche altri testi, meno noti, i famosi apocrifi già ricordati. Alcuni di loro parlano proprio di questa prima età e in modo esteso. Un testo noto come Protovangelo di Giacomo, per esempio, reca addirittura il racconto molto crudo ma anche pieno d'umanità della nascita stessa di Gesú. Uno dei brani piú intensi narra che lo sposo Giuseppe, mentre Maria sta per partorire in una spelonca, cerca una levatrice. «"Ed ecco una donna che scendeva dalla montagna e mi domandò: 'Uomo, dove vai?' Ed io le dissi: 'Cerco una levatrice ebrea'. Ed ella rispondendo mi disse: 'Sei d'Israele?' E io le dissi: 'Sí'. Essa allora domandò: 'E chi è quella che sta partorendo nella grotta?' Dissi io: 'La mia promessa sposa'. E lei mi chiese: 'Non è tua moglie?' E io le risposi: 'È Maria, che è stata allevata nel Tempio del Signore e io l'ho avuta in sorte come moglie, ma non è mia moglie, ha concepito per opera dello Spirito Santo'". [...] E la levatrice andò con lui. Si fermarono nel luogo dov'era la grotta, ed ecco una nuvola luminosa adombrava la grotta. E la levatrice esclamò: "Oggi è stata magnificata la mia anima, perché i miei occhi hanno visto un prodigio meraviglioso: che è nata la salvezza per Israele". E subito la nube si dissipò dalla grotta e apparve una grande luce nella grotta, tanto che i nostri occhi non la potevano sopportare. Ma a poco a poco quella luce si attenuò, finché non apparve il bambino e andò a prendere la poppa da sua madre Maria. Allora la levatrice diede un grido e disse: "Questo di oggi è un grande giorno per me, perché ho visto questo fatto straordinario!" La levatrice uscí dalla grotta e si imbatté in lei Salomè. Ed ella le disse: "Salomè, Salomè, ho da raccontarti un fatto straordinario: una vergine ha partorito, ciò che è contrario alla sua natura!" Ma Salomè rispose: "Come è vero che vive il Signore mio Dio, se non introdurrò il mio dito ed esaminerò la sua natura, non crederò mai che una vergine abbia partorito". Allora la levatrice entrò e disse a Maria: "Mettiti giú per bene, poiché c'è intorno a te una non piccola discussione". E Salomè introdusse un dito nella natura di lei e mandò un urlo e disse: "Maledizione alla mia empietà e alla mia incredulità! poiché ho messo a prova il Dio vivente, ed ecco la mia mano si stacca da me, arsa dal fuoco". E piegò le ginocchia davanti al Signore, dicendo: "O Dio dei miei padri, ricordati di me, che sono della stirpe di Abramo e di Isacco e di Giacobbe: non fare di me un esempio per i figli d'Israele, ma rendimi ai miei poveri: tu sai infatti, o Signore, che nel tuo nome io compivo le mie opere di assistenza e la mia mercede la ricevevo da te". Ed ecco che un angelo del Signore le fu presso, dicendole: "Salomè, Salomè, il Signore ti ha dato ascolto: accosta la tua mano al bambino e sollevalo, e sarà per te salute e felicità". E Salomè si avvicinò, e lo sollevò dicendo: "Io mi prosternerò davanti a lui, perché egli è nato per essere grande re di Israele". Ed ecco subito Salomè fu guarita, e uscí dalla grotta perdonata. Ma ecco una vo-

ce che diceva: "Salomè, Salomè, non raccontare i fatti straordinari che hai visto, finché il fanciullo non sia entrato in Gerusalemme"».

Esistono anche altre raccolte aneddotiche nelle quali Gesú figura protagonista di azioni ora riprovevoli ora di tale generosità da prefigurare il futuro redentore. Episodi comunque esemplari. Gesú ha circa cinque anni, è sabato e sta giocando presso il greto d'un torrente. Prende un po' di creta e ne forma dodici uccellini. Passa un pio ebreo che vedendo ciò che il bambino ha fatto va a protestare da suo padre Giuseppe sostenendo che dando forma a dodici uccelli il ragazzo ha violato il riposo del sabato. Giuseppe corre sul posto, vede che il pio ebreo ha detto la verità e sgrida il bambino. Allora, ecco il clou del racconto, Gesú imperturbabile batte le mani ordinando «Andate via!» e gli uccellini di creta si animano e prendono il volo cinguettando. Storia delicatissima, di gusto favolistico che però quasi anticipa le famose parole riportate da Marco: «Il sabato è stato fatto per l'uomo e non l'uomo per il sabato!»

Un altro episodio ha invece toni di particolare crudeltà: Gesú cammina in un villaggio quando un altro bambino che avanza correndo, inavvertitamente lo urta. Gesú incollerito gli grida dietro che non finirà di correre. Lo sventurato cade a terra stecchito. Alcuni passanti che hanno assistito alla scena vanno a reclamare da Giuseppe: «Guarda che cosa combina tuo figlio», gli dicono. Giustamente impensierito, Giuseppe chiama il figlio, lo prende in disparte e lo ammonisce dicendogli: «Perché fai di queste cose, per cui costoro soffrono e ci odiano e perseguitano?» La risposta di Gesú è stupefacente: «Io so che queste parole non sono tue, tuttavia starò zitto, per riguardo a te; ma quelli riceveranno il loro castigo». All'istante i suoi accusatori diventano ciechi.

AUGIAS Professor Filoramo, affrontiamo dunque la famiglia di Gesú cominciando da questi strani racconti prima di esaminare testi piú conosciuti e momenti piú significativi. Che valore dà e che cosa pensa lo storico di testi come questi?

FILORAMO Prima di risponderle come professore, mi permetta di risponderle come nonno. Leggerei subito questi racconti a un bambino piccolo, cosí come una volta si usava leggere ai piccoli i racconti dei fratelli Grimm. Ricordo che a mia figlia piacevano soprattutto i racconti piú crudeli, non certo perché fosse una bambina cattiva, ma per un semplice motivo di identificazione con i personaggi piú cattivi o con le parti cattive dei personaggi buoni (come il Gesú del suo racconto): poteva in questo modo vedere rappresentata la dimensione negativa presente in lei, che trovava incarnata nelle vicende delle fiabe, in qualche modo imparando a conoscerla e a controllarla attraverso l'azione di questi personaggi. Che cosa voglio dire con ciò? Che qualcosa di simile accade anche con gli esempi da lei citati. I racconti del Vangelo dello Pseudo-Matteo, da cui provengono le due storie, presenti nella seconda parte dedicata all'infanzia di Gesú, sono tipiche creazioni leggendarie, redatte in un periodo non esattamente precisabile, tra il IV e l'VIII secolo, da un redattore per noi sconosciuto. Lo scopo è evidente: colmare le lacune dei Vangeli canonici che nulla ci dicono del periodo formativo di Gesú, nel contempo facendo vedere che fin da piccolo compiva azioni prodigiose. Poiché si tratta comunque di un bambino, il Gesú di questo testo agisce anche da bambino, dimostrandosi a suo modo cattivo: potrebbe essere diversamente? Mi permetta di aggiungere un delizioso esempio, sempre tratto da questo bellissimo testo. Al principio del quarto anno di età egli si trova in Galilea, presso il letto del Giordano. Gioca come fanno (o facevano?) tutti i bambini di quell'età al mare: invece di fare castelli di sabbia, con altri bambini compagni di gioco fa sette laghetti di fango e li munisce ciascuno di fossatelli per mezzo dei quali, al suo comando, porta l'acqua dal torrente al lago e viceversa. Un piccolo miracolo che desta naturalmente l'invidia di uno dei compagni di gioco, che chiude gli sbocchi. Siamo in un contesto sacro: il bambino rompiscatole, che rovina il gioco di Gesú, si rivela essere un figlio di Satana. Per questo Gesú lo maledice e lo fa morire sull'istante, pronto poi a farlo risorgere di fronte alle minacce dei genitori e alle preghiere di Giuseppe e Maria. Questi racconti non hanno evidentemente alcun valore storico, almeno nel senso tradizionale di riportarci qualcosa di vero sull'infanzia di Gesú. Ma, a loro modo, sono testimonianze storiche fondamentali. Ci dicono che la pietà popolare (uso a malincuore questo aggettivo, oggi cosí abusato), senza la quale una tradizione religiosa – non sto dicendo la Chiesa – non è in grado di durare nel tempo, la fede delle persone meno colte o meno interessate a dogmi e dottrine, ha bisogno di alimentarsi al concreto, non le basta riflettere sul mistero della Trinità, deve poter confrontarsi con un Gesú in carne e ossa, non le basta il Cristo risorto e glorioso. Di qui la straordinaria fortuna dei racconti del Vangelo dello Pseudo-Matteo in epoca medievale. Tra l'altro, questi racconti hanno ispirato anche l'arte figurativa, contribuendo in questo modo, seppur indirettamente, alla loro diffusione.

AUGIAS Parliamo di Maria. Non Maria in quanto tale, a lei dedicheremo, piú tardi, un intero capitolo. Maria inserita in un ambito familiare allargato, parente – lei giovinetta – di una donna anziana che sappiamo chiamarsi, in italiano, Elisabetta, moglie di un sacerdote altrettanto anziano di nome Zaccaria. Erano legati da un vincolo di parentela, anche se ne ignoriamo il grado, e certo anche amiche. Elisabetta è la donna con cui Maria, scopertasi incinta, va a confidarsi. Cerchiamo di ricostruire questo grumo di nuclei familiari: Maria giovane e anomala sposa di Giuseppe, Elisabetta anziana moglie di Zaccaria e madre tardiva – qui è il punto focale – di Giovanni detto il Battista.

FILORAMO Di tutti costoro parla Luca, dedicando loro ampio spazio all'inizio del suo testo e all'interno della sua ricostruzione di due annunci messi in parallelo; quello angelico fatto a Zaccaria dove gli si comunica che sua moglie Elisabetta, nonostante l'età, partorirà un figlio. L'altro annuncio, anch'esso angelico, fatto direttamente a Maria per comunicarle che diventerà madre. Singolare ricostruzione dicevo, tanto piú se teniamo conto del fatto che Luca non è ebreo, mentre qui siamo nel cuore del mondo familiare e religioso ebraico. Come possiamo commentare e un po' immaginare? La prima osservazione è che stiamo descrivendo un esempio di marito e moglie fedeli, un po' sul modello di Abramo e Sara. Con la differenza però, rispetto ad Abramo, che Zaccaria è un sacerdote. Il che comporta una seconda conseguenza. Lo status di sacerdote in quell'epoca a Gerusalemme era un segno di distinzione. I sacerdoti facevano parte dell'élite, come in tutte le religioni antiche, erano i responsabili del culto templare. Aggiungerei una considerazione sul nome. L'etimologia di Zaccaria «Yahwé ricorda» ha contribuito alla sua diffusione in certi periodi della storia di Israele (nella Bibbia compare anche un profeta minore con questo nome). È un segnale che Dio s'è ricordato del suo popolo. In quanto padre di Giovanni, il cui compito, nel piano divino sottinteso al racconto di Luca, è di inaugurare l'era messianica, se Dio s'è ricordato del suo popolo vuol dire che il Messia sta per arrivare.

AUGIAS Infatti Luca sottolinea lo stato sacerdotale di Zaccaria, gli fa ricevere l'annuncio dell'angelo mentre è intento alle funzioni del suo ruolo. Leggiamo: «Avvenne che, mentre Zaccaria svolgeva le sue funzioni sacerdotali davanti al Signore [...] apparve a lui un angelo del Signore, ritto alla destra dell'altare dell'incenso». Il poveruomo si spaventa ma il messaggero divino lo rassicura: «"Non temere, Zaccaria, la tua preghiera è stata esaudita e tua moglie Elisabetta ti darà un figlio, e tu lo chiamerai Giovanni"». Ho saltato alcuni passaggi ma ciò che resta dà bene l'idea di un racconto preciso fin nei dettagli, compresi gli stati d'animo.

FILORAMO Il sacerdote Zaccaria è diverso socialmente da Giuseppe, che è solo un piccolo artigiano forse analfabeta o quasi; essere sacerdote presupponeva un certo grado di cultura, una qualche forma di alfabetizzazione, una preparazione sulle Scritture; inoltre, a differenza dei sacerdoti pagani, la cui carica poteva essere annuale, quelli ebrei erano sacerdoti a vita: un posto sicuro! Ma che cosa poteva significare essere sacerdote a tempo pieno nel Tempio di Gerusalemme all'epoca? Ciò che per noi è difficile immaginare è che il culto ebraico era ininterrotto, andava avanti ventiquattro ore su ventiquattro: esso doveva imitare il culto che gli angeli celebravano davanti al trono del Signore. Gli angeli, si sa, tra i vantaggi di cui godono, essendo privi di corpo non si stancano. Gli uomini – in questo caso i sacerdoti – per quanto devoti non erano in grado di imitarli e dovevano ricorrere a un sistema di turnazione. Aggiungo che l'angelo inviato da Dio è Gabriele: un angelo importante, a sottolineare l'importanza di quanto sta per accadere. Nel Tempio si celebravano anche sacrifici cruenti con animali come nei culti pagani e politeisti: i sacerdoti dovevano conoscere le regole del culto ma essere anche dei bravi macellai, dovevano far funzionare la macchina del sacrificio. Luca non a caso ci presenta Zaccaria non mentre uccide un animale, ma mentre si appresta a bruciare incenso davanti all'altare. Dal punto di vista cristiano, il sacrificio cruento non funzionava piú – il cristianesimo si stava differenziando dal culto giudaico anche con la costruzione di un culto non sacrificale.

AUGIAS O meglio: sacrificale sí, ma solo in senso simbolico. Lo stesso rito della messa, cosa che non sempre viene ricordata come meriterebbe, rappresenta, simboleggia, un sacrificio.

FILORAMO Esattamente. L'ultimo sacrificio, l'ultimo sacerdote, dice la *Lettera agli Ebrei*, è stato Gesú. Dopo di lui non ci sono piú sacrifici se non il memoriale, la cena del Signore come ricordo, evocazione, del suo sacrificio. Poi la Chiesa ha restaurato il culto del sacrificio in forma diciamo metaforica con il rito della messa da lei ricordato e ripristinato la funzione sacerdotale. Nei primi secoli i sacerdoti come i vescovi potevano essere anche sposati, all'inizio però i seguaci di Gesú per meglio distinguersi dalla loro matrice giudaica rifiutano ogni idea di sacrificio.

AUGIAS Lei ha piú volte citato templi, sacrifici, sacerdoti, turnazioni. Vorrei richiamare e sottoporle una considerazione storica. Questo tipo di ebraismo dura fino al 70 d.C., ma con la distruzione del Tempio ad opera di Tito scompare: gli subentra un giudaismo di tipo rabbinico in cui non ci sono piú sacerdoti ma solo maestri, per l'appunto i rabbini.

FILORAMO Dopo la distruzione del Tempio il giudaismo si è dovuto progressivamente riformare in modo profondo. Il posto del Tempio è stato, in un certo senso, preso dalla Torah: l'analogo del sacrificio diventa lo studio e l'esegesi del testo sacro; i particolari sacerdoti di questo culto spirituale diventano i rabbini, detentori delle chiavi di accesso all'interpretazione di questo testo difficile.

AUGIAS Riprendiamo la storia delle nostre famiglie. Maria, scopertasi incinta, va dunque a chiedere consiglio, forse conforto, a Elisabetta. Abbiamo detto che erano amiche, che erano parenti, che altro sappiamo di loro?

FILORAMO Poco. Nel Vangelo di Luca compare un solo termine per identificare il loro rapporto: erano *sunghenes*, avevano cioè un legame di parentela. Il termine è stato interpretato come cugine, ma poiché i gradi di parentela nella famiglia di Gesú sono assai problematici per i motivi che sappiamo, limitiamoci a dire che Luca le considera legate in qualche modo da un rapporto di sangue. È un elemento tipico che troviamo anche in racconti biblici precedenti, serve a legare Giovanni il Battista e Gesú con un vincolo di parentela, al fine di rafforzare l'idea che chi viene dopo, cioè Gesú, sarà superiore a chi l'ha preceduto, cioè Giovanni. Cito da Matteo le parole di quest'ultimo: «Io vi battezzo nell'acqua per la conversione; ma colui che viene dopo di me è piú forte di me e io non sono degno di portargli i sandali».
Il modello biblico in questo caso è Giacobbe che estromette Esaú, pur avendo Esaú i diritti legati alla primogenitura. Compare qualcosa del genere nel rapporto tra Giovanni e il cugino Gesú, perché Giovanni, pur senza alcun inganno da parte di Gesú, viene presentato come colui che gli prepara la via. Se però esamino questo racconto dal punto di vista storico, l'interpretazione a mio avviso cambia per cui parole e gesti di Giovanni posso-

no essere visti in modo diverso. La mia opinione è che Gesú è stato profondamente influenzato da Giovanni e dal suo movimento.

AUGIAS Cosí facendo rovescia la narrazione tradizionale.

FILORAMO Sono uno storico, le mie valutazioni – nei limiti del possibile – sono anch'esse storiche.

AUGIAS Allora la incalzo con un'altra domanda: è possibile che nel suo approccio alle cose divine Gesú sia stato influenzato anche dal padre di Giovanni, cioè dallo «zio» Zaccaria – lo chiamo zio esagerando volutamente –, intendo dalla sola persona colta nella cerchia della sua umile famiglia?

FILORAMO Nei Vangeli canonici non troviamo nessuno spunto al riguardo. Inoltre Zaccaria ci viene presentato come anziano. Non abbiamo date, ma per l'epoca che cosa poteva voler dire «anziano»?
Da come la coppia viene descritta ne possiamo dedurre che Elisabetta era entrata in menopausa e Zaccaria aveva perso la *potentia coeundi*. Gesú era un bambino, Zaccaria non è vissuto tanto a lungo. Abitavano molto lontani, per l'epoca. Una serie di fattori che mi fa propendere per una risposta negativa.

AUGIAS Torniamo allora a Maria. Trovo un gesto molto bello, femminile, tenero, il fatto che questa giovinetta, quando si scopre incinta, vada a confidarsi con una donna piú anziana anche se primipara come lei. Un episodio verosimile anche da un punto di vista letterario, comunque molto affettuoso.

FILORAMO Esaminiamo allora la situazione da una diversa prospettiva: Maria va a confidarsi perché sa che questa zia o cugina anziana ha vissuto un'esperienza straordinaria. S'instaura una comunicazione fisica e spirituale tra donne che sono state toccate dalla grazia. È vero quello che lei dice, c'è una bellezza narrativa, letteraria, in questo incontro, ma lo si può anche interpretare come un incontro tra due donne toccate dallo Spirito.

AUGIAS Diciamo che esistono un'interpretazione umana e una che invece la trascende.

FILORAMO Infatti, considerato il testo che ce ne parla vanno tenute entrambe presenti.

V.
UNO STRAORDINARIO CUGINO

Dalla stretta apertura, alta nel muro della cella, giungono appena smorzate le voci e i suoni della festa, l'odore dei cibi. Il prigioniero siede con la schiena appoggiata al muro, le mani tumefatte, quasi deformate dai lacci. Ritmo di tamburelli, note stridule dei flauti, risa di donne, il passo cadenzato delle danzatrici. Il suo corpo esausto chiede il ristoro del sonno ma lo tengono sveglio la paura e un'ansia che gli torce le viscere. Sa che Erode il tetrarca forse lo risparmierebbe perché lo ritiene uomo giusto e lo ascolta volentieri; la sua moglie e concubina, Erodiade la cagna, vuole invece che muoia e con qualche lascivia vincerà la sua resistenza. False nozze quelle del tetrarca, fragile schermo alla libidine, il Levitico proibisce di giacere con la moglie di un fratello ancora in vita. E lui Giovanni, questo ha gridato al tetrarca facendo eco alla voce delle Scritture: «Non ti è lecito tenere con te la moglie di tuo fratello». Da allora Erodiade gli porta rancore e vuole che sia ucciso. Al procuratore romano compete lo ius gladii, ma nell'isolata fortezza del Macheronte è facile ordinare ai servi un assassinio, nessuno batterà ciglio davanti a quel sangue.

I Romani sono il problema, per il tetrarca e per ogni giudeo. Erode è incuriosito da Giovanni che ha ripreso a battezzare con acqua, ma teme che l'accusa di fornicazione leda la sua immagine davanti al procuratore di Roma. A chi deve obbedire Giovanni? Alla prudenza, alle convenienze del mondo? O alla Legge dettata dal Signore? Una domanda come questa non può nemmeno essere posta.

Giovanni non teme le sofferenze fisiche. Conosce il patimento a cominciare da quello che volontariamente s'è dato per purificarsi sotto il sole implacabile del deserto, arso dalla sete, semidigiuno, preda di allucinate visioni demoniache e di accese speranze. Adesso s'è lasciato alle spalle ogni entusiasmo, lo accompagnano desolazione e dubbi che s'aggiungono al tormento della sete, alla consapevolezza della fine imminente. Mormora tra sé i versetti di Giobbe: «Dio *mi consegna come preda all'empio, e mi getta nelle mani dei malvagi... i suoi arcieri mi circondano». È sgomento, ha bestemmiato paragonandosi al giusto perseguitato, vorrebbe percuotersi il petto ma i lacci glielo impediscono, può solo abbandonarsi alle lacrime. La cappa del sonno inavvertita gli piomba addosso, rivede la pista che s'inerpicava nell'aspra regione di rocce, burroni, cedri, pini, poi nella piana infocata desolate distese senza vita. Gli occhi flagellati dai granelli di sabbia sollevati da refoli improvvisi, attento a ripararsi dalla lama abbacinante del sole senza perdere l'esile traccia della pista qua e là sommersa. Da quanto tempo sta camminando non saprebbe dirlo, i piedi lo guidano, il dolore misura la distanza. Poche delle sue sensazioni si potrebbero tradurre in parole; sono barbagli, pulsazioni luminose, un dolore senza sosta che gli batte le tempie, il disordinato rincorrersi dei pensieri. Sa che deve vivere nel deserto, perché è il luogo delle tentazioni e dell'attesa ma anche quello in cui Dio si manifesta, dal quale si emerge rigenerati. Tutto si confonde e gira attorno e dentro la testa. È quel vento rovente? o l'onda dei suoi stessi pensieri che l'investe nella solitudine della cella? Evoca il lungo cammino dell'Esodo, il popolo di Dio finalmente libero dalla schiavitú del faraone mentre lui adesso si vede schiavo del capriccio di una donna. Sta per gridare ma soffoca le parole ripetendo tra sé i versetti del* Deuteronomio*: «Ricòrdati di tutto il cammino che il Signore, tuo Dio, ti ha fatto percorrere in questi quarant'anni nel deserto, per umiliarti e metterti alla prova, per sapere quello che avevi nel cuore, se tu avresti osservato o no i suoi comandi». Si sente urlare, forse sta urlando a perdifiato nel silenzio che preme da ogni lato su di lui. Lo ha assalito uno spavento sacro al ricordo di quel vuoto senza fine, pieno di vento. Caccia un urlo terribile e rauco per quanto fiato riesce a soffiare dai polmoni essiccati, lo tormenta la sete.*

Lo spioncino della porta si apre cigolando; s'affaccia il volto d'una sentinella, lo fissa, sta masticando del cibo arrivato dalla tavola del signore. Vede che è vivo, disfatto dal patimento ma vivo; caccia un rutto, richiude.

Ha praticato un battesimo di conversione per il perdono dei peccati, un lavacro che cancelli per sempre ogni impurità, voleva che i suoi seguaci fossero preparati all'arrivo imminente del Regno di Dio, alla battaglia finale contro le forze del male. Tutto invano: attende in catene, imminente non è il Regno ma la morte. Sussulta, s'immerge profondamente nella preghiera. Una lama di luce bagna il soffit-

to della cella filtrando dallo spioncino posto alla sommità del muro. Qualcuno ha attraversato il cortile con una torcia, quel debole riflesso basta a scuoterlo dall'abisso nel quale stava precipitando. Ora è del tutto sveglio, stacca la schiena dal muro, cerca di sollevarsi, avverte nelle membra una scossa di fiducia, vede che non tutto è finito. Tra i suoi seguaci ha battezzato anche Joshua ben Yosef, che gli è parente. Ha notato abbracciandolo la fiamma che accendeva il suo sguardo, ha udito le sue parole d'assenso all'annuncio tremendo, alla sfida lanciata al potere degli alti sacerdoti, del tetrarca, del procuratore romano, contro tutte le catene che opprimono il popolo d'Israele e le anime dei Giudei. Lui potrà continuare la sua missione, saprà come fare, raccoglierà la sfida. Sente rombare negli orecchi il battito del cuore; gli sembra d'essere diventato tutt'uno col mondo, di colpo è il piú felice degli uomini. Terge come può le lacrime che scendono sul volto emaciato e bagnano la barba. Non è piú dolore ma consolazione. Ogni ansia è scomparsa, scivola dalla panca, si prostra con la fronte a terra. Prega l'Altissimo con la poca forza che ha. Spera che nessuno lo spii in quel momento di debolezza. Quando verrà l'ora vorrebbe apparire padrone di sé, forte.

La porta della cella viene aperta con tale violenza che percuote il muro opposto con un boato. Entrano due uomini facendo luce con le torce, un terzo si schiaccia contro la parete di fondo nascondendo le mani. Fissano le torce al muro, vengono verso di lui senza guardarlo, lo sollevano quasi di peso. C'è un altro ingresso, la veste ricca dice che si tratta di un alto funzionario, reca con sé un vassoio d'argento. Fa un cenno e i due servi lo costringono a inginocchiarsi sul pavimento. Giovanni sa chi è l'uomo mezzo nascosto nella parte piú oscura della cella: il carnefice. Ora infatti avanza verso di lui con un passo che sembra indolente ma di colpo protende fulmineo le braccia, l'ultima cosa che vede è il balenio delle torce riflesse nell'argento del grande vassoio.

AUGIAS Se dobbiamo credere all'iconografia che lo riguarda, Giovanni detto il Battista, cugino di Gesú, aveva un aspetto semiselvaggio, sfinito dai digiuni, di magrezza impressionante, coperto di pelli e di cenci. È possibile che l'immaginazione dei tanti artisti che hanno tentato di raffigurarlo abbia ceduto al luogo comune che circonda questi santoni, o che sia stato sopravvalutato il periodo trascorso da lui nel deserto. Sta di fatto che l'uomo prende a battezzare con un rito unico di pentimento, un atto di conversione, un cambiamento di vita. Era davvero questo il significato del lavacro cui sottoponeva i suoi fedeli nel fiume Giordano?

FILORAMO Secondo il racconto di Marco «vi fu Giovanni, che battezzava nel deserto e proclamava un battesimo di conversione per il perdono dei peccati. Accorrevano a lui tutta la regione della Giudea e tutti gli abitanti di Gerusalemme». A differenza di Gesú, Giovanni non è un predicatore itinerante: è la gente che va da lui, attratta dalla sua promessa di salvezza. La differenza è fondamentale. Giovanni pratica un battesimo di conversione per il perdono dei peccati: una particolarità del rito che sarà ripreso da Gesú.

AUGIAS Era il solo a praticare l'antico rito del battesimo?

FILORAMO All'epoca in cui Giovanni agisce, esistevano diverse sette battiste, gruppi che praticavano forme di battesimo rituale come mezzo di purificazione. La piú importante è la comunità dei settari di Qumran, che all'inizio del II secolo prima della nostra era, sotto la guida di un leader detto Maestro di Giustizia, si era allontanata da Gerusalemme e dal suo Tempio ritenendo impuro il culto che vi si svolgeva. Ritiratisi nel deserto, nei pressi del Mar Morto, avevano fondato una comunità di tipo monastico, caratterizzata, tra l'altro, da riti di abluzione quotidiani per purificarsi dalle inevitabili impurità della vita quotidiana; lo prova un complicato sistema di canalizzazioni costruito per disporre di una sufficiente quantità di acqua.

AUGIAS Una vita fatta di astinenze e digiuni che prefigura la vita nel deserto degli eremiti cristiani del IV secolo come Antonio. A quale scopo?

FILORAMO Prepararsi all'imminente arrivo del Regno di Dio e alla battaglia finale contro le forze del male. Peccato che invece siano arrivati i Romani: dopo la distruzione del Tempio nel 70 d.C. di questi qumraniti si perde ogni traccia. Il Battista si muove su questo sfondo messianico; ha dei discepoli, in qualche modo è il fondatore di un movimento. A differenza dei qumraniti, però, egli predica un battesimo unico di pentimento (il termine greco, *metanoia*, cambiamento di mente, cui ho già fatto cenno, è forte: indica un vero e proprio mutamento di vita). Qui siamo, a mio modo di vedere, di fronte a un personaggio in carne e ossa (anche se emaciato e sfinito dalle diete rigidamente vegane: un modello, mi si passi, non del tutto inattuale). Si tratta di un personaggio portatore di un messaggio religioso forte, che è, sí, di salvezza individuale, ma prima ancora collettiva: non è un caso che, secondo Marco, accorra a sentirlo la gente di Gerusalemme.

AUGIAS Dunque quando Gesú va a farsi battezzare da questo profeta che in certo modo possiamo definire suo cugino, nonché coetaneo, compie un atto d'adesione a un movimento religioso. Però leggiamo in Giovanni che il Battista indicò Gesú come l'agnello di Dio che toglie il peccato del mondo. Marco aggiunge che durante il rito s'udí una voce dal cielo dire: «Tu sei il Figlio mio, l'amato: in te ho posto il mio compiacimento».

FILORAMO Il mio punto di vista, ripeto, è quello di uno storico. I Vangeli capovolgono lo stato di fatto presentando il Battista come uno che apre la via; storicamente invece le cose sono andate all'opposto. Lo sappiamo da Giuseppe Flavio, dalla preoccupazione di re Erode. Per esempio, Giovanni si ritira nel deserto, come poi farà anche Gesú; questo è un tipico atteggiamento da Messia, o quanto meno alcuni lo vedevano cosí. C'è di sicuro un sottofondo politico-religioso tanto che Erode vede in Giovanni un possibile nemico nel suo rapporto di fiducia con i Romani. Vite parallele, Giovanni e Gesú: due cugini che finiscono male. Ma anche un esempio di come un punto di vista storico possa aiutarci a ricostruire un personaggio in carne e ossa degno della migliore *fiction*: l'una cosa non esclude l'altra.

AUGIAS Poi è finita com'è finita, secondo la leggenda; la vendetta di Erodiade consumata facendo sí che Salome con la famosa danza accendesse i sensi del tetrarca al punto da renderlo pronto a esaudire qualunque richiesta; foss'anche la testa del Battista.

FILORAMO Il Battista è stato fatto fuori da Erode cioè dal sovrano, dal potere politico, perché il suo annuncio era potenzialmente sovversivo. Anche in questo il Battista prefigurava il destino del cugino. Quanto a Gesú, a me sembra plausibile che egli abbia fatto parte per un certo periodo del movimento dei seguaci del Battista. Da lui avrebbe derivato la pratica fondamentale di un unico battesimo come elemento di iniziazione nel gruppo dei seguaci: un battesimo non piú di semplice purificazione dalla violazione delle regole di purità, ma un battesimo che deve servire a lavare definitivamente la macchia, di per sé indelebile, del peccato. Un elemento di novità religiosa, che distingue il cristianesimo dalle religioni coeve.

AUGIAS La storia di Erode, di sua moglie Erodiade, della figlia di lei Salome, della famosa danza dei sette veli e della promessa che la perfida fanciulla strappa al patrigno eccitandolo sessualmente è, nelle Scritture, una delle piú coinvolgenti, un racconto perfetto. Infatti, un episodio piú volte narrato, messo in scena, dipinto. Però, nella sostanza, sembra falso, si potrebbe dire che è troppo ben sceneggiato per essere vero.
Tale la precoce malizia della giovinetta (Salome poteva avere 14 o 15 anni) che il tetrarca le promette di acconsentire a qualunque cosa gli chieda, foss'anche la metà del regno. Lei, perfida, chiede la testa del Battista. Racconta Marco: «"Voglio che tu mi dia adesso, su un vassoio, la testa di Giovanni il Battista". Il re, fattosi molto triste, a motivo del giuramento e dei commensali non volle opporle un rifiuto. E subito il re mandò una guardia e ordinò che gli fosse portata la testa di Giovanni. La guardia andò, lo decapitò in prigione e ne portò la testa su un vassoio, la diede alla fanciulla e la fanciulla la diede a sua madre». Una scena di inaudita, primitiva ferocia.

Ora però lei ha accennato a una differente, piú credibile, versione di quell'omicidio, gli ha dato cioè una connotazione politica, quanto meno di potere.
Il tetrarca Erode non fa decapitare il prigioniero che langue nelle segrete del Macheronte per un capriccio della moglie o della figliastra, ma perché vede in Giovanni un pericolo politico.

FILORAMO Mi sembra piú plausibile. L'entrata in scena di Salome è, per restare alla sua prospettiva, un colpo di genio narrativo: un re vecchio e laido, che si lascia sedurre dallo strip-tease di una giovinetta bella e seducente, per di piú sua figliastra: un intrigo che sembra fatto apposta per scatenare l'immaginazione (almeno maschile). Francamente però appare piú probabile che Erode se la sia presa col Battista per quel che prediceva, e cioè che era imminente l'avvento di un Messia (che alcuni identificavano, guarda caso, nello stesso Giovanni) che tra le altre cose lo avrebbe fatto fuori. Non si deve dimenticare che per i sovrani o comunque per gli uomini di potere di quell'epoca era costante il timore di una congiura di corte o di una sommossa popolare. Erode Antipa, tetrarca di Galilea, era figlio – indegno, detto tra parentesi – di quell'Erode il Grande, morto nel 4 a.C., al quale viene attribuita per analoghe ragioni di potere la strage degli innocenti. C'è chi forzando le cose ha poi paragonato il Battista a un riformatore come Savonarola perché criticava Erode per il suo comportamento immorale. Erode s'era messo con la moglie del fratello mentre questi era ancora in vita; se fosse stato morto, l'unione sarebbe stata addirittura doverosa.

AUGIAS Cosí infatti prescrive la legge detta del levirato. Dice il *Deuteronomio*: «Quando i fratelli abiteranno insieme e uno di loro morirà senza lasciare figli, la moglie del defunto non si sposerà con uno di fuori, con un estraneo. Suo cognato si unirà a lei e se la prenderà in moglie, compiendo cosí verso di lei il dovere di cognato. Il primogenito che ella metterà al mondo, andrà sotto il nome del fratello morto, perché il nome di questi non si estingua in Israele».

FILORAMO Con il fratello ancora vivo invece, l'unione diventava adulterio e concubinaggio. Insomma, questo Erode veniva da una famiglia non certo specchiata. È possibile che Giovanni, in nome della sua visione messianica e dell'avvento del Regno di Dio, ritenuto imminente, predicasse con forza contro questo falso re e il suo comportamento immorale.

AUGIAS Vedremo, nel prosieguo di questa conversazione, in che modo Erode Antipa fosse diventato tetrarca di Galilea – oggi lo chiameremmo una specie di viceré – e perché a Gerusalemme, in quella pasqua di sangue, si trovò implicato nella tragica notte della passione di Gesú.

VI.
GESÚ SI SVELA

Che cosa ha lasciato dietro di sé il profeta Gesú morendo, giovane uomo, sull'infame patibolo della croce? Il cuore del suo messaggio è semplice cosí come era semplice lui, ebreo illuminato che percorreva sentieri e villaggi, parlava agli umili avendo come patrimonio da offrire la sua grande umanità e un'immensa visione. Le sue parabole parlano delle greggi e del raccolto, degli uccelli che volano e delle serpi che strisciano, dei porci e dei cani, usa il linguaggio e le metafore dei semplici, perché vuole che chiunque possa capire il suo messaggio. Non è un filosofo e non è un teologo, infatti filosofi, teologi e storici lo ignorano; al piú poche righe distratte nel mare degli avvenimenti come fa Giuseppe Flavio o come faranno Tacito e Svetonio relegandone il nome in un breve inciso per di piú di tono spregiativo. La sua notorietà, finché è stato in vita, è limitata ai poveri ambienti che ha frequentato. Niente cioè, quasi niente.

Gesú non aveva grande dottrina, è possibile che sapesse a stento scrivere. Aveva probabilmente avuto un'istruzione religiosa, conosceva le scritture sacre del suo popolo, soprattutto ne aveva accolto lo spirito per cui poteva vederne anche i limiti, la necessità di estenderne i confini. Non sono venuto ad abolire ma a compiere, dice riferendosi al superamento della Legge nel nome di un principio supremo: fare agli altri ciò che si desidera che gli altri facciano a noi stessi. Non conosceva la filosofia ellenistica, non parlava greco che era la lingua colta del tempo, aveva orecchiato qualche parola di latino che era però quello corrotto parlato dalle truppe ausiliarie di stanza in Palestina, non veri romani bensí mercenari arruolati nelle province d'Oriente.

Se il suo orizzonte culturale era limitato, l'ampiezza del suo sguardo era immensa. Sapeva che il mondo non sarebbe mai diventato meno malvagio se non fossero prima cambiati gli uomini, sapeva che la politica continuando a dipendere dalla natura umana non può che ripetere gli stessi errori o le stesse infamie, aveva dunque chiaro che su quella natura era necessario agire. L'enormità di questo impegno assorbiva ogni sua energia rendendo trascurabili tutti gli altri aspetti dell'esistenza: personali, affettivi, familiari, comprese le relazioni con la sua stessa madre. Un uomo che s'è dato una missione di quella magnitudine non può comportarsi né può essere valutato secondo i canoni della «normalità». Conscio del potere di persuasione della sua parola, Gesú doveva vivere le sue giornate in uno stato febbrile di perenne tensione che poteva manifestarsi anche in maniera sgradevole o violenta: non sono venuto a portare la pace ma la spada! Il Gesú buono, angelico, il dolce Gesú delle visioni infantili comprende solo una parte di questa realtà. Predicava amore ma sapeva che quell'amore bisogna estorcerlo perché di rado si manifesta spontaneamente negli uomini. Gli scribi discesi da Gerusalemme dicevano: «Costui è posseduto da Beelzebúl e scaccia i demòni per mezzo del capo dei demòni», avevano ogni interesse a dirlo perché vedevano minacciato il loro potere. Ma i suoi stessi fratelli un giorno a Cafarnao lo proclamano «fuori di sé». È naturale che sia cosí: l'obiettivo, il compimento di una qualunque azione eccezionale porta con sé squilibri, sindromi allucinatorie, una tensione psichica non lontana dalla follia. Anche Francesco d'Assisi sarà chiamato pazzo e probabilmente lo era in base a un metro psicologico calibrato su quella che chiamiamo normalità. Ma in certe circostanze la follia è necessaria; se non si sente ardere nel petto la fiamma del cambiamento è inutile pensare di migliorare il mondo.

Un giorno mentre Gesú percorreva un sentiero di campagna diretto a Gerusalemme, incontra un giovane, fermo sul bordo della strada che gli dice: «Ti seguirò dovunque tu vada». Non era cosí, Gesú lo guarda e capisce che quell'uomo non ha abbastanza fede né la forza necessaria ad affrontare le prove che aspettano lui stesso e coloro che lo seguono. Invece a un altro che anche lo guardava ma con diverso spirito dice indicandolo: «Tu! Seguimi». Quello annuisce, vuole dirgli che certo lo seguirà ovunque sia diretto, però aggiunge: «Signore, permettimi di andare prima a seppellire mio padre». Gesú lo fissa e gli rivolge parole terribili: «Lascia che i morti seppelliscano i loro morti; tu invece va' e annuncia il regno di Dio».

Questo era l'impegno per chi voleva condividere la sua missione: trascurare perfino la pietà filiale che impone di seppellire i genitori, ignorare il precetto della Torah che chiede di onorare il padre e la madre; per chi lo segue tutto viene dopo, la pietà viene dopo, viene dopo la Legge. Come scrive Isaia: «Per questo rendo la mia faccia dura come pietra, sapendo di non restare deluso».

Invece sarà deluso, lo deluderanno proprio coloro che avrebbero dovuto essergli piú vicini. Nella terribile notte del Getsemani, quando nel buio arrivano le guardie del Tempio per arrestarlo, i discepoli fuggono spaventati, uno di loro, Giuda di Qĕriyyōt, ha tradito, gli altri non reggono alla prova: se il Rabbi, il maestro viene arrestato come un criminale, che sarà di noi? S'allontanano scendendo a perdifiato le balze della collina. Perfino Simone, il solido pescatore di Cafarnao che Gesú chiamava affettuosamente Cefa, cioè pietra, che tutti conoscono come Pietro, perfino lui, quando gli verrà chiesto se conoscesse l'arrestato e se facesse parte del suo gruppo, avrà un attimo di sbandamento e giurerà che no, che lui quell'uomo non l'ha mai visto.

Stiamo cercando di leggere i Vangeli come se fossero un romanzo? Ecco un caso che la letteratura ha continuato a raccontare tale la frequenza con la quale s'è presentato; quante volte abbiamo letto o visto la scena in cui un leader che ha messo in gioco la sua stessa vita in un'impresa, volgendosi indietro si rende conto che nessuno piú lo sta seguendo? Che davanti alla morte incombente tutti sono fuggiti ed è rimasto solo?

Torna la domanda dell'inizio: che cosa ha lasciato Gesú nella sua morte solitaria? Non molto, ma lí, poco che fosse, c'era il ricordo del suo straordinario messaggio. L'uomo che predicava alle masse con parole di fuoco perché s'accendesse anche l'animo di chi ascoltava, era stato capace di gesti inauditi: salvare un'adultera dalla lapidazione, confondere con giusta sottigliezza, meglio di come avrebbe fatto il piú astuto dei farisei, chi tentava di farlo cadere nel tranello delle tasse per il Cesare romano, capace di conversare in amicizia, lui giudeo, con una donna della Samaria.

Forse bisogna cominciare a raccontare dall'inizio la storia della sua immensa missione, i momenti in cui comincia a svelare la sua natura.

AUGIAS Cominciamo dunque dall'inizio. Gesú passa la prima infanzia in un ambiente familiare culturalmente povero, essendo sua madre una giovane casalinga probabilmente analfabeta e suo padre Giuseppe un piccolo artigiano. Da un punto di vista semplicemente storico è curioso e anzi poco credibile l'episodio di cui i Vangeli lo fanno protagonista quando, poco piú che adolescente, s'impegna in sinagoga a disquisire sulle Scritture con alcuni rabbini. Per decifrare l'episodio dobbiamo rovesciare l'immagine, abbandonare ogni umana verosimiglianza, deviare verso un livello teologico. In quella luce particolare dove la pura razionalità dei fatti non conta e può addirittura diventare un impaccio, i fatti come ci vengono raccontati sfumano in una dimensione fantastica dove tutto è possibile e può accadere che un bambino cresciuto nelle condizioni di cui si diceva arrivi a sostenere una disputa vincente con i piú dotti rabbini del Tempio.

FILORAMO Per essere piú precisi questo sarebbe avvenuto quando Gesú era sui dodici anni quindi vicino al Bar Mitzvah, letteralmente «figlio del precetto» o «del comandamento»: è il momento in cui il bambino ebreo raggiunge la maturità divenendo responsabile di se stesso.

AUGIAS Qualcosa di analogo è stato introdotto dai cristiani nella loro religione con la cerimonia detta cresima o confermazione. Alcune confessioni cristiane, massime quella cattolica, lo considerano un sacramento, altre semplicemente un rito. Dato che le parole sono molto importanti, mi sembra interessante notare che la parola cresima deriva dal greco χρῖσμα (*chrisma*), crisma, cioè «unzione», stessa radice dell'attributo dato a Gesú, chiamato Χριστός (*Christos*), Cristo, ovvero l'«Unto del Signore».

FILORAMO Fa bene a precisare l'etimologia delle parole; può aiutare, come illustra il suo esempio, a comprendere meglio l'origine dei riti. Quanto all'unzione cui lei ha fatto cenno vale forse la pena di ricordare che nella tradizione biblica era il rito che consacrava i re e gli alti sacerdoti d'Israele. Nel *Primo libro di Samuele* leggiamo per esempio a proposito di Davide: «Samuele prese il corno dell'olio e lo unse in mezzo ai suoi fratelli, e lo spirito del Signore irruppe su Davide da quel giorno in poi». Il caso di Davide – e, prima di lui, di Saul, unto primo re dallo stesso

Samuele – è emblematico: l'unzione è rimasta per secoli il modo di consacrazione dei re e degli imperatori. L'idea soggiacente è che il sacerdote a ciò incaricato trasmetta, con l'olio, lo spirito divino che legittima il sovrano. Siamo di fronte al rapporto di alleanza fra trono e altare: nelle monarchie tradizionali il monarca ha bisogno dell'unzione come legittimazione sacra per mettere in evidenza il fatto che il suo potere non deriva dalla volontà popolare ma direttamente da Dio.

AUGIAS Ricordo di sfuggita che la formula con la quale, a metà Ottocento, venne segnata la fine delle monarchie assolute fu che il sovrano era tale «per grazia di Dio... e volontà della nazione».

FILORAMO Il rito dell'unzione è stato ereditato anche dal cristianesimo sia per i neobattezzati, sia per altri sacramenti, come l'ordinazione di nuovi sacerdoti, sia per l'olio che si dà *in extremis* agli ammalati in pericolo di vita.

AUGIAS Torniamo a Gesú dodicenne al Tempio. Lo storico come considera, che significato dà a questo episodio in apparenza cosí poco verosimile?

FILORAMO La prima cosa che si può dire è che l'evento presupporrebbe che Gesú sapesse leggere, che avesse frequentato una qualche scuola religiosa, una Yeshivah, non lontana dalla sua abitazione dove avrebbe potuto imparare la Torah a memoria; in un piccolo villaggio, come quello in cui è cresciuto, scuole del genere però erano rare. Direttamente in casa? Anche questo sembra poco probabile, i Vangeli ci presentano ambienti molto semplici. L'unica possibilità è che negli anni della prima maturazione il fanciullo Gesú sia entrato in contatto con un mondo altro di cui però i Vangeli non ci dicono nulla. Questo è possibile anche nel caso del Battista, la cui condizione però è differente provenendo da una famiglia di sacerdoti. Non è inverosimile pensare che suo padre Zaccaria lo abbia avviato allo studio delle Scritture.
Esaminiamo allora la questione da una diversa prospettiva. Giuseppe – padre «adottivo» di Gesú – ci viene presentato come un discendente della casa di Davide, dunque

di un lignaggio importante, anzi addirittura regale. Ammesso che non si tratti di un semplice abbellimento della sua figura, sarebbe possibile, come alcuni hanno ipotizzato, che non fosse un semplice falegname? Potrebbe essere stato un piccolo imprenditore, un costruttore di case. La sua qualifica diciamo professionale è *tekton*, parola che può essere interpretata in diversi modi che portano a non escludere che le condizioni socioeconomiche della sua famiglia avessero consentito una seria formazione religiosa per un ragazzino come Gesú. Insomma, con un po' di forzatura una qualche plausibilità storica si può trovare; per il resto Gesú poteva benissimo essere un fanciullo di doti non comuni il che completerebbe la verosimiglianza del quadro.

AUGIAS Professore, non voglio assolutamente fare l'avvocato del diavolo, però devo notare che quando ci si rifà a fonti cosí incerte, tirando un po' di qua e un po' di là, gli si può far dire quasi qualunque cosa. Il che tra l'altro avviene spesso con tutti i testi ritenuti sacri. Passiamo a un altro episodio che riguarda sempre la famiglia di Gesú e il suo comportamento nonché i rapporti esistenti in casa. Senza tradire lo spirito del testo, rielaboro un racconto di Luca. Giuseppe e Maria, come molti altri pii ebrei, si recavano ogni anno a Gerusalemme per la festa di Pasqua; accade dunque che, quando Gesú ha dodici anni, vadano tutti e tre in pellegrinaggio in compagnia di altri compaesani. Passati i giorni della festa, il gruppo prende la via del ritorno; Gesú non è con i genitori che però non si preoccupano pensando che si sia unito ad altri gruppi della comitiva, proseguono quindi il cammino senza darsi troppa pena. Solo dopo un paio di giorni, poiché l'assenza si prolunga, si rendono conto che il ragazzo non è lí. A questo punto la loro vaga inquietudine si trasforma in angoscia, abbandonano la comitiva e tornano in affanno a Gerusalemme per cercarlo. Tre giorni dura la ricerca, possiamo immaginare in quale stato d'animo di crescente preoccupazione; finalmente lo trovano al Tempio in mezzo ai rabbini mentre li ascolta e li interroga con domande di tale competenza che quelli si guardano meravigliati da una cosí precoce sapienza. Maria, come avrebbe fatto qualunque madre, lo scorge là in mezzo, si precipita ad abbracciarlo e gli chiede con tono di rimprovero: «Figlio mio, perché ci hai fatto questo? Tuo padre ed io t'abbiamo cercato per giorni pieni d'angoscia». La risposta del ragazzo è secca: «Perché mi avete cercato? Non sapevate che io devo occuparmi delle cose del padre mio?» Maria e Giuseppe non capiscono, dice il testo, ma lasciano correre tanto piú che il ragazzo abbandona la disputa e, fattosi di nuovo obbediente, torna con loro a Nazareth. Il racconto chiude con queste parole: «Sua madre custodiva tutte queste cose nel suo cuore».

Ecco un altro racconto bellissimo, quasi cinematografico, che però presenta numerosi aspetti poco comprensibili o addirittura enigmatici. Maria dice al figlio che suo padre e lei lo hanno cercato a lungo, il ragazzo risponde – davanti al suo povero padre adottivo – che deve occuparsi delle cose del padre suo. C'è uno scambio di «padri» che non è solo un equivoco da commedia, rimanda all'essenza stessa della natura di Gesú. Seconda questione: perché Maria non capisce? Tra tutti i presenti, lei è la sola che dovrebbe capire, consapevole com'è del concepimento straordinario grazie al quale ha avuto quel figlio. Terza questione: come fa l'evangelista a sapere che Maria custodiva questi fatti nel suo cuore? Chi gliel'ha detto? Possibile che sia stata la stessa Maria? Dunque, Luca l'ha conosciuta? ha parlato con lei?

FILORAMO Comincio col dire che qui siamo in una fase successiva, il bambino è diventato dottore. Questo apre al problema dei rapporti di Gesú con la figura della madre. La chiama «donna», per esempio. A seconda dei Vangeli cambia la presa di distanza dalla famiglia, ma in fondo una risposta del genere è plausibile da parte di un profeta che sente crescere in sé questa forza. C'è il dato teologico, ma vedo anche il personaggio che rompe con i vincoli familiari e getta le basi per un altro tipo di legame.

Vengo alla prima delle sue domande. Lei ha ragione quando osserva che quello scambio di «padri» rimanda all'essenza stessa di Gesú. Teniamo presente che con quest'episodio si chiude il cosiddetto Vangelo dell'infanzia di Luca. È cioè un episodio che fa da ponte con l'inizio della vita pubblica, che Luca fa iniziare, nel capitolo 3, molti anni dopo, con la predicazione del Battista. Dunque, un episodio chiave in cui emerge per la prima volta da parte di Gesú la consapevolezza del suo rapporto col Padre, quello vero, almeno per lui. Del resto, non a caso è la prima volta che Gesú parla.

AUGIAS Le confesso, caro professore, che mi ha sempre stupito e un po' disturbato che Gesú mai, nemmeno una volta, si riferisca o citi Giuseppe, suo padre secondo la carne o, se si vuole, suo padre adottivo. È pur sempre l'uomo che lo ha cresciuto e nutrito. Se il giovane profeta ha modi sbrigativi verso sua madre, il povero Giuseppe è semplicemente, totalmente, ignorato. Se fosse consentito leggere i Vangeli in chiave psicoanalitica si potrebbe dire che i frequenti richiami a un amorevole «padre nostro» potrebbero essere letti come la denuncia di un'assenza, del suo patimento.

FILORAMO Parlare dei silenzi è sempre problematico: perché, ad esempio, Marco lo ignora completamente? Probabilmente perché, nella sua prospettiva teologica, l'unico padre che conta è quello celeste. Però è vero che, anche là dove, come nel Vangelo di Matteo, Giuseppe svolge un ruolo significativo nei racconti dell'infanzia di Gesú, con l'inizio della missione scompare dalla scena. Se devo pensare a un motivo, andrei a cercarlo nel fatto che Gesú insegna a rompere i rapporti con la famiglia di sangue (dunque, a maggior ragione con un finto padre come Giuseppe): che non lo nomini piú è in fondo coerente con la radicalità del suo annuncio.

AUGIAS Da un punto di vista umano, però, inverosimile o crudele. Torniamo all'episodio del Tempio.

FILORAMO Per comprendere meglio gli aspetti umani del racconto occorre tenere presente che esso è costruito su di un contrasto. I genitori di Gesú sono pii ebrei che obbediscono ai precetti della Legge e dunque compiono l'annuale pellegrinaggio a Gerusalemme in occasione della Pasqua.

Gesú sembra dimostrarsi un giovane figlio obbediente e altrettanto pio, ma in realtà Luca contrappone i genitori obbedienti alla Legge a Gesú che invece fa la volontà del Padre, obbedisce cioè a Lui. Il contrasto si spiega bene sullo sfondo della particolare teologia del Vangelo lucano, basata sull'idea che Dio svela agli uomini progressivamente il suo piano salvifico affidato all'azione del Figlio. Gesú in questo episodio inizia a svelare la sua vera natura: una saggezza straordinaria unita alla consapevolezza che egli sta facendo la volontà del Padre, quello vero. Non a caso la scena si svolge nel luogo del Tempio dove i rabbini insegnavano. Che Gesú, un fanciullo di dodici anni, parli con grande sapienza serve anche per confutare quegli ebrei che accusavano i seguaci del Cristo di seguire un capo ignorante, oltre che pericoloso; quanto all'età, come si è detto ha un valore simbolico; del resto nella Bibbia altri profeti come Samuele e Daniele si rivelano precocemente guarda caso all'età di dodici anni; anche Mani, il profeta giudeocristiano fondatore del manicheismo, riceve la sua prima rivelazione dal gemello celeste a quest'età.

AUGIAS Tutto giusto ma, se parliamo di Legge, qui Gesú viola o quanto meno incrina il comandamento che impone di onorare il padre e la madre.

FILORAMO Non direi che quel comandamento venga messo in discussione. Gesú qui dimostra al massimo una certa irriverenza il che non deve stupire piú di tanto: in fondo, quanti ragazzi reagiscono in modo supponente ai loro genitori, pensando di sapere già tutto? Certo – e vengo alla seconda domanda – ci si sarebbe aspettati un atteggiamento diverso da parte di Maria: del resto l'angelo Gabriele non le aveva già rivelato la vera natura del figlio? Io vedrei in ciò un dato profondamente umano: la Maria di Luca ha bisogno di tempo per maturare intimamente un pensiero cosí grandioso ma anche cosí terribile. Si comporta, in altri termini, come una madre che, pur di non perdere il proprio figlio, è disposta a far finta che sia un bambino normale, che non la abbandonerà per seguire un destino superiore e tragico di morte. In fondo – e questo lo trovo un altro tratto sapientemente umano di Luca – Gesú rientra subito nei ranghi: è un pio ebreo, e non può disobbedire ai genitori: non bisogna esagerare. Il suo *kairos*, il momento della manifestazione, non è ancora veramente giunto.

AUGIAS Rimane l'ultima questione. Come faceva Luca a conoscere i pensieri segreti di Maria? È possibile, plausibile, che sia stata lei stessa a confidarglieli?

FILORAMO Sarei propenso a dire di no, anche perché all'epoca in cui Luca avrebbe redatto il Vangelo, se fosse stata viva, Maria sarebbe stata una vecchietta centenaria: per carità, cosa sempre possibile, ma non plausibile. Piuttosto, è plausibile, come alcuni hanno ipotizzato, che alla base delle tradizioni su cui Luca costruisce il suo racconto vi siano dei testimoni che abbiano parlato con Maria. Ma siamo appunto nel campo delle ipotesi.

AUGIAS L'episodio del Tempio, datato alla prima adolescenza, si lega in certo modo con un altro episodio che invece avviene nella prima maturità. Mi riferisco alle famose nozze di Cana, dove compare di nuovo la rude espressione «donna» con la quale Gesú si rivolge a sua madre quando costei gli fa presente che in quella casa non c'è piú vino. Dal punto di vista narrativo, inteso come coerenza del personaggio, è improprio che un ragazzo si rivolga in termini cosí bruschi alla madre. L'autore del testo ha forse voluto cercare un effetto? Quel vocativo quasi sprezzante diventa comprensibile solo se ammettiamo – come lei ha ipotizzato – che il giovane uomo sentisse già bruciare dentro di sé una vocazione profetica, la chiamata divina. Chiunque, a torto o a ragione, avverta dentro di sé l'urgenza di una missione superiore tende a violare legami, affetti, norme della normale cortesia e convivenza, accade anche a certi leader politici, ai grandi condottieri, ai dirigenti d'impresa e, naturalmente, ai profeti.

FILORAMO Proverei a rileggere la scena su due piani, che sono distinti, ma anche complementari. Dobbiamo però tenere presente che nel capitolo precedente, il primo del Vangelo, Giovanni, coerentemente con la sua prospettiva, ha collocato due fatti fondamentali nella vita terrena dell'Inviato: l'incontro col Battista e la scelta dei primi discepoli (non a caso, Gesú va a Cana con questi). Cosa succede sul piano del racconto? Maria va alle nozze molto probabilmente di un suo parente; a queste nozze, che potevano durare anche una settimana, arriva in seguito Gesú con i suoi discepoli. Che regalo di nozze avrà portato? La domanda non è peregrina se teniamo conto che si sposava un suo parente e che il dono di nozze aveva un valore molto particolare all'epoca. Un'abitudine diffusa era che gli uomini portassero del vino, anche in quantità notevole (soprattutto se il matrimonio durava sette giorni). Gesú e i suoi discepoli sono poveri, non sono in grado di arrivare con questo dono, che è anche un obbligo. Riletta su questo sfondo, la richiesta di Maria è semplice, e spoglia di ogni valenza teologica: chiede al figlio di ovviare in qualche modo a questa mancanza, per non fare brutta figura con gli ospiti e i parenti. Anche l'appellativo «donna» – che lei ha richiamato – acquista un senso diverso. Gesú è un uomo, non un ragazzo, che per di piú agisce già come un profeta. L'espressione «donna» è usuale nel mondo ebraico: Gesú la usa, morente, verso la madre; non è dunque rude o scortese, né un rimprovero. Segna come una linea di confine nei confronti del diverso modo in cui si può leggere il racconto. Perché, comunque, Gesú è l'Inviato.

AUGIAS Il problema è che Giovanni ignora l'episodio detto dell'Annunciazione di cui parlano invece Matteo e Luca. Dunque, se stiamo al solo racconto di questo Vangelo possiamo supporre che Maria non sappia ancora bene quale sia la natura del figlio che ha messo al mondo. Anche se, per la verità, gli chiede di fare un miracolo. Ci aggiriamo tra le contraddizioni, i nostri personaggi sono veramente difficili da precisare. Noto, tra parentesi, che anche in questo festoso raduno familiare è presente Maria ma non c'è traccia del povero Giuseppe il quale, ancora una volta, si rivela un ingombro narrativo difficile da collocare.

FILORAMO Il punto principale resta la consapevolezza piú o meno completa di Maria. Se stiamo al racconto di Giovanni, è impossibile rispondere. Non c'è stata un'Annunciazione:

che cosa sa Maria della vera natura del figlio? Quel che vediamo è che insiste, cosí come avverrà nel secondo miracolo di Cana quando a insistere sarà un alto funzionario che prega Gesú di guarirgli il figlio moribondo. Anche in questo caso l'insistenza sarà premiata. A questo punto si rivela l'Inviato celeste che produce il primo segno o miracolo, a testimoniare la sua vera natura. Ma il racconto non perde nulla della sua concretezza umana. Gesú, nella prospettiva dell'evangelista, è un Inviato in carne e ossa. In fondo, il Gesú di Giovanni si comporta come il Gesú dodicenne di Luca: consapevole della sua natura misteriosa, ma anche obbediente nei confronti dei genitori (nel nostro caso, della madre). Rimane il fatto che questi legami parentali non sono per lui quelli veri: ciò che egli rifiuta non è la persona di Maria, ma il ruolo familiare (umano, troppo umano) che ella, al pari degli altri parenti, rappresenta e incarna.

Del resto, se esaminiamo il comportamento di Gesú e le sue reazioni nei confronti non solo di sua madre ma dell'intero ambiente familiare, troviamo spesso risposte che in base al criterio applicabile a una qualunque persona comune giudicheremmo irriguardose.

AUGIAS Ovviamente lei ha ragione. Lasciamo dunque i festeggiamenti di Cana e vediamo come prosegue il disvelamento di Gesú a cominciare dai rapporti con l'intera sua famiglia di origine.

VII.
SI COMINCIA A PARLARE DI MARIA

AUGIAS Inizierei riferendo un episodio che è un racconto non solo molto bello ma anche pieno di significato. Riporto ancora una volta il testo rielaborato però fedele al senso dell'originale. Racconta dunque Marco che un giorno Gesú sta predicando in una casa con alcuni suoi seguaci. Gli ambienti, che dobbiamo immaginare non grandi, sono affollati per cui non c'è modo di entrare per chi è arrivato tardi. A un certo punto lo avvertono che fuori ci sono sua madre e i suoi fratelli – è uno degli episodi in cui compaiono i controversi fratelli di Gesú – che lo stanno aspettando e non riescono a entrare. Gesú si guarda intorno e chiede ai presenti: «Chi è mia madre, chi sono i miei fratelli?» Fatta questa strana, drammatica domanda, fissa le persone che affollano la stanza e aggiunge indicandole: «Ecco mia madre e i miei fratelli. Chi fa la volontà di Dio questi è mio fratello, mia sorella e mia madre». Parole che o sono incredibilmente crudeli oppure racchiudono una grande potenza rivelatrice.

FILORAMO Suggerisco di rileggere la scena come se andassimo a vedere una variante del film *L'esorcista*. Poco prima abbiamo letto che i suoi parenti lo stanno cercando perché pensano che sia impazzito («È fuori di sé»). Gli esorcismi che Gesú compie dimostrano che in realtà egli è posseduto dal demonio. Anche gli scribi, discesi apposta da Gerusalemme, lo vogliono catturare perché sarebbe posseduto da Beelzebúl: «Scaccia i demòni per mezzo del capo dei demòni». Le risposte di Gesú ai parenti e agli scribi vanno rilette sullo sfondo di questa lotta cosmica. Gesú ha incominciato a sottrarre a Satana i discepoli che hanno deciso di seguirlo e che ora sono in quella casa con lui. Gli scribi, che credono che lui sia un inviato di Satana, commettono il peggiore peccato: quello contro lo Spirito Santo, che Gesú possiede. Questa è la carta d'identità che egli mostra, e che dà un valore salvifico al suo esorcismo. Se posso aprire una parentesi: ho letto recentemente in un'inchiesta giornalistica del ritorno in auge nella Chiesa cattolica degli esorcisti, il che presuppone un ritorno di Satana che la dice lunga sulla sua capacità di resistenza.

AUGIAS Se è per questo ho visto un filmato in cui un sacerdote compie un esorcismo con il telefonino; grida nell'apparecchio: Satana ti ordino di abbandonare quell'anima. Vattene Satana! Eccetera. Molto imbarazzante. Ma torniamo ai parenti di Gesú; certamente gli scribi vengono rappresentati in modo negativo, il loro comportamento però non è poi cosí diverso da quello dei familiari di Gesú.

FILORAMO La scena descritta da Marco è decisiva: è un invito alla decisione (avrebbe detto Bultmann). A me piace parlare a questo proposito di radicalismo, come nel caso delle Beatitudini: si va alla radice della fede, che impone una scelta su una materia altamente opinabile: Gesú è un agente di Satana o un inviato di Dio? I parenti rimangono fuori: non basta essere parente di Gesú per rispondere in modo giusto alla questione; i discepoli e gli altri seguaci sono dentro, a sentire il suo insegnamento.

Del resto, consideri che la prova che Gesú attribuisce a se stesso l'ha già chiesta ai suoi discepoli. Quando li chiama quelli abbandonano casa, moglie, figli, genitori anziani (Simone abbandona anche la suocera: forse non gli è costato troppo), abbandonano il lavoro, si lasciano alle spalle un'intera vita; loro seguono il profeta ma chi penserà a sfamare quelli che abbandonano? Sono domande che un leader non si fa, e nemmeno coloro che si apprestano a seguirlo, tale la forza che evidentemente doveva emanare dalla sua personalità. Pensi a Luca quando scrive: «Se uno viene a me e non mi ama piú di quanto ami suo padre, la madre, la moglie, i figli, i fratelli, le sorelle e perfino la propria vita, non può essere mio discepolo».

AUGIAS Infatti, se prescindiamo dall'altezza della missione e dal tono usato, il meccanismo psicologico che Gesú mette in moto non è dissimile da quello di un qualunque leader spirituale o politico che chieda a masse di uomini e donne di credere in lui e di seguirlo. Sia pure solo dandogli il voto. Non sembri blasfemo il riferimento, i meccanismi psicologici che muovono gli individui, meglio ancora le folle, sono sempre stati gli stessi.
Torniamo a Maria; mi aiuti a capire meglio come mai la sua presenza nei Vangeli sia cosí sfuggente.

FILORAMO Parto dal Vangelo ritenuto piú antico, Marco, un testo che apre con Gesú già adulto mentre riceve il battesimo da parte di Giovanni cui segue l'annuncio dell'inizio del Regno. In Marco non si parla di Maria come madre di Gesú, la sua figura è totalmente ignorata. Se ne parla invece in altri due Vangeli, soprattutto in quello di Luca come abbiamo visto. Questo vuol dire che gli evangelisti hanno percepito la sua figura in modo diverso. L'idea che noi abbiamo di Maria come vergine e madre è consegnata al Vangelo di Luca, alla sua narrazione della nascita di Gesú, al racconto di Zaccaria ed Elisabetta che ci porta all'inizio della vita di Maria. Quando la vediamo comparire sulla scena si può ipotizzare che sia una giovinetta di soli dodici o tredici anni. È una giovane promessa sposa, una fanciulla tipica di quel mondo palestinese.

AUGIAS Lei ha detto che gli evangelisti hanno percepito in modo diverso la figura di Maria. Forse si può aggiungere che hanno attinto a tradizioni diverse e che diversi erano gli scopi della loro narrazione. Si può certamente dire che Maria è una giovinetta tipica in quel mondo e in quella cultura. Per secoli e non solo in Palestina, le fanciulle venivano promesse e poi mandate spose appena superata la soglia della pubertà, come abbiamo già avuto occasione di dire. L'età media della vita era cosí breve che si cercava di sfruttare al massimo il periodo della capacità riproduttiva femminile tra il menarca e la menopausa. Questa situazione è durata fin quasi alle soglie di quella che definiamo la modernità. Questo in generale. E in Palestina?

Qual era in quegli anni la situazione di una fanciulla della presunta condizione sociale di Maria?

FILORAMO Per cominciare era la tipica situazione femminile nel contesto palestinese, ma, generalizzando, mi sentirei di dire anche nel mondo greco-romano. Le donne erano escluse dalla vita politica e pubblica. In termini positivi, il loro compito era essenzialmente procreativo e comunque consegnato alla famiglia e alla prole. Il primo compito d'una donna era diventare madre e generare molti figli; del resto, per gli Ebrei questo era stato il comandamento divino ad Abramo: «Siate fecondi e moltiplicatevi». Non è molto lontano da ciò che in contesti analoghi succede ancora oggi in certi paesi del Medio Oriente o nell'Africa subsahariana – che non a caso ha un cosí alto indice demografico. A Roma la situazione non è molto diversa. Notorio per esempio è che nel costume romano era tollerato rifiutare – perfino uccidere – i neonati indesiderati, soprattutto le bambine considerate inferiori e inutili. Questo il connotato di fondo con le conseguenze che non è difficile immaginare. Anche per Maria dobbiamo pensare a una condizione non dissimile da quella delle altre donne nella società antica e in quella palestinese.

AUGIAS Aggiungo solo un dettaglio per sottolineare come alcuni istituti del diritto romano connotassero giuridicamente la diversità tra uomini e donne. Queste non avevano capacità giuridica, non potevano rendere valida testimonianza né disporre dell'eredità, erano creature dimezzate dal punto di vista delle possibili azioni pubbliche consentite e valide. Non ho dubbi che in Palestina sarà stato lo stesso, se non peggio.

FILORAMO Visto che tira in ballo la condizione giuridica, un cenno particolare meritano il matrimonio e il ripudio. Ci si sposava in età molto giovane per le ragioni già accennate. Bisognava cercare di dare vita a molti figli considerata sia l'elevata mortalità infantile sia i numerosi rischi che gravidanza e parto comportavano per la madre e per il bambino. La giovane sposa non aveva voce in capitolo né sulla data delle nozze né sulla scelta del marito. Ogni decisione competeva alla famiglia e cosí è rimasto per secoli, Europa compresa, fino a non molti decenni fa. Ancora una volta possiamo immaginare in modo storicamente plausibile che qualcosa del genere sia avvenuto per Maria.

AUGIAS Lasciamo questi sommari riferimenti storico-temporali per affrontare la figura di Maria da una prospettiva diversa. Poco sopra abbiamo accennato al fatto che nel testo di Luca viene riportato un dialogo tra Maria e Gesú. Si presenta ancora una volta la domanda di come abbia fatto Luca, o chiunque sia l'autore di quel testo, a riportare il dialogo in forma diretta. Se ammettiamo che quelle parole siano davvero state pronunciate cosí come le leggiamo, solo Maria può averle riferite.

FILORAMO Come inizia il Vangelo di Luca? Con un breve prologo. Non è il grande prologo teologico del Vangelo di Giovanni, anzi è un piccolo prologo. L'autore precisa, come farebbe un cronista dei nostri giorni, che si accinge a scrivere il testo in base alle testimonianze che è riuscito a raccogliere. Potrei dire che s'affretta a mettere le mani avanti come facevano talvolta gli storici antichi. Infatti, su quel breve prologo sono nate infinite discussioni. Qualche capitolo fa abbiamo parlato della natura dei Vangeli, ecco un'aggiunta degna di menzione: il testo di Luca, anche in considerazione di questo prologo, è quello che piú si avvicina a un testo di storia. Luca si sforza cioè di costruire un racconto, riferisce eventi da lui appresi grazie alle tradizioni orali circolanti, componendoli sulla pagina con un metodo che s'avvicina per quanto possibile alle regole della storiografia antica. Ha ascoltato o gli sono stati direttamente riferiti alcuni episodi, ha operato una selezione tra le storie che sentiva ripetere in giro, ha costruito una sua versione dei fatti. È plausibile pensare che in questa massa di informazioni che passavano di bocca in bocca nelle prime comunità di seguaci, fossero comprese anche le parole pronunciate dalla madre di Gesú. È l'unica ipotesi che mi sento di sostenere.

AUGIAS Suona come una spiegazione plausibile anche se azzera ogni eventuale ispirazione divina del testo ma capisco che lei parla solo come storico. Capita infatti di leggere qua e là nei testi brani di dialogo, addirittura riflessioni e pensieri dei protagonisti che non si capisce come l'evangelista possa riferire in forma diretta. Luca ci presenta una di queste situazioni, altre ne vedremo in seguito ancora piú enigmatiche. Particolarità che resta comunque importante non solo perché il testo da lui «firmato» è stilisticamente il piú accurato, ma perché la stessa figura dell'autore è circondata da un'aura di particolare importanza; si arriva a indicarlo addirittura come medico e pittore. Faccio notare tra parentesi che una delle piú illustri e antiche accademie artistiche romane, fondata nel XVI secolo, è appunto titolata «Accademia di San Luca». Secondo questa tradizione, proprio Luca sarebbe stato autore di un ritratto di Maria. Ecco allora l'altra ipotesi che pure è stata affacciata: per farne il ritratto deve aver conosciuto Maria – avanti negli anni che fosse. Se l'ha conosciuta perché non pensare che quelle parole vengano da una confidenza fattagli proprio da lei durante una seduta di posa?

FILORAMO Posso solo ripetere quello che ho già detto. L'ipotesi è cronologicamente difficile da sostenere, se stiamo alla datazione consueta. Possiamo immaginare che Luca abbia avuto una vita molto lunga arrivata, diciamo, fino agli anni Ottanta – sempre che si tratti del Luca di cui stiamo parlando. Ma che abbia anche avuto la possibilità di incontrare Maria, che (essendo nata dieci o venti anni prima della nostra era) all'epoca sarebbe stata quasi centenaria, sembra francamente inverosimile. Certo non impossibile, comunque difficile. D'altra parte, pensi all'altra tradizione che riguarda il quarto Vangelo scritto dal «discepolo prediletto» di Gesú cioè da Giovanni – da non confondere, ripeto, con l'altro Giovanni detto il Battista. Poiché quel testo è databile tra la fine del I e l'inizio del II secolo, se il supposto autore Giovanni fosse davvero stato il discepolo piú amato da Gesú, avrebbe dovuto essere ultracentenario. La posizione di Luca e l'origine del testo a lui attribuito si interpretano meglio risalendo come dicevo al metodo storico allora vigente. Gli storici antichi amavano inserire nelle loro ricostruzioni discorsi e dialoghi dei protagonisti inventati da loro stessi, però secondo un certo grado di plausibilità (non erano insomma delle «fake news»). Nei testi dello storico greco Tucidide troviamo per esempio dei discorsi di Pericle. Ebbene, quelle orazioni non sono mai state pronunciate. Tucidide le ha inserite concependole in modo immaginario però verosimile sulla base della sua notevole conoscenza del mondo ateniese e dei suoi protagonisti. Con questo metodo Tucidide ricostruiva gli avvenimenti non raccontando i fatti «come sarebbero accaduti veramente», ma adattandoli alla sua interpretazione con l'aiuto di queste invenzioni narrative.

AUGIAS C'è almeno un altro episodio che possiamo richiamare: il finale della scena sulla croce, assolutamente inverosimile dal punto di vista umano. Se Gesú sceso sulla terra è vero Dio e vero uomo, come insegna la dottrina, sulla croce sta morendo l'uomo poiché un Dio non può certo morire. Quindi il corpo inchiodato al legno è quello di un uomo; ora nessun uomo che abbia subito quella straziante serie di sevizie, appeso da ore su un patibolo infame, riarso dalla sete, esausto per il dissanguamento, tormentato dalle mosche, potrebbe pronunciare con calma le parole che Giovanni mette in bocca a Gesú agonizzante: «Gesú allora, vedendo la madre e accanto a lei il discepolo che egli amava, disse alla madre: "Donna, ecco tuo figlio!" Poi disse al discepolo: "Ecco tua madre!" E da quell'ora il discepolo l'accolse con sé».
Tralasciamo l'inverosimiglianza fisica della scena; mi pare che qui il vocativo «donna» sia usato in un tono che vira verso la tenerezza.

FILORAMO Provo a difendere, contro la sua interpretazione, la verosimiglianza prima di tutto umana della scena cosí come la presenta Giovanni, per ritornare poi sul significato teologico che contiene. C'è chi si è divertito a raccogliere testimonianze sulla situazione dei poveri suppliziati per crocifissione nell'epoca in cui muore Gesú. Non pochi erano accompagnati da parenti e amici (che poi si sarebbero presi cura del cadavere); in certi casi, come in fondo sembra adombrare l'episodio successivo dell'offerta del vino, potevano essere dati loro droghe e vino che in qualche modo ne mantenevano desta la coscienza. Perché non pensare, su questo sfondo, che, per quanto martoriato, Gesú si sia umanamente preoccupato del destino della madre dopo la sua morte? Vero che egli aveva anche fratelli o cugini che avrebbero potuto farlo: ma questo non mi sembra escludere la possibilità di un ultimo pensiero in questo senso.

D'altra parte, in un Vangelo cosí carico di teologia come quello di Giovanni, il dato decisivo è teologico. Si ripete la scena di Cana: mentre però allora il momento della rivelazione era lontano, ora è venuto. Non a caso, poco dopo si afferma che Gesú era conscio che tutto era finito: la sua missione terrena era compiuta. Per Giovanni con la morte di Gesú inizia la vera vita del cristiano. Di qui l'importanza simbolica della scena. Senza spingersi agli eccessi di certa mariologia contemporanea, che vede nella scena l'inizio della divinizzazione della Vergine, e senza cadere in una lettura simbolica come quella di certi Padri della Chiesa che vedono in Maria il simbolo della futura Chiesa, Gesú rivela loro il mistero della speciale missione salvifica per la quale è stato inviato: Maria è ora la madre del discepolo prediletto cioè del cristiano. La scena finale della passione e le parole immaginate da Giovanni aprono alla fase successiva della vita di Maria. Gli *Atti degli Apostoli* sono chiari quando informano che i discepoli dopo la scomparsa di Gesú «erano perseveranti e concordi nella preghiera, insieme ad alcune donne e a Maria, la madre di Gesú, e ai fratelli di lui».

AUGIAS Possiamo dunque vedere in questa scena il preannuncio di quella che sarà l'esistenza umana e «teologica» di Maria dopo lo strazio dell'agonia di suo figlio sul patibolo. La sua progressiva glorificazione avverrà attraverso il culto che sarà dedicato alla giovinetta e alla donna fino a fare di questa figura quasi trascurabile nel racconto evangelico, il personaggio piú importante del cristianesimo, in alcuni paesi ancora piú importante dello stesso protagonista. Di questo parleremo nel prossimo capitolo.

VIII.
L'ENIGMA MARIA

La storia di Maria descrive la progressiva costruzione di un personaggio grandioso. La madre di Gesú non emerge dalle pagine delle Scritture con una fisionomia già definita come tanti altri protagonisti del dramma. La sua fisionomia l'acquisisce nel corso dei secoli sulla base di necessità teologiche e soprattutto di una pressante richiesta popolare che ne reclama la presenza, vuole sentirla vicina, arriva a chiedere che le si riconoscano specifiche doti e qualità, alcune delle quali saranno dichiarate dogmi.

Il risultato è che la figura di Maria – la Vergine, la Madonna – è certamente una delle piú complesse mai contemplate in una religione, carica d'immense valenze affettive anche perché racchiude in sé tutti gli attributi della femminilità: è madre ma è anche eternamente vergine, è una figura terrena che affronta tutte le umane sventure, patisce i piú estremi dolori – nello stesso tempo è anche una figura santificata, anzi la prima tra i santi; «santissima» è il suo appellativo che praticamente l'innalza a un ruolo quasi divino.

Anche il Figlio al quale lei, dopo una normale gestazione, dà la luce è a sua volta una figura doppia cioè umana e divina nello stesso tempo, di nascita leggendaria e di morte crudele.

Alcuni momenti della vita terrena di Maria s'iscrivono in un quadro di cosí rilevante complessità da risultare inconcepibili in termini di pura ragione, anzi in quei termini diventano semplicemente assurdi. Ogni religione deve inserire nella sua teologia una qualche «assurdità» spinta a volte fino a limiti che la ragione rifiuta. Sono assurdità che reggono al tempo solo se corrispondono a una necessità umanamente molto sentita. È sicuramente il caso di Maria anche perché con lei si è introdotta un'immagine femminile in un edificio teologico dominato da figure o maschili (il Padre e il Figlio) o indeterminate quale lo «Spirito», sostanza eterea per definizione, per la quale non si è andati al di là d'una imprecisata colomba bianca.

Con Maria si è posta davanti agli occhi dei fedeli cristiani, in particolare cattolici, un'immagine dolcemente femminile, una madre tenera e commovente. Si è fissato in lei l'archetipo di cui ogni essere vivente conserva memoria per l'intera esistenza, la matrice alla quale ognuno deve la vita, la fonte di grande consolazione nell'infanzia ma non di rado anche nell'età adulta. I suoi connotati umani e spirituali nascono dal desiderio della sua presenza, della sua comprensione, dal bisogno non solo psicologico ma quasi fisico della sua vicinanza. A lei i fedeli si rivolgono perché interceda per loro presso il Padre («Advocata nostra», la invoca una delle litanie) né piú né meno di quanto avviene (o avveniva) in una normale famiglia dove compito della madre era di stemperare la severità paterna. Assunta in corpo e anima nell'alto dei cieli ma anche prossima, molto lontana e vicinissima, cosí piena di grazia da poterne elargire a chiunque con fiducia ne chieda.

Anche se non subisce un martirio fisico, come tante altre «vergini» del cristianesimo, il suo destino è gravato da un'immensa pena. È una madre che vede premorire il figlio rovesciando – nel modo piú tragico – la regola di natura che chiama i figli a seppellire i genitori. Il vero prodigio è che dalle povere e contraddittorie fonti dei Vangeli si sia costruita su di lei una vasta e solida dottrina rafforzata da ben quattro dogmi. Due di questi molto antichi, due piuttosto recenti e accolti solo nella confessione cattolica.

Il primo dogma su Maria riguarda il suo perpetuo stato verginale dal quale discende anche la nascita altrettanto verginale di Gesú. Venne stabilito nel 381, durante il primo Concilio di Costantinopoli, in base a complesse motivazioni teologiche e mistiche.

Il secondo dogma riguarda il titolo di «Madre di Dio» (Theotokos) *che, nel* IV *secolo, era già diffuso tra i cristiani. In seguito alla disputa nata dal rifiuto dell'appellativo da parte del patriarca di Costantinopoli, Nestorio, il quale sosteneva che Maria poteva essere definita solo «madre di Cristo», il Concilio tenuto a Efeso, in Asia Minore, nel 431 affrontò la controversia: con modalità gravemente scorrette e dopo alterne votazioni, la maggioranza dei padri riuniti in assemblea stabilí comunque che Maria è madre di Dio e cosí può essere chiamata in quanto le due nature, divina e umana, sono indissociabili in Gesú Cristo che è un'unica persona.*

Questi due dogmi sono riconosciuti da tutte le confessioni cristiane che fondano la loro dottrina sui Vangeli.

Altri due dogmi invece sono ammessi solo nella confessione cattolica.

L' 8 dicembre 1854 papa Pio IX cedendo alla diffusa credenza dei fedeli, proclamò, con la bolla Ineffabilis Deus, *il dogma dell'Immacolata concezione che nulla ha a che fare, come alcuni tendono a credere, con la verginità; stabilisce invece che, nel momento in cui venne concepita, la futura fanciulla era già priva della macchia del peccato originale – appunto Immacolata. Cosí il testo della bolla: «La dottrina la quale ritiene che la beatissima vergine Maria, nel primo istante della sua concezione, per singolare grazia e privilegio di Dio onnipotente ed in vista dei meriti di Gesú Cristo, Salvatore del genere umano, sia stata preservata immune da ogni macchia della colpa originale, è rivelata da Dio e perciò da credersi fermamente e costantemente da tutti i fedeli». Si stabiliva in altre parole che Maria era stata, unica nella storia del genere umano, un'eccezione alla macchia originale; peccato sul quale la moderna teologia ha peraltro sollevato non pochi dubbi.*

Il quarto e ultimo dogma riguarda l'assunzione di Maria in cielo dopo la morte. Anche questo dogma suscitò molte discussioni e notevoli perplessità. Le Scritture non parlano della morte di Maria né della sua sepoltura. Maria scivola semplicemente via dalla storia. Intanto però il suo culto col passare dei secoli era diventato sempre piú vasto e popolare. Molti si chiedevano se il suo corpo avesse evitato la corruzione che tutti attende; addirittura se fosse davvero mai morta.

Papa Pio XII proclamò il dogma dell'assunzione il 1° novembre 1950 durante l'anno santo, decretando ex cathedra, *cioè avvalendosi dell'infallibilità pontificia, che Maria era stata portata al cospetto della divinità in anima e corpo: «Dopo avere innalzato ancora a Dio supplici istanze, e avere invocato la luce dello Spirito di Verità, a gloria di Dio onnipotente, che ha riversato in Maria vergine la sua speciale benevolenza a onore del suo Figlio, Re immortale dei secoli e vincitore del peccato e della morte, a maggior gloria della sua augusta Madre e a gioia ed esultanza di tutta la Chiesa, per l'autorità di nostro Signore Gesú Cristo, dei santi apostoli Pietro e Paolo e Nostra, pronunziamo, dichiariamo e definiamo essere dogma da Dio rivelato che: l'immacolata Madre di Dio sempre vergine Maria, terminato il corso della vita terrena, fu assunta alla gloria celeste in anima e corpo». Un linguaggio particolarmente elaborato che dice con quale cura la proclamazione del dogma era stata preparata ben sapendo che avrebbe incontrato scetticismo e ostilità. Lo psicoanalista Carl Gustav Jung arrivò a dire che con questo dogma la «Trinità» era diventata una «Quaternità» finalmente aperta alla dimensione femminile del genere umano.*

AUGIAS Una profonda differenza separa le figure di Maria, fugace e dolorosa apparizione evangelica, da Maria diventata col tempo la Madonna ovvero la titolare di un culto poderoso soprattutto nei paesi cattolici di tradizione mediterranea e latina. «Madonna» è tra l'altro la contrazione dell'appellativo *Mea Domina*, Mia Signora, femminile di Mio Signore che è sí titolo nobilitante (Monsignore) ma anche attributo divino – un passaggio di status senza uguali.

Nello sviluppo della dottrina cristiana a un certo punto ci si è resi conto che s'era costruita una gerarchia che, ai piú alti livelli, era interamente segnata dal maschile. Dio, nell'iconografia a lui dedicata, è risolto nell'immagine di un uomo anziano, di struttura robusta (penso anche al Dio di Michelangelo nella Sistina), il volto ornato da un'autorevole barba bianca; *idem* per suo Figlio, un giovane uomo di belle proporzioni, dal nobile volto ora con ora senza barba. Salto l'iconografia dello Spirito per lo piú bianca colomba, non sapendo in quale altro modo raffigurare un'entità cosí imprecisa e sfumata. In questo vertice continuava a mancare una figura femminile trascurata, come abbiamo appena visto, già dagli evangelisti. A poco a poco, nel corso dei secoli, soprattutto sulla spinta della pietà popolare, s'è costruita la figura della Madonna dando cosí posto a quella figura femminile che tutte le religioni, in specie quelle mediterranee, hanno sempre avuto. Nella venerazione d'una donna è possibile introdurre una dose maggiore di dolcezza, utile a rafforzare l'aspetto consolatorio d'una religione tenuto anche conto che tra i fedeli molte sono le donne, forse la maggioranza. Il culto nasce molto tempo dopo i fatti narrati, si costruisce nel corso dei

secoli, s'arricchisce con la proclamazione dei quattro dogmi che abbiamo appena visto.
Professor Filoramo, perché si è sentito il bisogno di costruire un culto di Maria partendo dalla povertà narrativa dei Vangeli?

FILORAMO Dividerei la risposta secondo due aspetti o possibili cause: esogena ed endogena. La prima è legata a un'osservazione di natura comparativa. Tutte le religioni antiche hanno, nel loro pantheon, a cominciare dalla cima della piramide, delle divinità femminili che recitano un ruolo importante, anzi, in genere, piú d'uno. Pensiamo al pantheon greco. La complessità della natura femminile è articolata in una serie di figure ognuna delle quali ha il compito di manifestare una sfera d'azione centrale della femminilità: Venere della sessualità, Giunone della maternità, Artemide della verginità e della dimensione selvaggia, e cosí via. Esistevano poi nell'Impero romano dee anche un po' strane, crudeli ma affascinanti come Cibele, la Grande Madre, con i suoi bizzarri sacerdoti, i galli, che si eviravano per diventare tali. In qualche modo – non dico geneticamente, per filiazione, ma certo per accumulo di influssi – il culto di Maria è stato influenzato da queste credenze diffuse: sarà un caso che a Efeso, città dell'Asia Minore patria di Cibele, la Grande Dea, si trovino attestazioni di un culto di Maria? Come lei ha osservato, l'iniziale pantheon cristiano era carente da questo punto di vista.

AUGIAS Nemmeno l'ebraismo, dal quale il cristianesimo deriva, ha divinità femminili o comunque sessualmente identificate.

FILORAMO Certo, però l'ebraismo lo ha risolto in altro modo, costruendo nella sua storia sacra molte figure di eroine (i protestanti, rifiutando la mariolatria cattolica, sono piú in linea con la visione dell'Antico Testamento). I Padri, però – e qui vengo al secondo aspetto, la causa endogena – hanno fin dal II secolo teso a sottolineare l'eccezionalità del ruolo di Maria, vergine e madre. Per esempio, Ireneo di Lione introduce un paragone fondamentale tra Maria ed Eva: è la teoria della ricapitolazione. Come Eva è la madre del peccato, cosí Maria ricapitola la storia della salvezza precedente calpestando la testa al serpente e contribuendo a inaugurare col Figlio la nuova epoca salvifica. Altri ne hanno sottolineato la verginità straordinaria, altri ancora che sia la madre di Dio. Il fatto che Maria sia stata ben presto strettamente collegata a Cristo nel piano di salvezza, lo stato verginale che ne garantisce la santità, il fatto che sia stata eletta a modello, le richieste crescenti, dopo la svolta costantiniana, di intercessione, incoraggiate dalle prime apparizioni mariane, questo e altro hanno favorito la nascita di un culto mariano, che trae alimento e nel contempo contribuisce a rinforzare il culto dei santi che sorge e si afferma nel corso del IV secolo.

A tutto ciò si aggiunge una ragione squisitamente teologica: il Concilio di Nicea del 325 per difendere la divinità del Cristo ricorre a un termine non biblico ma di origine gnostica cioè eretica: lo definisce «consustanziale» (*homoousios*) al Padre. Ma se il Cristo, fatto della stessa sostanza del Padre, è anche lui pienamente Dio – dunque, non generato in un certo momento come una creatura, Maria può continuare a essere solo una giovinetta ebrea?

AUGIAS Le teologie sono geniali costruzioni umane, meccanismi che si reggono spesso su prodigiosi equilibri; ma in ogni teoria filosofica o elaborazione teologica è sempre possibile, scrutandole in ogni loro passaggio, individuare una lacuna logica o una giuntura debole. Lei ha testé ricordato il Concilio di Nicea del 325 e in che modo il geniale imperatore Costantino riuscí a far passare la sua soluzione sulla divinità di Gesú applicando l'aggettivo «consustanziale», fatto cioè della stessa sostanza del padre. Fa impressione pensare che Costantino presiedesse l'assise dedicata alla definizione dello status divino di Gesú senza essere nemmeno battezzato.

FILORAMO Ciò che conta sono i risultati che furono indiscutibilmente notevoli.

AUGIAS Sono d'accordo ma prendo anche atto che questo è esattamente il criterio che si applica a ogni decisione politica, come, anche lui genialmente, ha sostenuto Machiavelli.

FILORAMO Lei ha ragione: del resto, quello era proprio lo scopo di Costantino nel convocare il Concilio. Costantino aveva passato la vita sui campi di battaglia, non aveva certo tempo per studiare la teologia, anche se è possibile che un teologo cristiano, dopo la sua «conversione», gli abbia dato qualche lezione di teologia tra una carneficina e l'altra. Quando nel 324 sconfigge il suo collega e rivale d'Oriente Licinio e diventa imperatore unico, ha il problema di trovare un dio che sia unico come lui: un unico impero, un unico imperatore, un unico dio. Chi meglio del dio cristiano, che si è dimostrato capace di proteggere i suoi dalle crudeli persecuzioni dei suoi colleghi? Il problema è che questi cristiani sono profondamente divisi tra di loro: quale dio scegliere? e soprattutto come metterli d'accordo? In fondo la convocazione del Concilio rientrava nelle prerogative dell'imperatore che, come *pontifex maximus*, rimaneva il responsabile della vita religiosa dell'Impero. Ma questo Concilio doveva pervenire a superare i conflitti dottrinali. Anche se Costantino non è intervenuto nei dibattiti e nelle decisioni dottrinali, certo il suo peso è stato avvertito. E quando il Concilio si è chiuso è lui che s'è fatto carico di promulgare e diffondere le sue decisioni, esiliando i riottosi, come Ario, che rifiutavano di firmare le formule relative al consustanziale.

AUGIAS Geniale, indubbiamente, ma nello stesso modo in cui lo sono certe mozioni conclusive dei congressi di partito che servono a mettere tutti d'accordo senza nulla decidere nel merito.

FILORAMO Il suo parallelo regge fino a un certo punto. Una decisione in realtà venne presa e di notevole importanza. Ario e i suoi seguaci vennero sconfitti, su quella base si cominciò a costruire l'edificio dogmatico del cristianesimo e, anche se in modo indiretto, si finí per favorire anche il culto di Maria. Nel momento in cui si proclamò che le due figure Padre e Figlio erano consustanziali, sconfiggendo la tesi che in pratica sosteneva uno status inferiore del Figlio, si provocarono anche tutta una serie di ricadute su altri personaggi, tra i quali per l'appunto Maria. Se Cristo è consustanziale al Padre celeste ma ha avuto per madre una donna mortale, questa madre non può essere considerata una semplice giovinetta ebrea. I difensori del dogma sono costretti ad ammettere una qualche componente divina anche in colei che è stata generatrice del divino. Noi siamo portati a considerare il punto finale di questo processo ovvero l'attuale glorificazione di Maria e la diffusione del suo culto, dunque siamo portati a credere che fosse tutto risolto fin dall'inizio. La verità è che i contrasti, non solo quelli iniziali, furono aspri e sono continuati a lungo, anche dopo Efeso (nel 431); durante il v secolo hanno operato e scritto molti teologi che si opponevano con vigore a chi voleva innalzare il rango di Maria. Nessuno pensava di farle raggiungere un pieno livello divino, ma si lavorava comunque per distinguerla da ogni altro personaggio umano della storia sacra.

AUGIAS Lei ha ricordato poc'anzi la diffusione del culto dei santi che s'andava affermando. Erano (sono) santi alcuni individui, uomini e donne, che per qualche loro virtú sono stati capaci di superare la normale condizione umana. Per Maria però il semplice livello della santità non parve sufficiente, tanto è vero che si coniò per lei l'appellativo di «santissima».

FILORAMO Si trattava di costruire una piú articolata gerarchia nella mediazione tra il Dio trinitario e l'uomo comune. Le vie per la costruzione di questo specialissimo status sono state molteplici, pensi per esempio ai testi dedicati alla *Dormitio Mariae*, il sonno di Maria. Lei non meritava la morte che ogni creatura nata su questa terra deve affrontare. Una delle domande che ci si pose con maggiore insistenza era proprio se la Madonna fosse davvero mai morta. Per lei si concepí la *dormitio*, il sonno, il passaggio transitorio dalla veglia a una condizione d'incoscienza che salva dal corrompimento della carne.

AUGIAS La sua descrizione sembra costituire la premessa del dogma dell'assunzione in cielo proclamato da papa Pacelli, Pio XII, nel 1950, ricordato prima.

FILORAMO La data ufficiale è il 1950 ma la credenza popolare in questo evento miracoloso conosce un qualche anticipo già nell'antichità, ci sono testi tra il V e il VI secolo dove si profila l'ipotesi di un'assunzione in cielo. Il culto di Maria è collegato al culto dei santi e al fatto che ormai la Chiesa, nel frattempo diventata unica e imperiale, dovesse dotarsi di importanti entità protettrici. Quanto piú Dio, Cristo e la Trinità si allontanano dall'immaginario umano, tanto piú crescono i culti. Il mistero della Trinità non è certo di immediata comprensione nemmeno oggi; si può studiare come ci si è arrivati, si possono abbozzare alcune risposte dal punto di vista della storia del pensiero filosofico e teologico, ma il risultato è che questa strana divinità in triplice essenza (che in certa iconografia comparirà come una sorta di cerbero con tre teste) resta lontanissima dall'uomo, dalla componente affettiva essenziale perché una figura divina si radichi nel pensiero, nell'immaginazione, nell'affetto di chi deve venerarla; infatti non esiste un culto della Trinità, esistono invece culti di angeli, santi, esiste in particolare il culto della Madonna.

AUGIAS Nel Concilio di Efeso del 431 a Maria venne riconosciuto il titolo molto impegnativo di Madre di Dio che pone per il profano una domanda altrettanto impegnativa. Alla luce del dogma della Trinità che contempla una divinità nello stesso tempo una e trina, Maria dev'essere considerata madre non solo di Gesú, Figlio, ma anche di Dio Padre che in fondo sono la stessa cosa?

FILORAMO La risposta, teologicamente, non è difficile. Il dogma trinitario insegna l'unità della sostanza divina articolata in tre persone distinte. Maria non è madre della sostanza divina; tra l'altro, Dio Padre, a differenza del Figlio, generato eternamente, è ingenerato: altrimenti che padre sarebbe? Dunque Maria non può essere, logicamente, madre di un Padre ingenerato; è madre del Figlio nella sua dimensione o natura umana, che però, secondo la formulazione del Concilio di Efeso (meglio, della formula di unione, di poco successiva, che sta alla base della definizione dogmatica del Concilio di Calcedonia del 451), pur distinta dalla dimensione divina, è inconfusa con questa. Dunque, Maria rimane madre della dimensione umana di Cristo, che però fa parte integrante della sua dimensione divina. La dimensione divina si trasmette, per l'intermediario del Figlio, anche alla madre.

AUGIAS La spiegazione è ovviamente impeccabile dal punto di vista teologico; fa parte di una di quelle costruzioni intellettuali frutto dell'ingegno umano; del resto alla costruzione della dottrina cristiana hanno contribuito menti eccelse. Non c'è alcuna intenzione riduttiva in queste mie parole, al contrario ammirazione sincera per una cosí elevata speculazione filosofica. Oggi il culto mariano appare un fenomeno diciamo «normale» per chi lo coltiva all'interno di quella religione. Dal punto di vista storico è interessante vedere grazie a quali ingegnose elucubrazioni il culto ha cominciato a sorgere e a diffondersi.

FILORAMO Uno statuto eccezionale per la Madonna possiamo collocarlo in un periodo preciso, cioè in epoca medievale e in Occidente dove segue percorsi particolari legati a tanti fattori tra i quali certo la pietà popolare. Per noi le apparizioni mariane sono poche e importanti: Loreto in Italia, Fatima in Portogallo, Lourdes e La Salette in Francia e, per ultima, Medjugorje nell'attuale Bosnia-Erzegovina. In realtà, l'Ottocento è un secolo di continue apparizioni mariane; per la Chiesa, che dopo la Rivoluzione francese era in lotta contro ogni forma di modernità, queste apparizioni erano una manna: conferma di un aiuto celeste ai suoi fedeli perseguitati. Tralascio altri periodi storici, come il Medioevo occidentale, soprattutto dopo il Mille, quando si assiste a una vera e propria esplosione di apparizioni mariane, che portano alla fondazione di una miriade di santuari che ancora oggi, nelle piú diverse parti d'Italia, costellano il paesaggio, alimentando, almeno in certi periodi dell'anno, pellegrinaggi e un ininterrotto turismo religioso. Un vero e proprio «miracolo».

AUGIAS Lei ha indicato motivi politici e di sopravvivenza sia spirituale sia, in certi casi, fisica dei fedeli per i quali un culto di tale potenza doveva essere di notevole consolazione. All'inizio però i motivi per i quali si è costruito un culto di Maria sono altri.

FILORAMO Naturalmente, e non deve stupirci. Una religione dura nel tempo non per le sue dottrine ma per le sue pratiche: sono queste la cinghia di trasmissione fondamentale che ne garantisce la continuità. Le religioni antiche, come ad esempio quella romana, erano prima di tutto religioni rituali. La centralità della credenza, come dimostra la complessa vicenda della formazione dei dogmi, è una novità cristiana. Ma chi mantiene vive nel tempo le pratiche? Non certo i sacerdoti: essi possono incanalare, controllare il flusso della pratica, che però è mantenuto vivo dalla pietà popolare. Una parentesi è d'obbligo a evitare un pericoloso equivoco: l'aggettivo «popolare», in una fase dominata dai vari populismi, può rappresentare un problema; io però lo uso nel senso tradizionale di identificare un soggetto religioso collettivo, la cui natura varia col tempo e con lo spazio, ma che ha alcune caratteristiche comuni.

AUGIAS Apprezzo la sottolineatura da lei fatta su un aggettivo che negli ultimi tempi ha subito un forte inquinamento politico ma anche una torsione storica, dal momento che il populismo delle origini, nella Russia del XIX secolo, poco o nulla ha a che vedere con l'attuale. Colgo anche il suo riferimento alla novità del cristianesimo che pone al suo centro la fede. I riti cattolici, nella loro magnificenza, sarebbero (talvolta diventano) puro spettacolo quando non sono accompagnati dalla fede di chi vi assiste. È il genio del cristianesimo, secondo il celebre saggio di Chateaubriand che contrapponeva la consolazione religiosa alla freddezza della ragione «che non ha mai asciugato una sola lacrima».

FILORAMO Nella pietà religiosa, l'esigenza degli illetterati, dei fedeli piú umili è fortissima perché nasce da domande fondamentali di rassicurazione, di conforto, dal bisogno di condividere inquietudini, paure, dolori. Pensi agli apocrifi che cercano di colmare le lacune dei Vangeli: il Protovangelo di Giacomo, il Vangelo dello Pseudo-Matteo, tutti testi che volevano rispondere a ulteriori interrogativi su Maria. Questi testi pieni di aspetti romanzeschi, scritti sul modello dei romanzi ellenistici senza ovviamente la loro forte carica erotica, anzi in concorrenza con essi, proponevano modelli di verginità come Maria. Sarebbe un errore considerarli delle belle favole: contengono a loro modo, implicitamente, concezioni teologiche importanti. Scopriamo ad esempio nel Protovangelo di Giacomo (un testo che risale probabilmente alla seconda metà del II secolo), il tema del concepimento verginale di Maria, destinato a diventare dogma nell'Ottocento (con la connessa festa dell'Immacolata concezione: come si fa ad alimentare una credenza cosí particolare senza una bella festa?) Questo testo – come anche i Vangeli apocrifi dell'infanzia di Gesú – vuol rispondere a domande fondamentali che non si trovano nei Vangeli canonici: com'è cresciuta Maria? come ha fatto a rimanere vergine pur sposandosi con Giuseppe? chi era veramente questo Giuseppe? O addirittura: com'è nata Maria?

AUGIAS Ecco una domanda che arriva a proposito in questo capitolo dedicato al suo personaggio. Com'è nata Maria?

FILORAMO Secondo il Protovangelo di Giacomo, Maria nasce anche lei, come Giovanni il Battista e Gesú, in modo miracoloso. I suoi genitori, Gioacchino e Anna, sono anziani e sterili. Oggi c'è la medicina a fare il miracolo di far partorire anche una donna anziana; a quei tempi, occorreva un qualche intervento divino. Gioacchino, a un certo punto, umiliato di non poter avere un erede, si ritira nel deserto per quaranta giorni. Anna allora, nel giorno del Signore, si veste con gli abiti nuziali, si reca in un giardino e, seduta sotto un lauro, prega il Signore. Detto fatto: un angelo le appare e le annuncia che la supplica sarà esaudita. Avvertito a sua volta da un angelo (gli angeli antichi sono dei messaggeri attraverso i quali Dio comunica con gli uomini: per questo sono sempre indaffarati) Gioacchino ritorna a casa, anche se rimane separato da Anna. Alla fine, nasce Maria, settimina, passa l'adolescenza in un Tempio, vivendo come una colomba, miracolosamente nutrita da un angelo, fino all'età di dodici anni, quando – abbiamo già avuto occasione di ricordarlo – è pronta al matrimonio. Pie invenzioni, si dirà. O non piuttosto la riprova, come dice Borges, che i testi sacri sono un ramo della letteratura fantastica? Ecco allora la risposta: è nella pietà popolare che il nostro personaggio cresce fino ad acquisire le rilevanti dimensioni attuali.

AUGIAS La sua, professore, è la spiegazione di uno specialista della materia. Io continuo a vedere nell'importanza data a Maria il bisogno della dolcezza materna. Noto tra l'altro che si tratta dell'unica divinità, o semidivinità, che continui ancora ad apparire ai fedeli. Le grandi mistiche che venivano visitate da Gesú sono ormai scomparse. La Madonna invece continua ad apparire o, secondo i casi, a versare lacrime o a sanguinare da una statuetta di gesso. Credo di poter intuire anche la ragione per cui il culto di Maria è particolarmente intenso presso i popoli latini; fu la Spagna per esempio a premere perché se ne affermasse l'Immacolata concezione. Si può capire la ragione considerando che nei popoli del Mediterraneo la madre ha un posto di grande rilievo nella famiglia. Ipotesi tutta terrena che lei probabilmente rigetterà.

FILORAMO Io non ho un'ipotesi ultraterrena! Come storico, mi limito a notare che i paesi da lei citati sono paesi cattolici. Al Nord, la maggior parte dei paesi europei sono protestanti: e, come ho già avuto occasione di ricordare, i protestanti, in conseguenza del principio affermato da Lutero secondo cui l'unico mediatore della salvezza è il Cristo (dunque, niente Chiesa, niente sacramenti, niente santi e, naturalmente, nessuna Madonna), rifiutano il culto di Maria: questo non vuol dire che la figura della madre, nelle loro famiglie, sia meno importante; solo, non ha alimentato, prima di tutto per ragioni teologiche, il culto di una figura femminile che poteva rivaleggiare con l'unico Dio. Piuttosto, la sua ipotesi a proposito del culto mariano mi fa tornare in mente quella di Jung, cui si è fatto cenno, che andava nella stessa direzione. Per lo psicoanalista svizzero, la fede cattolica, col culto di Maria, si dimostrava piú equilibrata di quella protestante (pericolosamente maschilista e patriarcale) perché aveva inserito nel suo pantheon, e in prossimità del vertice, una figura femminile che a livello individuale rappresenta una dimensione insostituibile della psiche: in termini junghiani è l'anima che fa da *pendant* all'*animus*; una dimensione non va senza l'altra – come l'equilibrio tra yin e yang nel taoismo cinese. Sono d'accordo con lei, invece, su un altro punto: il fatto che l'immagine di Maria sia un'immagine che trasmette una nota di dolcezza materna; basterebbe, per questo, pensare alla tradizione iconografica medievale e moderna, dove la sfido a trovare un volto irato o terribile di Maria, quale ad esempio quello della sanguinaria dea indiana Kali.

AUGIAS Trasferendo dal cielo alla terra la composizione familiare del vertice cristiano, si ritrova una situazione analoga. Il padre severo (*Rex tremendae maiestatis*, lo si chiama nel *Requiem*) e la mamma affettuosa (*Mater misericordiae*), il padre incline alla punizione, la madre al perdono, intermediaria se il bambino o la bambina hanno fatto qualcosa di sbagliato. Nel culto di Maria si può scorgere anche la trasparente trasposizione di quanto accade nella vita di ogni famiglia.

FILORAMO Anche eminenti teologi protestanti la pensavano come lei, naturalmente da un punto di vista polemico. La domanda storica che emerge è, ripeto, quella ben colta da Jung che parla di Quaternità. La Chiesa da un certo punto di vista è la sposa di Cristo, femminile appunto. Pensi ai testi di Paolo: se Cristo è il capo, la Chiesa è la sua sposa. Aggiungo una banale considerazione storica. I Padri si sono preoccupati di sviluppare il rapporto teologico tra Maria e la Chiesa, entrambe vergini, spose e madri. Per citare un solo esempio autorevole: per Agostino Maria è inclusa nella Chiesa come suo membro santo e come modello di vita; come Maria partorisce il Cristo, la Chiesa genera spiritualmente i fedeli con i sacramenti. C'è anche una predisposizione teologica, dunque, a privilegiare l'importanza della dimensione femminile.

AUGIAS Può darsi. Intanto però le ricordo che il *corpus* sacerdotale della Chiesa è interamente composto di uomini.

FILORAMO Difficile non condividere il suo giudizio. Del resto, si continuerebbe a parlare in modo cosí ossessivo di pedofilia se le cose stessero diversamente? Ma il problema è troppo grosso per poter essere liquidato con una battuta.

AUGIAS Sono d'accordo. Tra l'altro la pedofilia è una di quelle piaghe che ispirano ripugnanza, preoccupazione e pietà per le vittime; personalmente provo anche nei confronti dei colpevoli un sentimento misto di riprovazione e pietà. Torno ai dogmi mariani. Abbiamo visto, in estrema sintesi, come sono nati. Quale importanza hanno avuto nel definire la figura e il culto mariani? Penso al secondo, quello di Madre di Dio, cui s'è accennato.

FILORAMO Sulla natura di questo Dio ci furono discussioni accesissime e divisioni accanite. Infatti, si tratta di uno dei problemi piú importanti del cristianesimo. Un aspetto che, secondo me, è ancora piú importante di quello trinitario poiché è Cristo e non la Trinità il centro della fede. Per comprendere come si giunse al dogma promulgato tra i due Concili di Efeso e Calcedonia bisogna tener conto che erano in gioco due modi radicalmente diversi di intendere la realtà umana del Cristo incarnato: due modi, a prima vista, inconciliabili, in realtà complementari. Da un lato, vi era il modello, influenzato dal platonismo – e dunque teso a mettere al primo posto la realtà divina, superiore, ideale –, dei teologi che si iscrivono nella cosiddetta tradizione alessandrina. Essi erano portati a privilegiare la dimensione divina a scapito di quella umana. La loro cristologia era basata sulla dicotomia *logos/sarx* (verbo/carne): la Parola divina o Verbo, Figlio eterno del Padre, si unisce direttamente alla carne umana, divenendo con essa una cosa sola. In questo modo, si lasciava poco o nessuno spazio all'anima, alla volontà e all'intelletto dell'uomo Gesú: il soggetto in Cristo è il Logos divino, unico centro di riflessione, volizione, decisione. Di contro c'era il modello tipico dei teologi della scuola di Antiochia, che cercava di recuperare la dimensione umana del Cristo pena la perdita del valore salvifico dell'incarnazione: se Cristo non aveva assunto fino in fondo la carne peccatrice dell'uomo, come era possibile redimere il peccato? Questo modello era basato sulla dicotomia *logos/anthropos* (verbo/uomo), che insisteva sulla completezza dell'uomo Gesú: in questo caso, il Logos divino incontaminato si unisce a lui nell'incarnazione senza sostituirsi a nessuna delle sue facoltà umane. Il soggetto «Cristo» è, di conseguenza, dato dall'unione dell'uomo completo di corpo, anima, intelletto con la divinità, il Logos: egli è il sacerdote universale che, con il suo stesso sacrificio, trasferisce l'intera umanità da un'epoca all'altra, verso l'immortalità e l'incorruttibilità. I soggetti sono due, umano e divino: solo il loro accordo permette l'identità di decisione e di operazione.

AUGIAS Sono sempre piú ammirato da una tale sottigliezza di pensiero; nello stesso tempo ritengo che se Gesú avesse assistito a una di quelle dispute, sarebbe uscito dalla stanza sbattendo la porta non riconoscendosi in nessuna delle due parti tale la sublime semplicità del suo messaggio: amatevi l'un l'altro come io vi ho amato – fine. Ma questi sono soltanto i pensieri di un ateo certamente non all'altezza di una cosí raffinata teologia. Torniamo dunque a Maria: alla sua proclamazione come Madre di Dio, seguirono altri dogmi. I vescovi riuniti a Costantinopoli nel 381 avevano fondato il dogma della sua perpetua verginità *ante et post partum*, dunque la nascita verginale di Gesú. Mentre gli altri due dogmi sono come abbiamo visto piú recenti e accettati solo dalla confessione cattolica.

Con questi quattro dogmi si perfeziona l'edificio eburneo che avvolge Maria e la eleva al di sopra di tutti gli altri santi collocandola alle soglie della divinità. Una maggioranza assembleare poteva proclamare Gesú come perfetto uomo e perfetto Dio. Su Maria invece non ci sono dubbi: era una donna nata dalla carne e morta in un qualche anno in un qualche luogo. Eventi sui quali nulla sappiamo, cosí poco ne parlano i Vangeli. Dopo la Pentecoste, come abbiamo detto, Maria scivola via dalla storia. Paolo – che in ordine di tempo possiamo considerare il primo evangelista – non ne fa mai nemmeno il nome.

FILORAMO Paolo non ha conosciuto Gesú, con le sue visioni ha conosciuto soltanto il Cristo della Fede; dunque, a maggior ragione non ha conosciuto sua madre, anche se evidentemente conosce la tradizione secondo cui Gesú «è nato da donna» o quella di Giacomo fratello del Signore, come scrive nella *Lettera ai Galati*.

AUGIAS La vicenda di Maria a me pare straordinaria da qualunque punto di vista la si consideri. Il personaggio è eccezionale nonostante alcuni Vangeli lo trattino con notevole distrazione.

FILORAMO Non è questione di distrazione o trascuratezza, è che gli autori hanno posizioni diverse. Marco, ad esempio, è decisamente negativo. Abbiamo già ricordato il radicalismo di Gesú nei confronti dei suoi parenti, che comprendono evidentemente anche la madre. Ma si potrebbe ricordare un'altra celebre frase di Gesú, riportata sempre da Marco: «un profeta non è disprezzato se non nella sua patria, tra i suoi parenti e in casa sua». Come non includere tra i parenti anche la madre? Luca le attribuisce invece un ruolo piú significativo, la esalta, con un bellissimo testo poetico, il *Magnificat*, che fa pronunciare a una vergine giovinetta, e in altri episodi ne disegna un quadro positivo.

AUGIAS Pienamente d'accordo, mi permetta di citarne l'attacco: «L'anima mia magnifica il Signore | e il mio spirito esulta in Dio, mio salvatore, | perché ha guardato l'umiltà della sua serva. | D'ora in poi tutte le generazioni mi chiameranno beata. | Grandi cose ha fatto per me l'Onnipotente | e Santo è il suo nome». Chiunque, credente o no, può riconoscersi in versi di tale elevatezza. Ma è diciamo pure un'eccezione; negli altri Vangeli si parla di lei poche volte, spesso come abbiamo visto in contrasto col figlio.

FILORAMO Volendo cercare una spiegazione, si può ipotizzare che, essendo i Vangeli una rilettura di Gesú visto come Figlio di Dio, e dato che – ripeto – numerose sue parole sono contro la famiglia, la figura di Maria viene quasi nascosta per non farla entrare in contraddizione con le espressioni del Figlio. Infatti, la sua storia successiva prescinde dai Vangeli. La stessa costruzione dei dogmi non trova grande fondamento nelle Scritture, è frutto di successive costruzioni teologiche.

AUGIAS Abbiamo parlato del titolo di Madre di Dio attribuito a Maria, ebbene quel titolo alla fine si riuscí a imporlo dopo una lotta senza esclusione di colpi tra i Padri riuniti in assemblea, nulla di diverso dai peggiori momenti della lotta politica. Una questione molto simile si affacciò, l'abbiamo ricordato, per l'altro dogma dell'Immacolata concezione: si trattava di togliere il peccato originale anche a Maria perché da lei ne nascesse mondo anche il suo divin figliolo. S'immaginò dunque un concepimento *sine macula* da parte dei suoi genitori: Immacolata.

FILORAMO Ma questo è un esito storico, è stato il genio di Agostino a costruirlo! Prima di lui la dottrina del peccato originale – una dottrina, diciamolo pure, terribile nelle sue conseguenze – non c'era; o meglio, se ne colgono spunti nella *Lettera ai Romani* di Paolo, che però Agostino rilegge sullo sfondo della sua esperienza dualistica manichea.

AUGIAS Ancora una volta un'invenzione geniale – e terribile. Ma si tratta di invenzioni alle quali diventava obbligatorio credere pena la vita, è questo l'aspetto spaventoso delle religioni.

FILORAMO Limiterei la sua affermazione. Ho già ricordato che le religioni antiche, basandosi sulla pratica e sui riti, non avevano veri e propri sistemi di credenza: non esiste una teologia della religione romana, se non come riflessione sul pantheon – per esempio lo scritto fondamentale di Cicerone *Sulla natura degli dèi*. Cicerone poteva anche, in privato, non credere in questi dèi, ma come uomo pubblico partecipava ai riti prescritti. La credenza come vincolo di fede e adesione obbligatoria a un preciso contenuto dogmatico è un'invenzione cristiana. Dunque, se lei si vuole spaventare, limiti il suo spavento al cristianesimo – e all'islam.

AUGIAS Poiché vivo in Occidente e non nel Medioevo, il mio spavento – considerate le circostanze – è minimo. La teologia è una teoria filosofica che studia l'essenza della divinità, il rapporto tra gli dèi o tra un Dio e gli esseri umani. Ciò che la distingue da ogni altra teoria è che nessuna filosofia impone di credere pena la condanna all'inferno o, se le circostanze storiche lo permettono, al rogo.

FILORAMO Lei ha toccato un punto decisivo che merita qualche approfondimento. I padri della filosofia antica, come Platone, avevano come meta della loro ricerca la visione di dio, cioè la possibilità di ritornare a contemplare un mondo ideale da cui l'anima a un certo punto si era allontanata finendo prigioniera del corpo, in attesa di esserne liberata proprio grazie alla ricerca della verità. La ricerca di questa verità si basava unicamente sulla propria ragione o *logos*. L'ebraismo, come religione rivelata, ha introdotto un concetto nuovo di verità e del modo di raggiungerla. L'uomo, solo con la sua ragione, non può arrivarvi. Perché? Perché, a differenza che in Platone, ora tra Dio e l'uomo esiste un abisso: Dio è il creatore, l'uomo è una semplice creatura.

AUGIAS Scusi se l'interrompo. Non racconta forse la *Genesi* che Dio creò l'uomo a sua immagine e somiglianza?

FILORAMO Certo, ma l'abisso permane: Dio è il Dio, in quanto tale unico, altrimenti non sarebbe Dio. Di conseguenza, come afferma un pensatore ebreo coevo di Gesú, Filone di Alessandria: «Egli non è come l'uomo» (presa di distanza radicale da qualunque forma di politeismo, condannato come idolatria). Per questo la verità, che è possesso dell'unico Dio vero, non può che essere rivelata. L'uomo vi può pervenire soltanto accettando per fede questa verità: dunque passivamente. Ho citato l'ebraismo perché è storicamente la prima religione che si pone come religione rivelata (vi sarebbe il caso dello zoroastrismo, ma ci porterebbe lontano e in fondo non aggiungerebbe nulla di essenziale a quanto sto dicendo). Non è un caso che sia stato Filone a porre per la prima volta il problema dei rapporti tra fede e ragione, tra rivelazione e ricerca razionale della verità. I teologi cristiani, da Origene ad Agostino, fino a Joseph Ratzinger, in fondo non hanno fatto che riprendere il modo in cui Filone ha impostato il problema. La filosofia non deve cercare la verità, perché già la possiede, è ancella della teologia, chiamata a pensare, approfondire, difendere il contenuto della verità rivelata, mai a sostituirlo. Filone è in certo senso l'inventore di una teologia filosofica che arriva fino ai giorni nostri.

In conclusione, condivido il suo giudizio: nessuna filosofia degna del nome può pensare di imporre una credenza.

AUGIAS Postillo: questa diversità di metodo e di fini rende filosofia e teologia dissimili nonostante ogni apparente somiglianza di metodo. Non è cosa da poco.

IX.
PRODIGI DELLO SPIRITO
E DELL'INTELLETTO

AUGIAS Nel capitolo precedente abbiamo sfiorato la figura divina chiamata Trinità che alcune confessioni cristiane considerano centrale. Dal punto di vista che abbiamo adottato per la nostra conversazione non si tratta di un vero e proprio personaggio dal momento che delle tre sostanze che la compongono solo una, il Figlio, ha assunto piú o meno per una trentina d'anni effettiva consistenza umana: vero uomo, carne e sangue. Gli altri due vertici del triangolo – il Padre e lo Spirito – sono pure espressioni immateriali e per quanto riguarda in particolare lo Spirito sembra di poter parlare, come abbiamo detto, solo di un soffio divino, un vento, un respiro che diventa forza e vita. Già nella *Genesi* quando tutto è appena cominciato leggiamo al secondo versetto: «La terra era informe e deserta e le tenebre ricoprivano l'abisso e lo spirito di Dio aleggiava sulle acque». La parola ebraica per indicare spirito o soffio è *ruah* (femminile) che ha il significato di «soffio», «vento» ma, per traslato, anche di «spirito santo», «ispirazione divina». Nel passaggio dal Vecchio al Nuovo Testamento il termine «spirito» subisce rilevanti cambiamenti per fissarsi definitivamente con un connotato divino. A questo punto però, ecco la stranezza che colpisce il profano: questo spirito è sostanzialmente estraneo alla semplice predicazione che Gesú adatta all'umile uditorio al quale si rivolge; infatti nella narrazione evangelica compare poco.

FILORAMO Per capire la natura di questo spirito divino nei Vangeli è indispensabile accennare al suo ruolo in quello che noi chiamiamo l'Antico Testamento, poiché gli autori dei

Vangeli sono profondamente influenzati da quegli scritti. L'idea della divinità come spirito (in greco *pneuma*, «vento», «soffio», «respiro») era diffusissima. In fondo, come indica lo stesso termine, il soffio come respiro è il simbolo stesso della vita. Di qui una concezione molto diffusa in antico anche nelle religioni politeistiche: il cosmo è come un grande uomo animato al proprio interno da un soffio divino; l'uomo, per converso, è un microcosmo, che ne riproduce in piccolo le fattezze, partecipando a questo soffio. La filosofia stoica, una delle grandi scuole ellenistiche, ha dato dignità filosofica a questa concezione: lo pneuma, uno pneuma materiale ma nel contempo divino, è il fondamento del cosmo. Non sto a ricordare le fortune di questa forma di panteismo, che riemerge continuamente nella storia del pensiero occidentale: basti pensare a Spinoza.

AUGIAS Con la sua felice formula *Deus sive Natura* – cioè: Dio ovvero la natura.

FILORAMO Appunto. Dunque, non deve stupire che nel racconto della *Genesi* lo spirito di Dio aleggi sulle acque. Piú importante per il nostro discorso è una seconda concezione di spirito divino: lo Spirito Santo come fonte d'ispirazione. Dio lo trasmette ai suoi eletti perché partecipino in qualche modo della sua natura: l'unto del Signore, a cominciare dal re – abbiamo avuto occasione di parlarne –, è tale perché riceve, direttamente o mediante un intermediario incaricato da Dio, questo potere particolare. Potremmo anche dire: riceve la sacertà di Dio; in qualche modo viene sacralizzato. Tutti i capi di Israele – da Mosè a Giosuè, dai giudici a Davide, fino a Salomone – ricevono la loro saggezza, il loro coraggio, la loro forza, come doni inerenti allo spirito divino loro concesso. Ma il caso piú importante è quello dei profeti. I grandi profeti biblici, da Isaia a Geremia a Ezechiele, altri non sono che uomini scelti da Dio fin nel ventre della loro madre, che parleranno al posto di Dio (questo significa il termine greco *prophetes*) guidando il popolo in nome dello spirito divino.

AUGIAS Invenzione straordinaria, che serve a legittimare il carisma di certi individui, e che infatti ritornerà, in mille forme, nella storia successiva fin quasi ai nostri giorni.

FILORAMO Vi è infine una terza accezione di spirito divino, fondamentale per il nostro discorso: la sua presenza nella comunità del patto; in altri termini, la sua valenza sociologica di fondamento della comunità degli eletti. Provi a rileggere la famosa scena della Pentecoste in questa prospettiva: lo Spirito divino scende su un gruppo di discepoli impauriti e nascosti, timorosi di essere catturati dalle autorità romane in quanto seguaci di un leader politico crocifisso e che molti di loro hanno abbandonato nel momento del massimo rischio.

AUGIAS Leggiamolo quello straordinario racconto; lei prima ha tirato in ballo il film *L'esorcista*, anche questa scena narrata negli *Atti degli Apostoli* sembra avvicinarsi a un film di fantascienza: «Mentre stava compiendosi il giorno della Pentecoste, si trovavano tutti insieme nello stesso luogo. Venne all'improvviso dal cielo un fragore, quasi un vento che si abbatte impetuoso, e riempí tutta la casa dove stavano. Apparvero loro lingue come di fuoco, che si dividevano, e si posarono su ciascuno di loro, e tutti furono colmati di Spirito Santo e cominciarono a parlare in altre lingue, nel modo in cui lo Spirito dava loro il potere di esprimersi. Abitavano allora a Gerusalemme Giudei osservanti, di ogni nazione che è sotto il cielo. A quel rumore, la folla si radunò e rimase turbata, perché ciascuno li udiva parlare nella propria lingua. Erano stupiti e, fuori di sé per la meraviglia, dicevano: "Tutti costoro che parlano non sono forse Galilei? E come mai ciascuno di noi sente parlare nella propria lingua nativa? Siamo Parti, Medi, Elamiti, abitanti della Mesopotamia, della Giudea e della Cappadòcia, del Ponto e dell'Asia, della Frigia e della Panfília, dell'Egitto e delle parti della Libia vicino a Cirene, Romani qui residenti, Giudei e prosèliti, Cretesi e Arabi, e li udiamo parlare nelle nostre lingue delle grandi opere di Dio". Tutti erano stupefatti e perplessi, e si chiedevano l'un l'altro: "Che cosa significa questo?"

Altri invece li deridevano e dicevano: “Si sono ubriacati di vino dolce”». Poiché siamo partiti dalla frase di Borges delle Scritture come letteratura fantastica, ecco qui un esempio di altissima letteratura – fantastica, per l’appunto.

FILORAMO Nessun dubbio. È la discesa dello Spirito che li rincuora e li fa rinascere, soprattutto in questa scena raccontata da Luca negli *Atti*. Nasce, si fonda, una nuova comunità: quella dei seguaci del Risorto. Non è poco. Se è inventato, è ben inventato.

AUGIAS Come lei ha detto, i Vangeli riprendono dunque usi ed episodi del Vecchio Testamento, ovvero della Bibbia ebraica. Per esempio, è lo spirito di Dio che consacra Gesú Messia nella scena del battesimo nel Giordano.

FILORAMO Sí, però rileggendoli alla luce di un dato nuovo: la stretta relazione tra Gesú e Dio. Ora esiste anche uno spirito di Cristo; quest’idea è chiaramente espressa da Giovanni quando Gesú promette ai suoi di inviare loro dopo la sua morte il Paraclito Consolatore, cioè una specie di avvocato difensore. La dottrina della Trinità, come s’è visto, rappresenta uno sviluppo successivo, ma nei Vangeli sono contenuti molti spunti che vanno in quella direzione. Forse il cenno piú chiaro è nella chiusa del Vangelo di Matteo, con l’invito del Risorto ai suoi discepoli ad andare e battezzare nel nome del Padre, del Figlio e dello Spirito Santo.

AUGIAS Quella figura è stata poi compresa nella formula – che per i cattolici è un impegno d’adesione alla loro dottrina – contenuta nel *Credo* che non a caso si chiama «simbolo niceno-costantinopolitano» perché nato a Nicea e a Costantinopoli. A un certo punto l’orante afferma: «Credo nello Spirito Santo che è Signore e dà la vita, e procede dal Padre e dal Figlio. Con il Padre e il Figlio è adorato e glorificato e ha parlato per mezzo dei profeti». Volendo si potrebbe qui aggiungere che sulla formula secondo la quale lo Spirito procede «dal Padre e dal Figlio» (*qui ex Patre Filioque procedit*) si è consumata la secolare scissione mai piú interamente ricomposta tra le Chiese occidentali (comprese le confessioni protestanti) e quelle d'Oriente che ammettono solo una discendenza dal Padre. Lei ha lungamente studiato la questione, compreso il pensiero di Agostino al riguardo.

FILORAMO La ringrazio d'averlo citato. Agostino è di quei personaggi che ti accompagnano lungo tutta la vita. Leggendolo e rileggendolo, troverai sempre qualche pensiero acuto, originale, profondo, che ti potrà ispirare. Per me il fascino maggiore consiste nel fatto che grazie alle *Confessioni*, ma soprattutto al ricco epistolario e alle numerosissime prediche che di lui ci sono pervenute, puoi cogliere la realtà complessa, in continuo divenire, del suo pensiero, ma prima ancora dell'uomo Agostino. Pensiamo a un dato a prima vista banale. Agostino, a differenza di Tommaso, non ci ha lasciato un ordinato sistema teologico. Le sue grandi opere sono spesso scritte nel fuoco di violente polemiche, in cui si persegue lo scopo – spesso letterale – di far fuori i propri nemici, che siano i manichei di cui è stato adepto per ben nove anni nel periodo della formazione giovanile, o i donatisti, contro cui ha lottato fino all'ultimo sangue: quando inizia a scrivere contro i donatisti nel 395, le chiese donatiste erano la maggioranza nell'Africa cristiana. Nel 411, al Concilio di Cartagine, Agostino, praticamente da solo, confuta i rappresentanti piú agguerriti dei donatisti, convincendo il rappresentante dell'imperatore che i cattolici hanno ragione e dunque facendoli alla fine condannare come eretici, con le conseguenze del caso: alla fine, l'ha avuta vinta.

AUGIAS Lei è chiaramente sedotto dal genio di Agostino. C'è però nell'atteggiamento del vescovo d'Ippona il rischio dell'estremismo; il suo carattere è violento, rasenta il fanatismo. Nell'età piú giovane una sfrenata sensualità; dopo la conversione una totale castigatezza, anzi un ripudio totale e sprezzante della carne di cui pure siamo fatti; sempre tutto di qua o tutto di là. L'abbiamo pagato caro il prezzo del suo indiscutibile genio.

FILORAMO Infatti, il prezzo considerevole da pagare per la sua vittoria sui donatisti è aver introdotto una concezione di Chiesa cattolica arrivata fino ai giorni nostri: o sei nella Chiesa o sei contro la Chiesa. E allora, poiché lo Stato è il braccio secolare di quella Chiesa, la condanna teologica dei nemici si tradurrà inevitabilmente in una loro condanna giuridica, che può arrivare fino alla morte: la via dei roghi e dell'Inquisizione era aperta. Che cosa voglio dire con ciò? Che Agostino non è, come il sottoscritto, uno studioso da tavolino – anche se è pure questo. Assolve mille impegni da vescovo e da polemista, nelle sue lettere si lamenta continuamente di non aver mai tempo per i suoi amati studi. Amerebbe il tavolino ma è un uomo di battaglie in nome della «vera» fede. La sua guerra ideologica contro Pelagio e il suo allievo Giuliano di Eclano intorno alla natura della grazia e del libero arbitrio ha fatto la storia del pensiero occidentale: basti pensare a Lutero, monaco agostiniano, e alle conseguenze del fatto che era piú agostiniano lui dello stesso Agostino.

AUGIAS Era anche tedesco, se si può dire. Agostino era uomo di forti passioni, a cominciare dalla concupiscenza. Ne parla a lungo nelle *Confessioni*: la sessualità è una tentazione contro cui bisogna lottare fino alla morte, anche per chi come lui, dopo la conversione, ha fatto una scelta di celibato.

FILORAMO Sarei tentato di dire, forzando un po' le cose, che questa lotta interiore diventa una chiave per una profonda e originale rilettura teologica. Essa sta alla base del suo capolavoro, *La città di Dio*, in 22 libri, un'opera apologetica che inizia a scrivere subito dopo il sacco di Roma del 410 per confutare l'accusa pagana che la causa di questo disastro fosse stata l'impotenza del Dio cristiano a difendere la città eterna, e che terminerà soltanto pochi anni prima della morte, nel 430. Le due «città» in questione costituiscono i due tipi di umanità formatisi come conseguenza del peccato originale. Da un lato, vi sono coloro che ne rimangono preda, perseguendo l'*amor sui* che li porterà alla condanna definitiva dell'Ultimo Giudizio. Sono preda di una concupiscenza profonda, non tanto sessuale, soprattutto mentale, egotistica e narcisistica, che gli impedisce di uscire dall'angusto cerchio delle proprie quotidiane concupiscenze invece di donarsi a Dio. Dall'altro lato ci sono coloro che, per scelta imperscrutabile di Dio e mossi dall'*amor dei*, sfuggiranno a questo destino di morte e potranno godere per l'eternità della visione beatifica di Dio. In quanto tale, la «città di Dio» non coincide con la Chiesa, che è una *societas permixta*, una realtà legata al tempo della storia, che per sua natura contiene, come insegna la parabola del grano e della zizzania, buoni e cattivi, in attesa che il Giudice divino li separi definitivamente. I veri cristiani, che ne costituiscono il nucleo vivente, sono, di conseguenza, una comunità peregrinante in questa vita, in attesa di ricevere la ricompensa finale nell'altra.

AUGIAS È terribile, mi consenta di dire, questa visione. Contiene il rovesciamento totale della cultura classica che contemplava la vita come un bene, comprese avversità e sventure. C'è qui anche una delle ragioni per le quali i primi cristiani venivano perseguitati dai magistrati imperiali. Richiesti di giurare lealtà, di fare atto di venerazione al *princeps*, si rifiutavano dicendosi cittadini non di Roma ma del cielo, arrivavano a chiamare il giorno del martirio quello della loro vera nascita. Se interpreto bene, Agostino mette il suo geniale sigillo alla fine di un mondo e di una civiltà.

FILORAMO In qualche modo sí; ma anche perché nell'ultima fase della sua vita questa civiltà, in Occidente, stava crollando. L'Impero d'Occidente si stava disgregando sotto le invasioni di differenti popolazioni barbariche: quando Agostino muore i Vandali hanno ormai invaso la sua terra. Agostino ha avuto il merito (o il demerito, per i suoi critici) di fondare, anche da un punto di vista teologico, una Chiesa autonoma dall'aiuto dello Stato, di natura sacramentale, peregrina e cioè non legata alle fortune di questo mondo, dunque pronta a legarsi alle nuove realtà politiche territoriali che stavano nascendo: i regni romano-barbarici.

Ma torniamo al problema dal quale siamo partiti: il modo in cui Agostino, in particolare in un trattato dedicato a questo tema, *De Trinitate*, ha affrontato la questione trinitaria. La domanda di fondo è semplice: com'è possibile *immaginare* questa realtà? La sua risposta non potrebbe essere piú radicale: guai a immaginarla; immaginare un Dio incorporeo significa proiettare su di lui aspetti dell'uomo che invece ha un corpo, dunque, alla fine, avere una concezione di Dio quasi che avesse un corpo.

AUGIAS Lo scriveva anche Spinoza ed è d'altronde la concezione ebraica di un Dio immateriale, pura concezione dell'intelletto. Ma, come lei diceva qualche capitolo fa, i fedeli hanno bisogno di poter immaginare qualcosa, fossero anche le povere statuette di gesso che ornano le chiese.

FILORAMO Certamente, un illetterato, una persona umile, ha bisogno di un appoggio per pensare il suo Dio: un'immagine pittorica, per esempio, o, in un'epoca in cui queste immagini della Trinità non esistevano ancora, un'immagine mentale. Ma quale? Lo apprendiamo da un passo dell'VIII libro del *De Trinitate*, dove, polemizzando contro le rappresentazioni corporee della Trinità, Agostino osserva: «Questo Dio, se ci sforziamo di pensarlo, nella misura in cui ce lo concede e permette, non pensiamolo in contatto con lo spazio, abbracciante lo spazio, come una specie di essere costituito da tre corpi. Non si ha da immaginare in lui nessuna unione di parti congiunte, come in quel Gerione dai tre corpi, di cui parlano le favole». Nella sua polemica contro quei fedeli che non possono fare a meno di immaginarsi Dio come dotato di un corpo, Agostino fa ricorso a un'immagine dell'*Eneide* di Virgilio, resa celebre da Dante nella sua rappresentazione di Lucifero come cerbero nel canto XXXIV dell'*Inferno*. Il riferimento ha uno scopo evidente: la rappresentazione a tre teste è in realtà diabolica.

AUGIAS Posso obiettare che rischiava d'andarsi a cacciare in un cul di sacco?

FILORAMO Forse, però brillantemente ne esce. Ma allora, se per accostarsi al mistero trinitario non è possibile far ricorso all'immagine, come procedere? Ho ricordato prima, parlando delle due città, che mentre una è mossa dall'*amor sui*, e dunque destinata alla perdizione eterna (nei duri e crudeli termini agostiniani: *massa peccati, massa damnationis*), l'altra è mossa dall'*amor Dei*. Il tempo che l'uomo vive immerso nel peccato è un tempo di morte; soltanto la *caritas* donata dallo Spirito in Cristo mediante una grazia immeritata e insondabile dà all'uomo la capacità di risorgere. Per l'Agostino della maturità, la matrice di fede è l'azione dell'amore fondamento del Dio trinitario. Detto in altri termini, e molto semplificando un problema complesso, il mistero trinitario è retto da una relazione di amore fra le tre persone divine. Nell'ultimo libro del *De Trinitate* afferma che soltanto accostando la Trinità al mistero dell'amore è possibile averne qualche intuizione ricorrendo all'analogia dell'amante, dell'amato e dell'amore. Tutta la sua teologia trinitaria culmina cosí nell'identificazione dell'identità o sostanza assoluta con l'atto d'amore perfetto: è la *caritas* dello Spirito, dono del Padre e del Figlio, che meglio rivela l'essenza divina: «La carità con cui il Padre ama il Figlio e il Figlio ama il Padre ci rivela l'ineffabile comunione [lo Spirito] dell'uno con l'altro». Il suo pensiero sfida la logica quotidiana, è come scalare una montagna di sesto grado solo con l'aiuto della propria mente, confidando in un aiuto soprannaturale. Molti di questi scalatori non ce la fanno e, comunque, il giorno dopo sono dimenticati. Di Agostino continuiamo e continueremo a parlare.

AUGIAS Sinceri complimenti per questa brillante sintesi che solo un'ottima conoscenza dell'argomento permette di fare. Rinnovo il mio dubbio se una tale raffinata e complessa costruzione filosofica sarebbe piaciuta al fondatore di quella religione, cosí vicino ai bisogni degli umili, alla loro povera vita, alle loro elementari richieste di rassicurazione. Forse però c'è un altro angolo dal quale guardare. Forse possiamo vedere qui uno dei veri punti di forza delle religioni – e di ogni altra credenza umana, politica compresa: la capacità di parlare a ognuno secondo il suo personale livello.

X.
GIUSEPPE UOMO BUONO E PIO

AUGIAS Nel racconto su Gesú, le sue parole, la sua cerchia di seguaci, i suoi nemici, le persone che gli furono vicine, c'è una lacuna. La trama narrativa ha una grossolana smagliatura quando si affronta la figura del padre secondo la carne, di colui che dovrebbe, avrebbe dovuto, essere suo padre, che ci viene presentato come suo padre adottivo. Giuseppe, l'uomo generoso che lo ha accolto come un figlio anche se il suo concepimento è stato cosí anomalo. Sapendo quale amore e quanta dedizione un buon padre ebreo dedica al proprio figlio, tanto piú al primogenito, è possibile immaginare la quantità di attenzioni che Giuseppe ha rivolto a quel ragazzo, educandolo secondo la legge divina e quella degli uomini, recandosi con lui in sinagoga per i riti dello *shabbat*, preparandolo all'accoglimento del precetto una volta arrivata l'età del Bar Mitzvah. Nonostante tutto questo, Gesú non ha nemmeno una parola, mai, su di lui.
La figura di Maria infatti è resa ancora piú complicata dal fatto che le vengono attribuiti – se è lecito esprimersi in termini poveramente terreni – due sposi. Lo sposo per dir cosí umano che figura essere un falegname o un carpentiere o piccolo imprenditore di nome Giuseppe. Lo sposo divino, l'entità che la rende madre fecondandola, che è lo Spirito Santo, una delle tre facce della misteriosa figura chiamata Trinità da lei efficacemente delineata nel precedente capitolo. Volendo valutare storia e protagonisti delle Scritture sotto l'aspetto letterario – come ci siamo proposti – Giuseppe rimane uno dei personaggi meno risolti, una figurina relegata sullo sfondo, attore marginale in un paio di episodi, muto per l'intera durata della narrazione.

Un uomo descritto come anziano, comunque piú anziano di sua moglie giovinetta, un uomo generoso al quale la moglie partorisce un figlio che lui non ha generato e che però, per umana generosità o per divina comprensione, adotta. Non sono cose nuove, al contrario sono accadute spesso anche nel mondo reale, ci sono romanzi e commedie, ma anche episodi di cronaca, il cui intreccio si basa su situazioni analoghe. Ammettiamo però che se la circostanza è comprensibile da un punto di vista umano, è proprio l'elaborazione teologica che in questo caso non è riuscita a trovare un equilibrio convincente.

FILORAMO Partiamo da una prima considerazione. Poc'anzi abbiamo visto che Luca attribuisce un ruolo significativo a Maria: la storia dell'infanzia di Gesú è, per cosí dire, una storia scritta dal punto di vista di Maria. Chi invece fa agire Giuseppe è il testo di Matteo: la sua sembra una storia scritta dal punto di vista di Giuseppe. Giuseppe non esiste per Marco; in Giovanni vi sono due brevi menzioni, in cui Gesú è presentato come «il figlio di Giuseppe»: dell'uomo non si dice nulla, in coerenza, credo, con la prospettiva dell'evangelista, che ha interesse unicamente per la paternità celeste dell'Inviato. Compare in Matteo dicevo: come vi agisce e reagisce? La divinità comunica piú d'una volta con lui attraverso i sogni. Il modello potrebbe essere il Giuseppe dell'Antico Testamento: come lui, anche il nostro Giuseppe aveva un padre di nome Giacobbe (secondo Matteo; mentre secondo Luca è figlio di Eli), va in Egitto, ha sogni sul futuro, è casto. Il Vangelo di Matteo cerca di attribuirgli un ruolo positivo, i sogni come quelli che fa Giuseppe erano considerati di origine divina, sono portati da un angelo che nell'Antico Testamento è messaggero di Dio stesso.

AUGIAS Nel testo che lei richiama, l'episodio è esposto nel capitolo 1. Vorrei leggere questi pochi versetti e commentarli con lei dal momento che, pur nella loro concisione, contengono alcune notizie notevoli: «Cosí fu generato Gesú Cristo: sua madre Maria, essendo promessa sposa di Giuseppe, prima che andassero a vivere insieme si trovò incinta per opera dello Spirito Santo. Giuseppe suo sposo, poiché era uomo giusto e non voleva accusarla pubblicamente, pensò di ripudiarla in segreto. Mentre però stava considerando queste cose, ecco, gli apparve in sogno un angelo del Signore e gli disse: "Giuseppe, figlio di Davide, non temere di prendere con te Maria, tua sposa. Infatti il bambino che è generato in lei viene dallo Spirito Santo; ella darà alla luce un figlio e tu lo chiamerai Gesú: egli infatti salverà il suo popolo dai suoi peccati". Tutto questo è avvenuto perché si compisse ciò che era stato detto dal Signore per mezzo del profeta: "Ecco, la vergine concepirà e darà alla luce un figlio: a lui sarà dato il nome di Emmanuele, che significa Dio con noi". Quando si destò dal sonno, Giuseppe fece come gli aveva ordinato l'angelo del Signore e prese con sé la sua sposa; senza che egli la conoscesse, ella diede alla luce un figlio ed egli lo chiamò Gesú».

Questi gli otto versetti che ci interessano. Cominciamo dal primo: prima che fossero andati a stare insieme Maria si trovò incinta. Il testo ci informa che i due promessi avevano celebrato solo la prima parte del contratto nuziale; potremmo chiamarli gli sponsali, però non avevano ancora cominciato una vera convivenza, quella che i Romani definivano come condivisione della mensa e del letto. Ecco perché Giuseppe – giustamente – si stupisce della gravidanza ma essendo uomo buono e generoso non vuole «esporre a infamia» la fidanzata.

FILORAMO Comincio dal fatto che Giuseppe viene presentato come un uomo anziano. Abbiamo già ricordato che Maria doveva avere intorno ai dodici o tredici anni, e che all'epoca le donne si sposavano poco dopo la prima mestruazione. I due abitavano in un piccolo villaggio dove Giuseppe, date le condizioni generali, faceva un lavoro discreto, diremmo oggi che aveva raggiunto una posizione stabile; le famiglie dei due nubendi si conoscevano e sono le famiglie a combinare il matrimonio. In nessun caso però dobbiamo pensare che Giuseppe fosse un vecchio come talvolta l'iconografia lo mostra. Poteva avere il doppio degli anni di lei, era un uomo comunque sotto la trentina, quindi nel pieno vigore virile. Una situazione che tutto sommato ritengo abbastanza normale, dove spettava a lui garantire il mantenimento della famiglia. Quando scopre questo piccolo tradimento di Maria, perché dal suo punto di vista di questo si trattava, reagisce da quel pio ebreo che è, accetta e progetta di separarsi da lei senza però un ripudio ufficiale e pubblico.

AUGIAS La situazione è delicata, i due promessi vivono in un piccolo villaggio dove le voci girano velocemente, sono diremmo «fidanzati» ma non abitano ancora sotto lo stesso tetto, la parte conclusiva del matrimonio dovendo ancora essere celebrata.

FILORAMO Possiamo comprendere l'imbarazzo di Giuseppe: la giovane vergine a cui è stato promesso in realtà è incinta. Di chi? Che fare? La verginità della promessa sposa, in questo tipo di società, era come un bene sociale che entrava nel patto di matrimonio tra le due famiglie, con conseguenze sulla dote. Dunque, un problema economico ma anche o soprattutto di onore sociale: in quelle condizioni, un vero e proprio capitale. Del resto, se pensiamo che questo tipo di pensiero era ancora vigente nel nostro Meridione quando io, che sono meridionale, ero ragazzo, non c'è molto da stupirsi della reazione di Giuseppe: cornuto – mi passi il termine – prima ancora di consumare il matrimonio! L'autore del Protovangelo di Giacomo, di cui abbiamo già avuto occasione di parlare, ci racconta che Giuseppe (vedovo con figli: un modo per conservare la verginità di Maria: i «fratelli» di Gesú diventano cosí fratellastri), dopo essersi fidanzato con Maria, la lascia in casa e riprende il suo lavoro di carpentiere allontanandosi per un lungo periodo, ben quattro anni: cosa plausibile, ieri come oggi, quando a lavorare è solo il marito e questo lavoro può costringere a lunghe separazioni. Ritorna quando ormai Maria è al sesto mese della gravidanza e ha sedici anni. Ritrovandola incinta, preda di una violenta rabbia, si getta a terra e si lamenta, non lasciandosi affatto convincere dalla rivendicazione di purezza verginale di Maria. Come non comprenderlo? La sua è una reazione del tutto umana. Mentre progetta di allontanarla in gran segreto, gli appare in sonno un angelo che gli conferma la verità di quel che gli ha detto Maria. Giuseppe si lascia alfine convincere. Ma non è finita. Nel nostro testo, Giuseppe avrebbe dovuto rispettare la castità della vergine che gli era stata affidata dal Tempio: come dimostrare ora che lui non aveva nulla a che fare con la gravidanza della giovinetta? Deve sottoporsi all'ordalia delle acque amare, come anche Maria, una prova in principio riservata alle donne sospettate di adulterio. Il rito consisteva in un giuramento seguito dall'assunzione, nel Tempio di Gerusalemme, di acqua pura, alla quale era mescolata della polvere del suolo del Tempio. Se si sopravviveva, voleva dire che si era detta la verità. Racconto questo solo per dire come di fronte al quesito dell'atteggiamento di Giuseppe nei confronti di Maria già gli autori antichi si trovassero in imbarazzo.

Comunque, quel che mi sembra evidente nel racconto che fa Matteo è che Giuseppe è un ebreo «giusto». Questo aggettivo è fondamentale: significa, intanto, che egli rispetta la volontà di Dio; infatti, una volta convinto – faticosamente, ammettiamolo: ma chi può dargli torto? Non capita tutti i giorni che lo Spirito Santo visiti la promessa sposa mettendola incinta senza violarne la verginità – che Maria è rimasta vergine ed è incinta in modo miracoloso, si comporta di conseguenza, obbedendo alle direttive divine comunicategli in sogno e dimostrandosi alla fine un buono sposo.

Tutto ciò detto, sono d'accordo con lei. Nei Vangeli la figura di Giuseppe è problematica. Non è un caso che anche i Padri abbiano avuto parecchie difficoltà nell'interpretarla e che non abbiamo nessun libro o commento su quello che rimane comunque il padre terreno di Gesú.

AUGIAS Alla sorpresa e possiamo senz'altro supporre al disappunto – se non alla collera – di Giuseppe, fa eco lo stupore di Maria quando l'arcangelo Gabriele in persona, questa volta non in sogno ma durante la veglia, va ad annunciarle che avrà un figlio. Luca nel primo capitolo lo racconta cosí: «Al sesto mese, l'angelo Gabriele fu mandato da Dio in una città della Galilea, chiamata Nàzaret, a una vergine, promessa sposa di un uomo della casa di Davide, di nome Giuseppe. La vergine si chiamava Maria. Entrando da lei, disse: "Rallégrati, piena di grazia: il Signore è con te". A queste parole ella fu molto turbata e si domandava che senso avesse un saluto come questo. L'angelo le disse: "Non temere, Maria, perché hai trovato grazia presso Dio. Ed ecco, concepirai un figlio, lo darai alla luce e lo chiamerai Gesú. Sarà grande e verrà chiamato Figlio dell'Altissimo; il Signore Dio gli darà il trono di Davide suo padre e regnerà per sempre sulla casa di Giacobbe e il suo regno non avrà fine". Allora Maria disse all'angelo: "Come avverrà questo, poiché non conosco uomo?" Le rispose l'angelo: "Lo Spirito Santo scenderà su di te e la potenza dell'Altissimo ti coprirà con la sua ombra. Perciò colui che nascerà sarà santo e sarà chiamato Figlio di Dio».

Anche in questo caso il racconto è breve e densissimo, ricco di battute di dialogo per le quali si ripropone il problema che abbiamo già discusso (e anche chiarito) di come Luca sia stato in grado di riferirle *verbatim*. Gabriele, tra le altre cose, si sbilancia in una promessa di enorme rilievo quando dice «il Signore Dio gli darà il trono di Davide suo padre». Che significato ha una profezia del genere? È possibile dedurne un'allegoria politica? Cosa che del resto Pilato farà, come vedremo. A me pare che questa parte della storia, narrativamente magnifica, molto pecchi di coerenza.

FILORAMO Per risponderle, occorre una premessa. Abbiamo qui a che fare con una sapiente costruzione letteraria, basata sul parallelismo con la nascita del «cugino» di Gesú, il Battista. L'arcangelo Gabriele, poco prima, era andato a visitare il padre di lui, Zaccaria, lo abbiamo visto. La nascita del Battista e quella di Gesú sono entrambe nascite miracolose, che si iscrivono nel piano di salvezza divino. Il parallelismo è spinto fino al punto che lo stesso messaggero divino interviene nel sesto mese di gravidanza sia di Elisabetta sia di Maria. Secondo un tipico modulo veterotestamentario (per esempio, la storia di Esaú e Giacobbe), anche qui il primo, Giovanni, è destinato a essere superato dal secondo, Gesú, come riconoscerà lo stesso Giovanni al momento del battesimo di Gesú. Il parallelismo con la nascita di Giovanni costituisce in fondo la risposta al suo dubbio di incoerenza. Il racconto è un tipico racconto di epifania, molto diffusi all'epoca: gli dèi si manifestavano continuamente, perché un angelo non poteva manifestarsi a una pia promessa sposa, in attesa trepidante di avere un bambino? Se noi confrontiamo la manifestazione di Gabriele a Zaccaria, il padre del Battista, con quella a Maria, troviamo una serie di elementi analoghi: turbamento e stupore, garanzie da parte dell'inviato divino, comunicazione del messaggio, rassicurazioni finali. Ma a questo punto il parallelismo termina, perché la natura straordinaria del Messia promesso porta, come conclusione logica, all'eccezionalità della sua nascita.

AUGIAS Rimane l'altro problema, forse ancora piú grande; ovvero l'azione in qualche modo fisica che, anche salvaguardando l'illibatezza della fanciulla, le consenta di concepire. Qui parliamo di un autentico concepimento cui seguirà una regolare gravidanza con tutte le conseguenze anatomiche e fisiologiche connesse.

FILORAMO Per capire la natura della promessa trasmessa da Gabriele, occorre tenere presente come avviene questa nascita. In greco, Spirito Santo è senza articolo: non rimanda alla terza persona della Trinità ma allo spirito divino, quello, per intenderci, dell'ispirazione cui si è già accennato; coincide con la potenza di Dio. Non è, in altri termini, lo Spirito divino a mettere incinta Maria (uno spirito, tra l'altro, femminile che mette incinta un'altra donna: oggi sarebbe molto richiesto), ma la potenza di Dio, come conferma l'espressione «coprire con l'ombra» che, nell'Antico Testamento, serve a descrivere la presenza di Dio nel *sancta sanctorum* del Tempio di Gerusalemme o, come nel finale del libro dell'*Esodo*, dove Dio copre con la sua ombra, in forma di nube, la tenda del convegno, a confermare il patto. Cosí ora Maria è diventata la «tenda» del nuovo patto, dove dimora lo spirito di Dio. Risultato? La nascita del Messia.

Con questo, vengo alla promessa messianica; se vuole, possiamo considerarla un'allegoria politica; in realtà, è qualcosa di piú. È ciò su cui si basa la speranza cristiana: che Gesú, il figlio di Maria, sia il Messia, promesso da Dio per il riscatto del popolo ebraico. È una promessa politico-religiosa. Noi oggi abbiamo perso, con la secolarizzazione, la percezione dell'intreccio tra politica e religione tipica del mondo antico. Il re era un unto di Dio; il Messia liberatore era un inviato di Dio. Dio si occupava continuamente delle cose umane, se vuole, di politica; né la politica poteva trascurarlo. Altri tempi.

AUGIAS Torno al sogno di Giuseppe per fermarmi sul versetto dove si legge: «Tutto questo è avvenuto perché si compisse ciò che era stato detto dal Signore per mezzo del profeta: "Ecco, la vergine concepirà e darà alla luce un figlio"». Compare qui il termine «vergine» sul quale molto si è discusso poiché in quella profezia l'originale ebraico porta *almah* che ha il significato di «giovinetta», non di «vergine» nel senso di donna che non ha conosciuto uomo (*virgo intacta*). *Almah* si può tradurre con «vergine» solo forzandone un po' il senso; in realtà si tratta di una giovinetta dunque presumibilmente vergine; come in tedesco dove vergine è per l'appunto *Jungfrau*, ovvero «giovane donna». Quando è avvenuto, ad opera di chi, il notevole salto di significato tra *almah* e «vergine»?

FILORAMO Per risponderle, mi permetta di sottolineare il modo sintetico in cui il tema della verginità è presentato in Matteo, che appunto la fa risalire alla profezia di Isaia per la casa di Davide, in cui viene annunciata, otto secoli prima, la nascita di un bambino. Il testo veterotestamentario effettivamente dice che questo bambino sarà concepito e dato alla luce da una *almah*, una «giovane donna»: «Ecco, la giovane donna concepirà e partorirà un figlio, che chiamerà Emanuele», letteralmente nell'originale ebraico. Però nella versione greca della Bibbia di cui Matteo disponeva, i «Settanta», nonostante secondo la leggenda fossero ispirati da Dio, commisero un errore traducendo *almah*, «giovane donna», con *parthenos*, «vergine», anche se la parola ebraica per indicare una donna che non ha conosciuto uomo, quindi prima del matrimonio, è un'altra, *betulah*. Ed ecco come, in conseguenza di questo errore, Gesú finí per nascere non da una «giovane donna» ma da una «vergine».

AUGIAS Non è poco, anche perché solo pochi fedeli sono al corrente di queste diciamo sviste che confermano il detto «traduttore-traditore». Sottopongo alla sua analisi un altro versetto di Matteo, quello conclusivo in cui leggiamo, nella versione Cei 2008, che Giuseppe: «Prese con sé la sua sposa; senza che egli la conoscesse, ella diede alla luce un figlio ed egli lo chiamò Gesú». Ma se stiamo alla lettera della traduzione – ad esempio «e non la conobbe finché ebbe partorito un figlio» nella versione dei Vangeli a cura di Giancarlo Gaeta che sembra piú vicina al senso effettivo dell'episodio – dovremmo intendere che dopo la nascita di Gesú, figlio dello Spirito, Giuseppe poté finalmente completare il sospirato rapporto coniugale con Maria.

FILORAMO In effetti, è una possibilità. Non voglio entrare nell'intricata questione dei «fratelli» e delle «sorelle» di Gesú, ovvero se questi erano veramente fratelli carnali e non fratellastri secondo l'ipotesi per cui Giuseppe quando si fidanza con Maria era già vedovo con figli; né se fossero solo cugini – come ha sostenuto la tradizione cattolica che ritiene vergine Maria anche dopo il parto. Se si escludono queste due ipotesi rimane una sola possibilità: dopo la nascita verginale di Gesú, i due sposi si sono biblicamente conosciuti e hanno messo su una nuova famiglia.

AUGIAS Un'interpretazione letterale del versetto ci permetterebbe di dirimere l'annosa questione dei «fratelli» di Gesú, uno dei quali, Giacomo, diventerà capo della comunità di Gerusalemme, oggi diremmo vescovo. Lo storico Giuseppe Flavio nel suo *Antichità giudaiche* lo definisce appunto «Fratello di Gesú, il cosiddetto Cristo». Cosí fa anche Paolo nella *Lettera ai Galati*. Ne parleremo piú avanti. Questo ritratto di Giuseppe ci ha restituito un personaggio umile e appartato, un padre adottivo al quale suo figlio Gesú non dedica nemmeno una parola, un uomo che merita il titolo di santo non per azioni eroiche né per prove di particolare sapienza ma solo per la paziente rassegnazione con la quale s'è adattato a un ruolo cosí ingrato. Sua moglie ha avuto il titolo di «Madre di Dio» essendone come ogni creatura mortale anche figlia. Nel canto XXXIII del *Paradiso* Dante dedica versi sublimi a questa straordinaria e anzi unica condizione creata dalla teologia: «Vergine madre, figlia del tuo figlio» la definisce giustamente con un doppio paradosso: vergine e madre, figlia del figlio. A Giuseppe nessuno ha pensato di dare un titolo equivalente. Se ne deve dedurre che mentre Maria è considerata madre sia del Gesú Dio sia del Gesú uomo, Giuseppe è padre adottivo solo dell'uomo, lasciando la divinità in esclusiva a sua moglie. Sono le acrobazie alle quali talvolta devono ricorrere le costruzioni teologiche.

FILORAMO Rimane il fatto che Gesú può essere legittimato come Messia – che non è poco – soltanto in quanto figlio di Giuseppe della casa di Davide. È anche vero, come lei ha sottolineato, che nei Vangeli, se si eccettua il caso del Vangelo dell'infanzia di Matteo, il suo ruolo è del tutto secondario. Lo si nomina, infine, come padre di Gesú quando la gente si interroga ironicamente: «Non è costui il figlio di Giuseppe, il falegname?», come in Luca e in Matteo; e in Giovanni: «Costui non è forse Gesú, il figlio di Giuseppe? Di lui non conosciamo il padre e la madre? Come dunque può dire: "Sono disceso dal cielo"?» Poi, nei Vangeli canonici, di Giuseppe non si riparla piú.

AUGIAS E nemmeno nella teologia. Ci si è ricordati di lui solo per intitolargli (papa Pio XII nel 1955) la festa di san Giuseppe lavoratore per bilanciare in qualche modo quella laica e socialista del Primo maggio. Confesso: quest'uomo cosí negletto m'ispira una particolare simpatia.

XI.
IRROMPE IL POPOLO

C'è nei Vangeli un grandioso protagonista collettivo che non può essere ignorato: il popolo. Sono le turbe che seguono Gesú talvolta contestandolo, piú spesso ascoltando rapite la sua parola, soggiacendo al suo magnetismo. È il popolo che interviene e grida, che lo accoglie a Gerusalemme incerto se invocare un capo spirituale, l'atteso Messia, o un liberatore d'Israele. In quella drammatica giornata (diventata nella tradizione cristiana la Domenica delle Palme) lo acclama come re cosí contribuendo a comprometterlo davanti al potere romano che, mescolate alla folla, ha le sue spie. Pochi giorni dopo quel popolo ne reclamerà il supplizio, cercando d'imporre al procuratore romano una sentenza – se dobbiamo credere al racconto di Matteo: «E tutto il popolo rispose: "Il suo sangue ricada su di noi e sui nostri figli"». Non sono le stesse persone che lo avevano accolto ma è lo stesso popolo, entità mobile agitata da molte contrastanti passioni nel confuso tentativo di farsi motore della propria storia ponendo fine al dominio d'un arrogante potere pagano.

Ci sono scene dei Vangeli che quasi anticipano il teatro elisabettiano o il romanticismo popolare di Victor Hugo, territori urbani o rurali gremiti di folle in tumulto quali Roma e l'Europa hanno conosciuto a piú riprese; anche la narrazione evangelica conosce i grandi drammi, la veloce mutevolezza del pensiero, di cui spesso il popolo si rende protagonista.

Un popolo di contadini e pastori, operai e pescatori, gente di vita cosí sobria quale oggi non è possibile immaginare. Ridotte al minimo le necessità quotidiane di cibo, vestimenti, abitazioni, costumi semplici per cui poco distingue il ricco dal povero; solo il miserabile, quello che manca di tutto, è riconoscibile nella sua condizione di abietta indigenza.

L'economia è rudimentale, il clima per lo piú è temperato; in prossimità del mare – dove raramente si conoscono le punte estreme del freddo – la vita diventa meno aspra.

Il terreno, soprattutto a nord verso la Galilea, è verdeggiante, ci sono pascoli, acque, alta vegetazione; meno ricco se si scende a sud e s'arriva in Giudea. Secondo la profezia del Deuteronomio, *lí il popolo degli israeliti avrebbe trovato «una buona terra: terra di torrenti, di fonti e di acque sotterranee, che scaturiscono nella pianura e sulla montagna; terra di frumento, di orzo, di viti, di fichi e di melograni; terra di ulivi, di olio e di miele; terra dove non mangerai con scarsità il pane, dove non ti mancherà nulla». Grano e olivo non chiedono molta acqua, crescono spontanee le palme che danno i carnosi frutti dei datteri, fichi e mandorli non vogliono gran cura; le api laboriose procurano un miele dolcissimo, cola denso sul pane e ne fa nobile nutrimento. Pecore e capre brucano dove possono, gli asini dallo sguardo mansueto, docili al comando, assicurano il trasporto delle merci e dei piú deboli.*

Questo popolo è tenuto insieme da un'immensa speranza, retto da una legge antichissima scritta, racconta il mito, sotto diretta dettatura divina. È la Torah, la legge per eccellenza che non regola solo la proprietà, l'alimentazione, i costumi sessuali, ma impone un principio morale, ordina non solo la società e i rapporti familiari ma la stessa esistenza spirituale dei singoli; nessuna legge né a Roma né in Grecia era mai arrivata a cosí complete prescrizioni per la vita quotidiana degli esseri umani. Il supremo ordinamento morale degli israeliti è sconosciuto a tutte le altre genti, i figli di Abramo, Isacco e Giacobbe sono diventati il popolo prediletto da Dio, superiore agli idolatri ancora dediti a culti primitivi contaminati dalla prostituzione sacra, religioni spesso ridotte alla vuota scorza dei loro riti pomposi, non di rado crudeli.

Questo popolo è abitato dal meraviglioso, ignora o rifiuta le spiegazioni che scienza e filosofia cominciano a dare al funzionamento del mondo; nell'ultimo secolo prima dell'era volgare, Lucrezio ha dato la sua visione disincantata della natura delle cose; questo popolo invece pensa ancora che i fenomeni naturali dipendano dal capriccio divino, scambia i disturbi nervosi per possessione diabolica, confida di poter cambiare, pregando, le leggi del Creato – crede che sia possibile fermare lo stesso corso del sole.

Nella smisurata fiducia in se stessi, nelle facoltà visionarie di alcuni spiriti vibratili, c'è però anche la loro forza. Molti secoli prima dell'era volgare, Isaia aveva profetizzato un'era di pace tra le nazioni: «"Venite, saliamo sul monte del Signore, al Tempio del Dio di Giacobbe, perché ci insegni le sue vie e possiamo camminare per i suoi sentieri". Poiché da Sion uscirà la legge e da Gerusalemme la parola del Signore. Egli sarà giudice fra le genti e arbitro fra molti popoli. Spezzeranno le loro spade e ne faranno aratri, delle loro lance faranno falci; una nazione non alzerà piú la spada contro un'altra nazione».

Anche Geremia figlio di Helkia della tribú di Beniamino aveva intravisto la luce futura portata da un Messia e aveva detto: «Ecco, verranno giorni – oracolo del Signore – nei quali io realizzerò le promesse di bene che ho fatto alla casa d'Israele e alla casa di Giuda. In quei giorni e in quel tempo farò germogliare per Davide un germoglio giusto, che eserciterà il giudizio e la giustizia sulla terra. In quei giorni Giuda sarà salvato e Gerusalemme vivrà tranquilla».

In mezzo a cento sventure Daniele aveva offerto nel suo libro la speranza di un Messia venuto a segnare una palingenesi universale. Negli anni del dolore e dell'esilio, Gerusalemme cessa di essere solo una città, diventa un mito addolcito dalla nostalgia, un luogo dell'anima, l'ideale d'una comunità perfetta.

Utopie, sogni di una società finalmente compiuta, unico popolo della terra a fare dell'età dell'oro non una perduta, irripetibile, esperienza del passato bensí un obiettivo che si realizzerà nel futuro. La perfezione arriverà solo alla «fine dei giorni», quando il male e la guerra saranno eliminati, e «il lupo dimorerà insieme con l'agnello» e «la conoscenza del Signore riempirà la terra come le acque ricoprono il mare».

Ecco il Messia: un popolo perseguitato, esule, reso schiavo, cosí spesso colpito dalla sventura, vedrà l'unto del Signore scendere dalle nubi del cielo per guidare il genere umano verso la giustizia, instaurare il Regno di Dio – Malkhuth Shaddai.

Passano i secoli, sorgono e tramontano le dinastie e i regni, cambiano le leggi, Eretz Israel, la terra d'Israele, perde nuovamente la libertà, diventa una provincia soggetta a uno smisurato potere straniero, questa volta sono i soldati di Roma a calpestare il suo suolo, a violare, come oserà fare Pompeo, perfino il sancta sanctorum *del Tempio.*

Eppure, nonostante i cambiamenti profondi imposti dalle armi, portati dagli anni e dalle sventure, resta nell'animo degli israeliti la memoria di un passato lacrimevole e glorioso, la consapevolezza d'una religione senza uguali sulla terra.

*Cuore del culto è il Tempio costruito da re Salomone per volere di suo padre, Davide. Distrutto una prima volta da Nabucodonosor, sei secoli prima dell'era volgare, ricostruito al ritorno dall'esilio babilonese, infine ampliato da re Erode il Grande – questo è il Tempio che Gesú frequenterà fino alla celebre ed enigmatica scena in cui ne caccia i mercanti. È nel Tempio che batte il cuore sacro del popolo d'Israele, nei sacrifici che i leviti devono compiere ogni giorno come prescrive il libro dell'*Esodo*: «Ecco ciò che tu offrirai sull'altare: due agnelli di un anno ogni giorno, per sempre. Offrirai uno di questi agnelli al mattino, il secondo al tramonto». Nel sacro recinto del Tempio il popolo d'Israele si riconosce uno, nei sacrifici della Pasqua, in quelli della purificazione delle donne dopo il parto. Il Tempio è per tutti, anche per chi non ha abbastanza cibo da mettere sotto i denti, anche per chi non ha mai imparato a leggere e a scrivere e non possiede altra sapienza che qualche versetto mandato a memoria. Bisogna sapere con quale popolo Gesú avrà a che fare per capire le svolte spesso drammatiche o repentine degli avvenimenti e degli umori, altrimenti inspiegabili. Sono queste le pecore smarrite della casa d'Israele che Gesú vuole redimere con la forza della sua parola, con l'esempio della sua vita, con il finale sacrificio sulla croce.*

AUGIAS Uno dei soggetti che compare qua e là nei Vangeli è il popolo ovvero le turbe che assistono alla predicazione di Gesú, talvolta lo seguono, hanno reazioni diverse di fronte alla sua presenza e alle sue parole, ora accettandole ora rifiutandole. Questo soggetto collettivo costituisce lo sfondo mobile, non sempre affidabile, sul quale il protagonista si muove. Il suo mutevole atteggiamento sembra anticipare la fisionomia popolare, mutevole anch'essa, capace di svariare dall'adorazione alla ferocia, che molti secoli dopo il sociologo francese Gustave Le Bon analizzerà nel celebre saggio *Psicologia delle folle* (1895). Possiamo descriverlo, questo popolo, nelle sue diverse manifestazioni?

FILORAMO Un cenno alla terminologia può essere utile anche perché oggi il termine popolo è gravato da vari significati politici devianti. Possiamo scansare l'insidia ricordando che nel greco del Nuovo Testamento il termine che indica il particolare soggetto da lei ricordato è *ochlos* che significa «folla», «moltitudine», un insieme di persone che si raggruppano ora ordinatamente, ora senza ordine seguendo gli umori del momento, secondo logiche particolari. Il testo di Le Bon che lei citava conserva in questo caso la sua importanza anche se, aggiungo, lui aveva in mente quelle masse, quei soggetti collettivi, che in Francia, per esempio nel 1871 con la Comune, erano diventate attori sociali protagonisti di eventi significativi. Le sue osservazioni comunque restano utili per capire che le folle dei Vangeli sono un importante soggetto sociale anonimo. C'è poi un altro termine, *laos*, che corrisponde piú precisamente al nostro «popolo»: ma in genere si tratta di un soggetto teologico. Israele era il popolo scelto da Dio; cosí la nuova comunità dei seguaci di Gesú è la sua erede, il nuovo popolo scelto da Dio e consacrato dalla sua fede in Cristo. Vi sono infine i «popoli» in senso etnico (in greco *ethne*, le genti a cui si rivolge la missione di Paolo). Dunque, per ritornare a noi, ciò che ci interessa è la folla, che rimanda a un gruppo di persone che prima di tutto segue e accompagna Gesú nella sua predicazione. Questo popolo è un popolo in genere positivo, un protagonista interessante. È una realtà che possiamo considerare plausibile se pensiamo all'iscrizione romana *Senatus populusque*. Stiamo parlando di un periodo in cui la Palestina era soggetta all'Impero romano, e a Roma il popolo era una realtà politica fondamentale.

AUGIAS Cosí importante che la storia romana è piena di episodi che mostrano fino a che punto i potenti dovessero ingraziarsi le masse. In alcuni scontri politici, la scelta del popolo poteva risultare determinante. Gli stessi imperatori ne cercavano l'appoggio con elargizioni, giochi, feste. *Panem et circenses* è una formula diventata proverbiale – del resto continua a funzionare anche oggi.

FILORAMO Non voglio dire che la folla che segue Gesú sia un soggetto politico, certamente è una plausibile realtà collettiva. La società è dominata dall'oralità e Gesú si presenta come un grande predicatore, le parabole e i loghia che

gli vengono attribuiti sono di notevole efficacia, la folla accorre per ascoltarlo, per vederne i prodigi.
Già il Battista aveva attirato a sé folle. Nell'immagine di Gesú offerta dal Vangelo di Marco c'è un tratto stereotipo: Gesú è circondato dalla folla che per lo piú nutre verso di lui un atteggiamento neutrale o positivo. Il concetto di «folla» che può avere una connotazione negativa (per esempio, quando in Grecia si parla di «oclocrazia»), in Marco viene usato in senso positivo. Soltanto nel racconto della passione le cose stanno diversamente: qui il concetto ricorre, da un lato, per indicare un «gruppo militare»; dall'altro, per segnalare una folla demagogicamente disponibile, che chiede la morte di Gesú.
Faccio un esempio preso dal Vangelo di Giovanni. Siamo a Betania, dove Gesú aveva risuscitato Lazzaro, sei giorni prima della passione, nella casa di Marta e Maria: «Intanto una grande folla di Giudei venne a sapere che egli si trovava là e accorse, non solo per Gesú, ma anche per vedere Lazzaro che egli aveva risuscitato dai morti. I capi dei sacerdoti allora decisero di uccidere anche Lazzaro, perché molti Giudei se ne andavano a causa di lui e credevano in Gesú. Il giorno seguente, la grande folla che era venuta per la festa, udito che Gesú veniva a Gerusalemme, prese dei rami di palme e uscí incontro a lui gridando: "Osanna! Benedetto colui che viene nel nome del Signore il re d'Israele!" Gesú, trovato un asinello, vi montò sopra, come sta scritto: "Non temere, figlia di Sion! Ecco, il tuo re viene, seduto su un puledro d'asina". I suoi discepoli sul momento non compresero queste cose; ma, quando Gesú fu glorificato, si ricordarono che di lui erano state scritte queste cose e che a lui essi le avevano fatte. Intanto la folla, che era stata con lui quando chiamò Lazzaro fuori dal sepolcro e lo risuscitò dai morti, gli dava testimonianza».
In questo passo incontriamo tre tipi di folla. La prima è quella di cui abbiamo già parlato: è la folla, se preferisce il popolo, attratta dalla fama e dalle azioni straordinarie di Gesú, la stessa per la quale Gesú aveva compiuto il miracolo della moltiplicazione dei pani e dei pesci – secon-

do Giovanni si trattava di circa cinquemila persone, la folla che era stata con lui quando aveva risuscitato Lazzaro. È come un coro greco, che accompagna Gesú nel suo peregrinare; a differenza del coro però non parla, non commenta, dà solo testimonianza.

AUGIAS Il numero consistente e l'adesione al suo insegnamento di cui questa folla dà prova è ciò che impensierisce i farisei che complottano contro Gesú e si convincono ulteriormente che un tale agitatore è meglio toglierlo di mezzo.

FILORAMO C'è poi una seconda folla, che accorre da Gerusalemme, a dimostrare l'eco dell'azione di Gesú. Poiché siamo nell'imminenza della Pasqua, entra infine in scena una terza folla, quella delle moltitudini di pellegrini che per l'occasione – come era stato per Giuseppe e Maria nell'episodio di Gesú al Tempio – accorrevano da tutte le parti della Palestina e della diaspora. Questa è la folla che accoglie Gesú: piú anonima e indistinta. Come tre cerchi concentrici, che hanno al loro centro Gesú, il predicatore carismatico: il cerchio piú piccolo, composto dalla folla che gli rende testimonianza; quello di mezzo la folla che, incuriosita, si spinge fino a Betania; infine, il piú grande: una folla mobile e ondeggiante, che lo accoglie festosa, ma può anche rivoltarglisi contro.

AUGIAS Le parabole attribuite a Gesú sono chiaramente adatte a una folla e a un popolo rurali. Le metafore rimandano continuamente al mondo agro-pastorale: gli uccelli, il lavoro nei campi, il gregge, la mietitura, il pastore, la pecora smarrita. Sono tutte storie che una folla formata da pastori e contadini analfabeti poteva facilmente comprendere.

FILORAMO Non dimentichiamo i pescatori! La storia comincia in Galilea, dove esiste un grande lago, Tiberiade, a volte chiamato in maniera enfatica Mar di Galilea. Le parabole sono adattate a questo tipo di uditorio come del resto deve sempre fare il buon oratore: adattare le parole al livello del suo uditorio. La Palestina ai tempi di Gesú non era una realtà economicamente povera, soprattutto nelle zone settentrionali; la Galilea era – ed è – verdeggiante, dispone d'una certa ricchezza di corsi d'acqua che rendono possibili numerose coltivazioni. Poi c'è la Samaria già piú montagnosa, infine la zona piú problematica della Giudea con il suo deserto e la profonda depressione del Mar Morto. Come sceglie i primi discepoli Gesú, nel racconto di Marco? Giovani uomini che stavano pescando, intenti al loro lavoro. Dovevano possedere delle barche, non erano proprio dei servi. Come fa questa piccola folla di adepti sedotti dalla sua parola, probabilmente anche dal magnetismo della sua persona, a seguire Gesú? Non dovevano lavorare per vivere? Non avevano famiglia, figli da mantenere? A me non sorprende che abbandonino tutto e lo seguano. Consideri come il popolo agisce a Roma: un soggetto mobile, cambia opinione con velocità impressionante, si spacca in fazioni diverse che lottano tra loro fino a uccidersi. Sono folle guidate da abili capipopolo. È il quadro che abbiamo sotto gli occhi che a mio parere rende realistico che in Palestina si formino gruppi piú o meno numerosi di persone guidate da un profeta, da un Messia carismatico.

AUGIAS Prima ho citato il sociologo francese Gustave Le Bon ma a illustrare la psicologia della folla aveva già pensato Shakespeare con la celebre scena del suo *Giulio Cesare* dove, appena commessa l'uccisione, prima Bruto convince la folla della legittimità politica d'aver soppresso il tiranno, subito dopo Marc'Antonio la persuade con uguale facilità del contrario.

Nei Vangeli leggiamo due episodi che ricordano la tragedia del Bardo. La domenica che nel mondo cristiano si chiama «delle Palme» Gesú entra a Gerusalemme osannato dalla folla che arriva a chiamarlo re! Pochi giorni dopo un'altra folla, se non la stessa, ne reclama a gran voce la crocifissione.

Vorrei ora stimolare il suo commento su un altro celebre episodio, certamente uno dei piú noti del racconto evangelico, seppure enigmatico. È la scena della cacciata dei mercanti dal Tempio. Questi mercanti erano essenzialmente di due specie: i venditori di animali per i sacrifici e i cambiavalute. Affollavano il vasto colonnato esterno al Tempio e forse anche il primo enorme cortile detto dei Genti-

li, infatti di libero accesso. Probabilmente vociavano, il coro dei loro richiami si sovrapponeva ai versi degli animali offerti ai pellegrini in un caos che ovviamente aumentava nei giorni di grande afflusso. Il giovedí di cui stiamo parlando era appunto uno di quei giorni. Siamo nel periodo pasquale, in città sono convenute migliaia di persone, lo stesso procuratore Pilato ha lasciato la sua residenza abituale a Cesarea Marittima ed è salito a Gerusalemme per meglio controllare l'ordine pubblico. Gesú arriva al Tempio accompagnato da alcuni suoi seguaci e dà vita al famoso episodio accompagnato da parole terribili: «Sta scritto: "La mia casa sarà chiamata casa di preghiera". Voi invece ne fate un covo di ladri».
Ho definito enigmatico l'episodio perché quei mercanti servivano al funzionamento del Tempio; senza cambiavalute e senza venditori di animali non era possibile fare sacrifici. Cacciarli voleva dire impedire i riti quindi l'episodio può essere interpretato solo in senso metaforico perché preso alla lettera non ha senso. Siccome stiamo parlando del rapporto tra Gesú e la folla potremmo dire che in questo caso è Gesú che contrasta il comportamento e le abitudini della folla. Come dobbiamo interpretare questo evento? Tenuto anche conto che Giovanni lo colloca all'inizio dell'attività pubblica di Gesú, i tre sinottici (Marco, Luca, Matteo) invece alla fine facendone in pratica la causa del successivo arresto.

FILORAMO Comincio dalla seconda questione, che condiziona la risposta alla prima. Quale cronologia seguire: quella giovannea, che pone l'episodio all'inizio della predicazione di Gesú, subito dopo il battesimo, la scelta dei discepoli e il primo dei segni (nozze di Cana), o quella dei sinottici, che lo collocano alla fine del ministero pubblico di Gesú, nel momento in cui sale per la prima volta a Gerusalemme dove sarà arrestato? Personalmente, trovo piú convincente la collocazione sinottica: un affronto cosí grave non poteva rimanere impunito, come invece accade in Giovanni, dove Gesú in seguito può visitare ancora altre volte il Tempio e continuare la sua predicazione. Nel racconto dei sinottici invece la punizione non si farà attendere. Inoltre, per essere in condizione di purificare il recinto del Tempio, Gesú doveva avere uno status pubblico come profeta e predicatore, cosa che non ha ancora in Giovanni.

AUGIAS Ma in che cosa poteva consistere l'impurità, un'impurità tale da richiedere una cosí spettacolare purificazione?

FILORAMO A prescindere dalle peculiarità delle due versioni (per esempio, solo in Giovanni compaiono buoi e pecore, Gesú prepara la sferza e pronuncia certe parole), nonostante la forte discordanza cronologica vi sono molti tratti in comune: il fatto che l'azione avvenga nel recinto del Tempio; la cacciata dei venditori di colombe; il rovesciamento dei banchi dei cambiavalute. Ma sinottici e Giovanni concordano soprattutto nell'interpretare l'azione di Gesú come un gesto profetico, una protesta contro la profanazione della casa di Dio e un segno che la purificazione messianica del Tempio è imminente. Ognuno degli evangelisti conferma poi questa interpretazione con accenti particolari. Giovanni prepara a suo modo la scena facendo precedere l'episodio delle nozze di Cana, con l'abbondanza di vino tipica del tempo messianico. Luca inserisce poco prima la predizione della distruzione di Gerusalemme. In Matteo, l'episodio è seguito dalla maledizione dell'albero di fico. Che cosa vogliono dire questi episodi? Che il giudaismo istituzionale, col Tempio, è stato messo in crisi dalla morte e resurrezione del Messia, il Cristo.

AUGIAS Caro professore, la sua è un'interpretazione teologica di seguaci di Gesú successiva alla distruzione del Tempio, risale cioè agli anni in cui furono redatti i Vangeli. Ma gli ebrei (la folla!) che fossero stati presenti alla scena non l'avrebbero certo interpretata in questo modo. Che cosa poteva allora spingere Gesú a contrastare il sentimento di una folla che era presente in gran numero nei recinti del Tempio per celebrare i sacrifici prescritti dalla Legge?

FILORAMO Io penso che una spiegazione plausibile ci sia: la coscienza profetica di Gesú. Marco e Matteo, per spiegare la sua azione, citano Geremia: il Tempio è diventato un covo di ladri. Gesú aveva anche profetizzato che Dio avrebbe distrutto il santuario di Gerusalemme (un'altra tipica profezia *post eventum*!) Ricordo ancora il caso dei fedeli di Qumran, che due secoli prima di Gesú, lo abbiamo visto, si erano allontanati da Gerusalemme proprio perché ritenevano che il Tempio fosse diventato un luogo impuro, abbandonato dalla gloria del Signore. Del resto, il profeta Zaccaria, che scrive dopo la distruzione del primo Tempio – quello di Salomone – ad opera dei Babilonesi nel 587-586 a.C., aveva promesso che nel giorno del Signore tutto sarebbe stato santo in Gerusalemme e non ci sarebbe stato neppure un mercante nel Tempio. Potrei continuare. Gesú, agendo in quel modo, non solo si sente legittimato dai precedenti profetici, ma tende ad accreditare la sua azione nel modo che i grandi profeti biblici avevano predetto.

AUGIAS Resta un altro problema. Lei parla di impurità e di purificazione. Posso immaginare che i cambiavalute un po' imbrogliassero come s'è sempre fatto ovunque nel mondo; che i venditori di animali gridassero in modo scomposto anche questionando tra di loro, che gli stessi animali sporcassero qua e là come fanno gli animali. Consisteva in questo l'impurità?

FILORAMO Già Geremia aveva avvertito che nel Tempio avvenivano commerci illeciti. Ahimè, da che mondo è mondo l'occasione fa l'uomo ladro, anche in Chiesa o nel Tempio: l'idea che Dio può vederlo lí meglio che altrove evidentemente non è sufficiente a fermarlo. Intanto, comprare gli animali per il sacrificio poteva costare anche molto caro e dunque – come ogni mercato che si rispetti – il Tempio diventava inevitabilmente luogo di commerci, leciti e illeciti (va osservato, *en passant*, che Gesú non si scaglia contro i sacrifici: in questo, come in altri suoi atteggiamenti, si dimostra un pio ebreo rispettoso della Legge). Occorre poi non dimenticare, per quanto riguarda la presenza dei cambiavalute, che, a motivo dei ritratti imperiali o pagani che vi erano impressi, i denari romani e le dracme attiche non si potevano usare nel recinto del Tempio per ragioni di idolatria (penso al racconto di Gesú relativo al tributo a Cesare), e occorreva di conseguenza cambiarli. Ecco allora entrare in scena i cambiavalute, che potevano praticare un cambio libero, tutto a loro vantaggio: un furto legalizzato. I templi antichi erano luoghi di scambi e di commerci: quello di Gerusalemme non faceva eccezione, tanto piú quando, come durante la Pasqua, era frequentato da decine di migliaia di pellegrini. Un'occasione imperdibile, per chi avesse voluto approfittarne! Su questo sfondo, l'azione di purificazione di Gesú mi sembra credibile, tanto piú se la leggiamo come un'azione profetica, compiuta, come nei sinottici, nella consapevolezza che la fine è vicina. Di qui quel contrasto con la folla cui lei accennava, che però nella mia rilettura, acquista un senso diverso: come di sfida. Si capisce meglio come almeno una parte di questa folla, che vedeva messo in discussione uno dei suoi pilastri di fede, potesse poi votare per la sua condanna.

AUGIAS Se dalla generica folla gerosolimitana passiamo al ristretto gruppo dei discepoli, assistiamo a un ulteriore – e ancora piú grave – episodio di mutevolezza. Siamo al giovedí nel quale Gesú viene arrestato. Si è ritirato con i suoi in una località appena fuori Gerusalemme detta Orto o Giardino degli Ulivi. Presagisce che stanno per venire a prenderlo e prega pieno d'angoscia. I discepoli intanto dormono pacificamente salvo risvegliarsi di soprassalto all'arrivo delle guardie e darsi precipitosamente alla fuga giú per le balze del colle. Altro che Giuda! Ben poveri seguaci s'era scelto Gesú.

FILORAMO Se mai fossi stato io al loro posto, temo che non mi sarei comportato diversamente. Che cosa voglio dire? È un tipico caso in cui i discepoli, anche quelli a lui piú vicini, agiscono come nella vita reale. Il problema di un vero maestro, di ieri come di oggi (oggi mi sembra quasi piú difficile, forse impossibile), è di trasformare – elevandola – una persona comune mediante il suo insegnamento – e, se è un leader e un profeta, soprattutto attraverso il suo esempio. Gesú ci riesce proprio attraverso queste prove. Umano, troppo umano, come avrebbe detto Nietzsche (che però non avrebbe certo dato un giudizio positivo come il mio).

AUGIAS Ma i discepoli che si fanno trovare addormentati sono il terzetto dei piú fedeli: Pietro, Giacomo e Giovanni, che da vari indizi comprendiamo come fossero diventati quelli piú vicini a lui, la triade, per cosí dire, che faceva da mediatrice tra lui e gli altri discepoli.

FILORAMO Infatti, nell'episodio della trasfigurazione Gesú porta con sé soltanto quel terzetto. Se teniamo a mente questo, la loro responsabilità diventa piú grave. Se a addormentarsi in quel momento cruciale, e dopo l'invito di Gesú a star desti e pregare, sono proprio i discepoli a lui piú vicini, che cosa faranno mai gli altri? Una spiegazione possibile dal punto di vista storico è che l'arrivo delle guardie del Tempio venute ad arrestarlo sia diventato ai loro occhi di uomini ingenui, umili, illetterati, il segno del fallimento. Gesú trattato come un criminale voleva dire la fine del liberatore d'Israele e del capo spirituale che avevano seguito abbandonando casa, famiglia e lavoro.

AUGIAS Restringiamo ancora il fuoco del racconto e nel già ristretto numero dei discepoli isoliamo quello che Gesú ha scelto come capo e guida, cioè Pietro. Un uomo che viene descritto come buono e generoso, sicuramente però non di grande tempra e, dal punto di vista intellettuale, non certo all'altezza di Paolo. Tradisce il suo maestro piú volte. La prima nel cortile dell'interrogatorio quando additato da una donna – una fanatica delatrice – nega di aver conosciuto il Nazareno e di essere uno dei suoi seguaci. L'ultima quando, come racconta una leggenda, s'accinge a lasciare Roma preoccupato per le persecuzioni scatenate da Nerone. Lungo la via Appia, all'altezza del bivio oggi chiamato «Quo vadis?» incontra Gesú, o ne vede il fantasma, e si convince a rientrare in città per affrontare il martirio. A parte ogni altra considerazione si deve dire che Gesú non aveva la mano felice nella scelta dei suoi collaboratori. Aveva delegato l'amministrazione del tesoro del gruppo – esiguo che fosse – a Giuda, il comando del gruppo a Pietro: due uomini per ragioni diverse di scarsa affidabilità.

FILORAMO Tralascio per ora Giuda sul quale dovremo tornare. Quanto a Pietro, non voglio diventare il suo avvocato difensore, ma vorrei comunque portare qualche argomento a sua difesa, credo che in fondo lo meriti. Metto da parte il modo diverso in cui è presentato dai sinottici e da Giovanni. Mi limito a osservare che, mentre nei primi riveste un ruolo centrale, in certo senso domina la scena (nel bene e nel male), nel Vangelo giovanneo deve lottare con la concorrenza di altre figure, a cominciare dal fratello Andrea: alla fine, a dominare è la figura del misterioso discepolo amato, che finisce per rubare la scena a Pietro. Rimane il fatto che, complessivamente, egli è senz'altro il discepolo che compare piú frequentemente nei Vangeli canonici. Svolge il ruolo di rappresentante e di portavoce dei «diritti» del gruppo dei Dodici, a cominciare dal posto che occuperanno nel futuro Regno: una vera rivendicazione sindacale, che Gesú si affretta a bocciare.

AUGIAS Il caso forse piú famoso è quello della cosiddetta confessione di Pietro a Cesarea di Filippo raccontata da Marco che vale la pena di rileggere: «Poi Gesú partí con i suoi discepoli verso i villaggi intorno a Cesarea di Filippo, e per la strada interrogava i suoi discepoli dicendo: "La gente, chi dice che io sia?" Ed essi gli risposero: "Giovanni il Battista; altri dicono Elia e altri uno dei profeti". Ed egli domandava loro: "Ma voi, chi dite che io sia?" Pietro gli rispose: "Tu sei il Cristo". E ordinò loro severamente di non parlare di lui ad alcuno».

FILORAMO È uno dei passi piú discussi del Nuovo Testamento per ragioni confessionali, una sua particolare lettura sta alla base della rivendicazione della Chiesa cattolica di essere stata fondata dallo stesso Gesú, proprio attraverso la supposta elezione di Pietro.
Pietro è un personaggio umano, che si lascia guidare dall'istinto e dunque non poche volte inevitabilmente si contraddice. È irruento, agisce senza pensarci due volte, come nell'episodio della lavanda dei piedi, quando, unico tra i discepoli, si rifiuta di farsi lavare i piedi, non avendo capito il senso profondo del gesto, salvo poi rimangiarsi quan-

to ha detto dopo che Gesú glielo ha spiegato e aggiungere: «Signore, non solo i miei piedi, ma anche le mani e il capo!» Proprio questi suoi atteggiamenti un po' da sbruffone (non scordiamoci le sue umili origini) tradiscono però il profondo legame con Gesú. Di fronte alle cupe riflessioni del Maestro, che presagisce la dispersione del gruppo dei suoi seguaci dopo la sua morte, è sempre Pietro a proclamare la sua assoluta fedeltà: «Anche se tutti si scandalizzeranno, io no!» Sappiamo com'è andata a finire. L'irruenza di Pietro, la sua fedeltà al Maestro ma anche la sua potenziale violenza emergono al meglio nel Giardino del Getsemani. Giovanni precisa che è stato proprio Pietro a estrarre la spada e ad aggredire Malco, il servo del sommo sacerdote, tagliandogli un orecchio. Solo dopo l'intervento di Gesú, Pietro si calma e rinfodera la spada. Dunque, non piú un umile pescatore ma un discepolo armato, pronto a uccidere e a essere ucciso.

AUGIAS C'è chi ha voluto vedere in quel gesto impulsivo e pazzesco un segno del fatto che Pietro era in realtà uno zelota, che girava armato pronto alla sollevazione contro i Romani quando Gesú, il Messia, avrebbe dato inizio alla lotta finale.

FILORAMO Deduzione errata, a mio giudizio. Ho ricordato questi tratti del carattere di Pietro come i Vangeli li raccontano perché su questo sfondo si comprende meglio il suo comportamento contraddittorio nei giorni che precedono la morte di Gesú. Da un lato, egli rimane il leader dei discepoli preoccupati per la piega che le cose hanno preso; spergiura ripetutamente fedeltà al suo Maestro, si dice pronto a morire per lui e con lui. Dall'altro, c'è l'episodio del triplice rinnegamento, che smentisce clamorosamente quanto appena giurato.

AUGIAS Grande personaggio, su questo non si discute. Visto che stiamo parlando dei Vangeli come letteratura non c'è dubbio che Pietro con il comportamento simile a quello di un D'Artagnan piú attempato e robusto, impone continuamente la sua presenza, spavaldo o titubante, irruento e vile, preso da un amore per Gesú che qualche volta gli annebbia l'intelletto. Però resta la domanda: è davvero possibile fondare una Chiesa su una pietra, su una roccia, cosí friabile?

FILORAMO Tolte le differenze, pur importanti, tra i sinottici (e nei sinottici) e Giovanni, i testi concordano su due punti: da un lato, Pietro è l'unico dei discepoli che ha il coraggio (e la temerarietà: sapeva quel che rischiava) di seguire Gesú fin nel palazzo del sommo sacerdote; dall'altro, egli lo rinnega tre volte, ogni volta in modo piú grave. Me la potrei cavare, in questa evidente contraddizione, dicendo che è coerente con il temperamento spesso contraddittorio di Pietro. Ma è una spiegazione debole: il momento è decisivo. Penso invece che una spiegazione piú attendibile sia legata al problema della successione di Gesú, nella quale Pietro ha effettivamente una parte decisiva. I Vangeli canonici riflettono le prospettive teologiche di seguaci del Cristo seguendo traiettorie diverse. Nessuna di queste comunità ha identificato Pietro come il legittimo successore di Gesú, salvo, in parte, quella di Matteo. Dunque, gli autori devono dar conto del fatto che Gesú, al momento della sua morte – con l'eccezione del discepolo amato di Giovanni, che però rimane anonimo –, non ha fatto alcuna esplicita scelta di successione, anzi, ha piú volte predetto che i discepoli si sarebbero dispersi. Il tradimento di Pietro contribuisce a mettere in discussione una sua possibile pretesa di successione. In effetti, per i sinottici la scena del rinnegamento è l'ultima scena in cui Pietro compare: il problema della successione può rimanere aperto.

AUGIAS Mettendo da parte il problema della successione sul quale non si troverà mai un totale accordo, verrebbe da dire, visto che questo capitolo ha come soggetto portante il popolo, che nella figura di Pietro si condensano molte delle prerogative, qualità e difetti, popolari. Il che rende la sua figura di popolano robusto, ingenuo, contraddittorio ma in definitiva leale, particolarmente umana.

XII.
IL DOPPIO VOLTO DI PILATO

Il personaggio che nella sua evidente irresolutezza ha conquistato una statura drammatica di dimensione leggendaria è il procuratore della Giudea: Quinto Ponzio Pilato.

Perché si comportò come i Vangeli raccontano? Debolezza? Pavidità? O al contrario senso dello Stato? Oppure semplice indifferenza, se non disprezzo, per la sorte di uno dei tanti visionari in cerca di guai che s'aggiravano per quella piccola provincia riottosa?

Tutte le ipotesi sono state fatte, tutte le possibili versioni valutate e descritte sulla base delle scarse fonti disponibili, le quali danno comunque al personaggio qualche carattere riconoscibile. Certamente il procuratore non amava e non capiva quel popolo che ai suoi occhi doveva sembrare preda di un primitivo fanatismo religioso. Troppe e troppo profonde le differenze con la religiosità romana intrisa di patriottismo e prevalentemente rituale.

Un episodio, tra quelli tramandati, illustra bene questa diversa visione del mondo. Un certo giorno Pilato pensa che gioverebbe alla città di Gerusalemme un nuovo acquedotto in nome del benessere e dell'igiene. È possibile che nell'idea ci fosse anche una componente di orgoglio, essendo nota la straordinaria abilità romana nella costruzione di strade e acquedotti. Come scrive Strabone, i Romani provvidero con ogni cura a quelle cose che furono dai Greci neglette e cioè nell'aprire le strade, nel costruire acquedotti e nel disporre nel sottosuolo le cloache. La costruzione di un nuovo acquedotto va in quella direzione. Come finanziarlo però? Si potrebbe utilizzare, pensa Pilato, una parte dei fondi che giacciono inutilizzati nel Tempio. Sembra una buona idea: prelevare nel segno della civiltà romana un po' di quel denaro che serve a poco per dare a Gerusalemme un'opera di indiscutibile utilità.

Appena si comincia a mettere in pratica il progetto, scoppia una rivolta violentissima. Il palazzo del procuratore viene circondato dalla folla in tumulto. Pilato aveva ai suoi ordini alcuni reparti della XII Legione, Fulminata, composti per la gran parte di truppe reclutate nelle regioni mediorientali; il grosso dell'esercito si trovava in Siria, agli ordini del governatore di Siria-Palestina. Manda dunque i soldati a reprimere la rivolta con l'ordine però di non usare le spade. I soldati si limitano a disperdere la folla a bastonate ma, come riferisce lo storico Giuseppe Flavio, molti ugualmente morirono per le percosse.

Ci troviamo di fronte al gesto improvvido di un procuratore che poco ha capito dell'animo di coloro che dovrebbe amministrare ovvero, avendolo capito, ha deciso di non tenerne conto.

Pilato s'era dato da fare per avere quell'incarico. Essere nominato procuratore di una provincia, anche se si trattava di un territorio non ricco, popolato da genti litigiose, presentava il duplice vantaggio di un avanzamento nel cursus honorum *e di una discreta fonte di arricchimento a saper manipolare con qualche destrezza la riscossione delle imposte per il tesoro imperiale.*

Lo aveva aiutato a ottenere l'incarico la benevolenza di Lucio Elio Seiano, uomo ambiziosissimo, prefetto del pretorio cioè comandante militare imperiale – capo di stato maggiore interforze, diremmo oggi. Sarà a lungo il favorito di Tiberio fino a quando, caduto in disgrazia, non verrà, per ordine dell'imperatore, strangolato. Queste cose accadranno comunque di lí a qualche anno.

Ma perché un uomo di potere come Seiano avrebbe dovuto agevolare la carriera di un funzionario piuttosto modesto come Pilato? Un'ipotesi possibile è che, spedendolo laggiú, pensasse di sfruttarne la rozzezza facendone uno strumento per tenere a freno la riottosa popolazione giudaica. Una parte nel complesso gioco della nomina potrebbe però averlo avuto anche la moglie di Pilato, Claudia Procula, personaggio a sua volta notevole. Vale la pena di conoscerla, basti pensare che le Chiese cristiane d'Oriente la riconoscono come santa.

Claudia era figlia di Giulia, a sua volta figlia - dissoluta - di Ottaviano Augusto, dunque nipotina imperiale. Era cresciuta a corte conoscendo quindi, e praticando, le dissolutezze di quell'ambiente tante volte descritte. Quando Pilato la chiese in moglie acconsentí alle nozze che erano convenienti per entrambi: lui s'imparentava in qualche modo con la famiglia imperiale, lei - dopo una tumultuosa vita amorosa - acquisiva un nome modesto ma onorato come si sarebbe detto nell'Ottocento. Seiano benedí per cosí dire l'unione con-

cedendo a Pilato di portare con sé la moglie contravvenendo o alla consuetudine o addirittura alla legge.

Queste vicende sarebbero rimaste materia per specialisti di storia romana se a Pilato, in un certo giorno stabilito convenzionalmente nell'anno 33, non fosse toccato di dover dirimere un complesso caso giudiziario, emettendo la sua sentenza: assoluzione o pena capitale. Qui veniamo al cuore della vicenda.

Bisogna intanto ricordare in quali condizioni si celebrò il processo. Si era alla vigilia di Pesach, la pasqua ebraica che celebra la liberazione degli Ebrei dalla schiavitú del faraone. Gerusalemme era affollata di pellegrini venuti da ogni dove. Pilato aveva lasciato la sua bella residenza di Cesarea sulle rive del Mediterraneo (le sue rovine sono tuttora visibili), ed era salito a Gerusalemme per controllare da vicino l'ordine pubblico. Tutte circostanze che avevano accresciuto tensioni e nervosismo, anche a seguito dei disordini provocati al Tempio da Gesú e dai suoi seguaci.

La prima notizia dell'arresto di un agitatore effettuato dalle guardie del Tempio dev'essergli parsa trascurabile; l'ennesimo litigio tra fanatici religiosi, agli occhi di un romano un incidente incomprensibile, prima ancora che intollerabile. Questioni tra Giudei dalle quali è meglio stare alla larga. I rapporti sono già abbastanza difficili.

Invece non sarà possibile starne fuori. Le autorità del Sinedrio con in testa il sommo sacerdote Caifa, vogliono che intervenga e che sia lui a dirimere un caso di blasfemia che, per meglio spingerlo all'azione, rivestono di componenti politiche, compreso l'attentato alla figura dell'imperatore: quell'uomo vuole farsi re, dicono, merita il patibolo. La realtà è che Pilato è il solo che possa comminarla quella sentenza di morte; c'è bisogno di lui per mettere definitivamente a tacere l'importuno che sta sconvolgendo la religione dei padri e la stessa Torah. Premono su di lui, esigono una sentenza, finiranno per averla.

AUGIAS La Giudea, come tutte le province di confine, dipendeva direttamente dall'imperatore, il territorio era retto da un procuratore, nel nostro caso il famoso Ponzio Pilato, il quale aveva il suo diretto superiore in Siria, come

ricordato, e, per suo tramite, rispondeva all'imperatore regnante che, negli anni di cui parliamo, era Tiberio.
Il piú alto consesso assembleare che i Romani consentivano ai Giudei era il Sinedrio, composto di settantuno membri, organo amministrativo, giudiziario ma con potestà limitata ai reati minori, dotato anche di una certa ridotta facoltà legislativa. Tipico organo locale di minimi poteri com'è sempre avvenuto nei paesi occupati militarmente. Penso per esempio alla Francia di Vichy dove i rapporti tra nazisti e francesi non erano poi cosí diversi. In Palestina il giudizio sui reati maggiori e lo *ius gladii* ovvero il potere di disporre della forza armata e di infliggere le pene, *in primis* quella capitale, restava di esclusiva competenza dell'autorità romana.
Pilato ci viene incontro con due ritratti quasi opposti. I Vangeli lo descrivono indifferente o addirittura sprezzante nei confronti dei Giudei che alla sua mentalità di romano dovevano apparire come un popolo di fanatici monoteisti. Alcuni versetti evangelici lasciano addirittura trapelare la sua volontà di salvare Gesú dalla condanna. Dall'altra parte c'è però il ritratto che di Pilato ci hanno lasciato gli storici. Alcuni episodi significativi – compreso quello dell'acquedotto di cui riferisce il racconto d'apertura – descrivono l'uomo come un governante che ha capito poco del popolo che dovrebbe amministrare, cocciuto anche nelle prese di posizione che una maggiore saggezza consiglierebbe di moderare. Si può citare un altro episodio famoso, quello detto dei medaglioni. Un certo giorno il procuratore fa appendere fuori del Tempio dei grandi medaglioni sbalzati recanti l'effigie di Tiberio. Agli occhi dei Giudei il gesto appare come una doppia profanazione. I medaglioni violano il precetto religioso che proibisce l'esibizione di immagini, per di piú quelle immagini sacrileghe sono state affisse in prossimità del Tempio. Seguono giorni di tensione duramente repressi dalla truppa fino a quando Pilato deve tornare sulla sua incauta decisione. Pare che quella provocazione venisse fortemente disapprovata non solo dal governatore in Siria ma perfino a Roma. Che uomo era Pilato? A quale versione dobbiamo credere?

FILORAMO Lo storico non può che fare affidamento sulle due opere in cui Giuseppe Flavio ci parla di lui: la *Guerra giudaica* e le *Antichità giudaiche*. Si fa affidamento su questo scrittore per numerosi aspetti nella vita del giudaismo o sul suo ritratto del Battista, non vedo perché non si dovrebbe farlo sul modo in cui presenta Pilato.

Il nome per cosí dire anagrafico di Flavio era Yosef ben Matityahu, ovvero Giuseppe figlio di Matteo. Era stato un ufficiale dell'esercito giudaico nonché sacerdote e i sacerdoti potevano avere il dono della profezia. La sua storia è bellissima e strana. Incontra Vespasiano quando questi – futuro imperatore – è ancora comandante del corpo di spedizione romano in Palestina. Fatto prigioniero e portato davanti al generale romano per essere interrogato, gli profetizza che diventerà imperatore. Parole con le quali fa la sua fortuna. Seguiranno il trasferimento a Roma e la benevolenza sia di Vespasiano sia di suo figlio Tito. Affiliato alla dinastia dei Flavi, come dice il nome, scrive le sue storie a Roma e per i Romani; ma scrive per difendere un certo tipo di giudaismo di cui egli stesso aveva fatto parte.

AUGIAS La storia di Giuseppe Flavio viene tra l'altro ricordata per sottolineare quali conseguenze positive possa avere, a volte, il tradimento. Flavio ha tradito (fino a un certo punto) il suo popolo, in compenso ci ha lasciato due opere fondamentali per capire gli avvenimenti di quegli anni in Israele. Il suo ritratto di Pilato comunque è tutt'altro che benevolo.

FILORAMO Se confrontato con quello – tra l'altro, pressoché contemporaneo – che di lui ci dà Filone Ebreo nell'*Ad Gaium*, in cui riferisce di una sua missione diplomatica a Roma presso l'imperatore Caligola, non è poi cosí negativo. Filone esagera: fa di Pilato una macchietta, cosa che torna utile ai suoi scopi. L'insieme della presentazione di Giuseppe Flavio è certo negativa, ma piú equilibrata e decisamente da preferire.

Ponzio Pilato era di rango equestre, cioè apparteneva alla nobiltà minore: nelle parole di Cicerone, sarebbe stato un *homo novus*. Normalmente, per diventare prefetto, si faceva una carriera militare: dunque, è presumibile che Pilato avesse una certa esperienza come soldato. Se era stato mandato in Palestina, una regione periferica ma comunque turbolenta, era perché si riteneva che fosse in grado di controllare la situazione; inoltre quell'incarico non facile poteva essere un buon trampolino di lancio per scalare la gerarchia e accedere all'ordine senatoriale.

AUGIAS Secondo certe voci la scelta era stata favorita dal potentissimo liberto Seiano, come ricordato, che all'epoca in cui Pilato arriva in Palestina, anno 26 d.C., praticamente reggeva l'Impero da Roma, mentre l'imperatore Tiberio si godeva i suoi ozi nella splendida villa a Capri. Pare che anche la moglie di Pilato, Claudia Procula, si fosse adoperata perché suo marito ottenesse l'incarico.

FILORAMO Non corriamo troppo dietro alle voci – regola che ha valore sempre: allora e oggi. Pilato è rimasto in Palestina ben dieci anni senza essere rimosso: un caso eccezionale, che si giustifica solo col fatto che, nonostante una serie di incidenti riportati da Giuseppe Flavio (tra cui quello dei medaglioni da lei ricordato), per lo piú causati dalla sua incomprensione o cattiva interpretazione del mondo giudaico, la sua amministrazione non dovette essere cosí negativa. Nel complesso, nonostante limiti gravi, ne viene fuori l'immagine di un procuratore che pur tra numerose difficoltà riesce a mantenere il controllo della situazione.

AUGIAS Ricordo per inciso che alla breve dinastia dei Flavi – si completa con Domiziano dopo i due nomi da lei citati – si deve l'erezione del celebre anfiteatro romano noto nel mondo come Colosseo. A questo punto però si presenta una domanda: per quale ragione i ritratti di Pilato sono cosí diversi, anzi per alcuni aspetti addirittura opposti?

FILORAMO Siamo sicuri che le cose stiano proprio cosí? Certo, a prima vista, nei Vangeli Pilato viene presentato in modo piú favorevole, ma se proviamo a rileggere e a confrontare brevemente le diverse versioni del processo di Gesú, ci possiamo rendere meglio conto del ruolo da lui svolto e del fatto che esso non è cosí diverso da quello che ricaviamo da Giuseppe Flavio.

In Marco, la condanna a morte da parte dell'autorità giudaica viene emessa formalmente dal Sinedrio in una prima riunione notturna, subito dopo la cattura. Alla chiusura della riunione «tutti sentenziarono che era reo di morte». La decisione è partecipata, collegiale. Sembra che nessuno nel Sinedrio proponga di salvare Gesú. Il Sinedrio si riunisce una seconda volta al mattino e decide di consegnare Gesú ai Romani.

Luca sembra prendere le distanze da Marco: racconta di un interrogatorio di Gesú di fronte al Sinedrio, che però non emette formalmente un giudizio né proclama Gesú reo di morte. Sarà Pilato a condannare Gesú, anche se precisa che non ha fatto nulla che meriti la morte e afferma di non aver trovato nulla in lui meritevole di morte. È solo dopo l'insistenza dei sommi sacerdoti, dei capi e del popolo che Pilato mette a morte Gesú.

Matteo segue Marco, descrivendo la condanna al termine della prima riunione notturna del Sinedrio. Anche qui le pressioni sul procuratore sono forti, al punto che Pilato decide, sí, ma poi si lava le mani: gesto per cui è passato alla storia e l'aggettivo «pilatesco» è entrato nel nostro vocabolario (potenza di un gesto!) Infine, è in Matteo che troviamo l'affermazione, gravida di conseguenze, del popolo «Il suo sangue ricada su di noi e sui nostri figli»: è evidente che qui l'autore del Vangelo proietta indietro le polemiche tra Giudei e seguaci del Cristo tipiche della fine del I secolo.

AUGIAS Rimane Giovanni che ancora una volta fa storia a sé differenziandosi dagli altri resoconti.

FILORAMO Infatti, per cominciare non racconta di alcuna riunione del Sinedrio nella notte dell'arresto, descrive solo un faccia a faccia tra il sommo sacerdote Anna e Gesú, il quale viene poi portato da Caifa. In Giovanni, infatti, la riunione del Sinedrio è avvenuta molti giorni prima, quando Gesú non è ancora a Gerusalemme: è allora che si decide di ucciderlo. La riunione è organizzata dai sommi sacerdoti e dai farisei. Caifa sostiene l'opportunità politica dell'uccisione di Gesú e il Sinedrio segue il suo consiglio. Alla fine, è Pilato a decidere dopo l'interrogatorio di Gesú: le autorità giudaiche si limitano a catturare Gesú e a consegnarlo ai Romani.

AUGIAS Nel racconto di Giovanni, Pilato, non avendo trovato in lui motivi per una condanna, vorrebbe in modo inverosimile consegnare Gesú alle autorità giudaiche perché siano loro a condannarlo. Un'altra inverosimiglianza, cosí giudicata anche da autorevoli giuristi israeliani, è la scena in cui Pilato s'affaccia al loggiato per chiedere alla folla che cosa debba fare. Che un procuratore romano, forte del suo potere e del suo orgoglio, si facesse dettare la sentenza da una turba vociferante è storicamente assurdo. Alla fine, che cosa concludere?

FILORAMO Una convocazione improvvisa del Sinedrio in piena notte, seguita da un'altra al primo mattino, sembra altamente improbabile. Mentre è sicuro che è stata l'autorità romana, l'unica all'epoca ad averne il diritto, a decidere la condanna a morte per crocifissione, tipica del sistema romano.

AUGIAS Per gli Ebrei, la pena di morte prevista dalle Scritture era la lapidazione. Cosí nel caso dell'adultera poi salvata da Gesú, cosí nel caso di Stefano detto «il protomartire».

FILORAMO Anche l'atto del lavarsi le mani, che troviamo solo in Matteo (e nel Vangelo di Pietro) è poco plausibile: è un rituale giudaico di discolpa, che difficilmente un alto ufficiale romano avrebbe praticato. D'altro canto, il tentativo stesso di scagionarlo conferma che per Matteo il responsabile della condanna è Pilato. Il tentativo, in conclusione, di presentare bene Pilato è strumentale: serve ad accentuare le colpe delle autorità giudaiche.

Dalla sua prolungata esperienza in Gerusalemme, Pilato sa quanto la questione sia delicata. Il silenzio di Gesú certo non lo aiuta: se è innocente, perché non si difende? Le sue risposte sono indecifrabili per un orecchio romano. Per esempio, quando dice: «Il mio regno non è di questo mondo». Di che sta parlando? Un regno è un regno, c'è poco da discutere.

AUGIAS Condivido. Infatti, durante l'interrogatorio cerca di portare l'imputato sul terreno politico dove si sente piú sicuro e dove il reato di attentato all'imperatore o di alto tradimento lo aiuterebbe a emettere una sentenza giuridicamente ben motivata.

FILORAMO Pilato sospetta che la posta in gioco non sia tanto politica, cioè di sua competenza, quanto squisitamente religiosa, un altro scontro interno al giudaismo per lui incomprensibile. La folla a questo punto fa pressione, ed egli vuole evitare il ripetersi di incidenti che potrebbero metterlo in cattiva luce presso i suoi superiori: una rivolta a Gerusalemme, e proprio durante la Pasqua, quando potevano esservi anche piú di centomila pellegrini! Ne poteva risultare un massacro: la fine della sua carriera. Nell'indecisione, non potendo legalmente contestare l'accusa e provare l'innocenza di Gesú, finisce per cedere alle pressioni della folla. In fondo, questa sua decisione non influí sulla sua carriera.

AUGIAS Sarà richiamato a Roma nel 36 (o 37) dopo l'ennesimo eccesso contro i Samaritani.

FILORAMO Infatti; ma, alla fine, diciamolo: un giudice mediocre.

XIII.
IL SINEDRIO

Io Caifa, nella mia qualità di Cohen Gadol, *sommo sacerdote, del Tempio di Gerusalemme, genero del vecchio sommo sacerdote Anna, intendo riferire come si sono svolti i fatti quella notte; la piú penosa vigilia di Pesach mai affrontata, non solo da me ma dall'intero Sinedrio, dal popolo e dalla terra d'Israele.*

Avevo dato ordine che il profeta Joshua figlio di Yosef, nato a Nazareth in Galilea, dopo i gravi disordini provocati al Tempio il giorno precedente, venisse portato al cospetto mio e dell'assemblea. L'amore per il Santo Benedetto non consente a nessuno di superare certi limiti. Joshua aveva rovesciato i banchi dei cambiavalute, fatto fuggire gli animali per i sacrifici, messo a soqquadro il cortile spaventando i numerosi pellegrini arrivati da ogni parte nella città santa per la festività. Gesti privi di ragione. Senza cambiavalute e senza animali per i sacrifici il Tempio non può funzionare, i fedeli giustamente direbbero che s'è violata la Legge. Gesti inutili: scacciare i mercanti oggi significa vederli tornare domani perché cosí la Legge impone.

Avevo ordinato dunque che venisse portato al mio cospetto. Contavo di poterlo ridurre alla ragione mostrandogli l'insensatezza di quanto aveva fatto. Purtroppo, il mio ordine si è potuto eseguire solo al tramonto e non nelle ore del mattino come speravo. Il profeta s'è attardato con i suoi seguaci, poi ha consumato con loro una cena comune. Non volevo suscitare scandalo con quella convocazione, volevo anzi che l'ordine fosse eseguito con discrezione massima. Solo nel tardo pomeriggio, quando il sole già inclinava verso le lontane acque del mare, il profeta s'è finalmente diretto in una località isolata, un piccolo uliveto detto Getsemani, seguito da un ristretto gruppo di persone. Il responsabile della polizia del Tempio m'informò subito che queste condizioni consentivano finalmente di eseguire la convocazione. Lo pregai di trattare il prigioniero con ogni cautela evitando eccessi o maltrattamenti. Il suo organismo era robusto, dava anzi prova di una grande energia quale solo una profonda fede nel Signore può spiegare; i ripetuti digiuni però e le faticose peregrinazioni attraverso il paese lo avevano ridotto a una spaventosa magrezza per cui si poteva escludere il pericolo di violenze.

Invece ci furono. Uno dei suoi seguaci, prima di fuggire, recise con un colpo di spada l'orecchio di uno dei miei uomini. Questo attacco creò ovviamente ulteriori tensioni in giornate già di per sé molto agitate per chi deve garantire ordine e sicurezza. Quando il prigioniero arrivò al mio cospetto vidi che aveva la tunica sporca di sangue. C'erano stati maltrattamenti? Il capo della squadra mi rassicurò, quel sangue non era il suo, era schizzato macchiandogli la veste durante i confusi scontri con i suoi seguaci che s'erano poi dati alla fuga.

Era intanto scesa la notte. Nonostante la convocazione fosse stata fatta in gran fretta date le circostanze, nell'aula s'erano radunati molti sinedriti compreso mio suocero Anna che ha ricoperto a lungo e con grande saggezza la mia stessa carica. Non feci controllare il numero, non c'era il plenum ma di sicuro erano presenti la grande maggioranza dei settantuno membri.

La mia prima preoccupazione fu che si evitassero divisioni per correnti soprattutto tra sadducei e farisei considerate le numerose diversità di opinione tra i due gruppi. Dovevamo valutare liberamente il caso ma restando uniti davanti al procuratore di Roma, rappresentante di una potenza straniera, un pagano estraneo ai nostri costumi e alla nostra santa religione.

Sapevamo che il profeta sarebbe dovuto comparire anche davanti al procuratore di Roma, per questo volevamo capirne le intenzioni, condurre una specie di inchiesta preliminare e in fin dei conti metterlo in guardia. Dovevamo accertare ciò che Egli aveva fatto e detto al Tempio, con quale scopo percorresse i villaggi imponendo le mani e predicando cose che la Legge non prevede e anzi condanna. Lo accusavano di dichiararsi figlio di Dio, di aver violato il sabato. Volevo chiedergli, io personalmente, fino a che punto avrebbe portato le sue provocazioni. Questi aspetti del suo comportamento interessavano noi, certo non il procuratore, che però sarebbe potuto intervenire, se vi avesse ravvisato un riflesso in qualche modo politico.

S'è detto che abbiamo agito con precipitazione eccessiva, alla vigilia di un giorno festivo, in ore notturne. Non si tiene conto che Pilato era salito a Gerusalemme dalla sua abituale residenza di Cesarea, per controllare di persona la situazione nei giorni di festa; che presto, *forse addirittura la mattina seguente, sarebbe ripartito e che tutto sarebbe diventato piú difficile e ancora piú pericoloso. Non eravamo in condizione di dettare al prefetto i tempi dei suoi spostamenti. Il mio dovere era difendere la potestà del Sinedrio. Questa e solo questa era la mia intenzione. Ne rivendico congruità e innocenza.*

Se i Romani avessero sospettato una nostra debolezza nei confronti dell'autore di cosí gravi disordini, ne avrebbero approfittato per limitare ulteriormente la nostra residua competenza imponendo la loro legge; il tallone di ferro sotto il quale tengono la nostra nazione sarebbe diventato ancora piú pesante.

Somma sciagura! Con quali forze, se questo fosse avvenuto, avrei potuto difendere il mio popolo dalla loro arroganza? Ecco perché a un certo punto gridai: «È meglio che un solo uomo muoia, piuttosto che tutto un popolo». Non è saggezza questa? Non è il compito di ogni uomo responsabile della vita di altri? Chi potrebbe contraddire un tale principio?

AUGIAS Questa testimonianza – immaginaria, ma non del tutto inverosimile – era parte, con poche varianti, di un mio precedente racconto sulle drammatiche ultime ore di Gesú. La ripropongo qui perché il professor Filoramo possa valutarla nella sua possibile attendibilità storica.

Il sommo sacerdote, in questa sua autodifesa, espone motivazioni che tendono a imprimere necessità politica al comportamento suo e dell'assemblea sinedrita. In genere si tende a considerare il voto del Sinedrio sul caso Gesú un'azione delittuosa, premessa della sua successiva crocifissione. Una decisione già grave appesantita dal sospetto che il capo del Sinedrio, agendo come agí, avesse in mente soprattutto la salvaguardia della sua carica dati i delicatissimi rapporti che doveva mantenere con gli occupanti romani. Ecco perché nella perorazione egli insiste su due temi: da una parte la difesa dell'istituzione da lui presieduta; dall'altra la necessità di spegnere ogni motivo di tumulto o di disordine in circostanze rese critiche dall'eccezionale afflusso di pellegrini nella città santa. Certamente egli non poté immaginare che quei fatti avrebbero avuto tali conseguenze sulla storia del mondo e che il suo nome, a causa di quei fatti, sarebbe stato oggetto di un biasimo secolare. Se lo avesse sospettato forse la sua vanità gli avrebbe dettato un atteggiamento diverso e la storia del mondo sarebbe andata da un'altra parte – forse.

Come si svolse quell'assemblea, quali argomenti vennero dibattuti, in realtà nessuno saprà mai; dobbiamo ricorrere a una ricostruzione di fantasia, probabilmente non lontana dalla realtà tale la somiglianza, nel tempo e nello spazio, dei comportamenti politici. Restano in ogni caso, per ciò che è possibile sapere, le circostanze storiche: subito dopo l'arresto, avvenuto in ore notturne, Gesú viene condotto davanti al Sinedrio radunato d'urgenza. Fino a che punto è possibile ricostruire quella seduta?

FILORAMO Una premessa è d'obbligo, prima di provare a ricostruire, sulla base dei racconti dei Vangeli l'interrogatorio cui Gesú viene sottoposto da parte del Sinedrio. Come lei ha ricordato, si trattava di un organo di comando tradizionale, che, a partire dal 6 della nostra era, e cioè da quando la Palestina era caduta sotto la giurisdizione romana, svolgeva compiti amministrativi e giudiziari, con competenze in materia religiosa e in parte anche secolari. Questa assemblea era composta dai sommi sacerdoti, gli anziani ovvero i cittadini piú influenti, scribi e farisei. Al tempo di Gesú, il prefetto romano designava il sommo sacerdote. Gli altri sommi sacerdoti ricordati erano probabilmente sommi sacerdoti non piú in carica, insieme a membri eminenti delle piú importanti famiglie tra le quali veniva scelto il sommo sacerdote. Gli anziani dovevano provenire dalle famiglie piú ricche e antiche. Ma non doveva esistere una lista fissa, come nel nostro senato. Dobbiamo invece pensare a rappresentanti dei gruppi elitari. Dove si radunava? Marco parla del cortile di un palazzo del sommo sacerdote, presumibilmente un palazzo che si trovava sulla collina occidentale di fronte al Tempio. Altre fonti collocano il luogo nelle adiacenze se non all'interno del Tempio. Si è discusso a lungo se al suo interno dominasse la componente sadducea o farisea; sulla base delle testimonianze disponibili la ritengo una domanda senza risposta. Piuttosto, può essere interessante ricordare che gli *Atti degli Apostoli* menzionano due altri interventi del Sinedrio verso ebrei con condanne capitali: Stefano il protomartire, che viene lapidato, e Paolo, che sfugge alla condanna in quanto cittadino romano. Giuseppe Flavio ricorda infine la condanna a morte nel 62 di Giacomo, fratello del Signore. Un organo, dunque, che in materia religiosa aveva un potere non da poco.

Nonostante i Vangeli divergano profondamente nel presentare l'interrogatorio di Gesú – come abbiamo detto –, concordano però nel raccontarlo come accaduto e sul fatto che a questo interrogatorio avrebbe preso parte il sommo sacerdote.

AUGIAS Personaggio notevole è certamente Caifa che aveva tra gli altri ruoli quello di presiedere il Sinedrio. Posizione delicatissima che doveva essere condotta con grande abilità politica a cavallo tra gli interessi dei Giudei e il peso incombente dell'autorità romana che aveva il potere di destituirlo in ogni momento. Non a caso sia Caifa sia Pilato verranno rimossi contemporaneamente dall'incarico nel 36 per ordine imperiale sollecitato dal governatore di Siria. Quali furono il comportamento e la decisione del Sinedrio nella notte dell'arresto?

FILORAMO C'è una premessa ovvia che non abbiamo ancora preso in considerazione. Quando poco fa abbiamo parlato dei Vangeli, bisognava aggiungere che il nucleo originale sul quale i racconti sono stati costruiti è certamente stato il processo a Gesú. Questo è evidente soprattutto nel caso di Marco. La seconda considerazione viene dal modo in cui i tre sinottici da una parte e Giovanni dall'altra redigono i testi. Luca e Matteo seguono il racconto di Marco, anche se poi su diversi punti lo reinterpretano. Il racconto di Giovanni segue come sempre una strada tutta sua. Nel complesso, nonostante queste differenze, il ruolo del sommo sacerdote, presidente in carica del Sinedrio, risulta in tutti i testi notevolmente negativo. Sia i sinottici sia Giovanni concordano sul fatto che la responsabilità della morte di Gesú in fondo è della classe sacerdotale dei Giudei. Pilato figura come un esecutore poiché solo lui poteva emettere una sentenza capitale. Con Giovanni entra in scena anche il suocero di Caifa, cioè Anna, che aveva ricoperto quindici anni prima il ruolo di sommo sacerdote. Quanto a Caifa, doveva avere un potere non da poco: il suo pontificato dura quasi vent'anni, un periodo lunghissimo se si tiene conto che nel I secolo della nostra era a Gerusalemme si contano diciannove sommi sacerdoti, con una breve durata della carica prima di essere rimossi dal potere romano.

AUGIAS È la stessa tecnica che si usa anche oggi per impedire che una permanenza prolungata in un ufficio delicato consenta di accumulare troppo potere.

FILORAMO Caifa, da questo punto di vista, sembra un'eccezione; fino alla sua rimozione nel 36 da parte di Vitellio, dobbiamo dedurne che egli era stato capace di mantenere ottime relazioni con i rappresentanti dell'*imperium* romano in Siria e Palestina.

AUGIAS Ma qual è stato il ruolo di entrambi? Questa è la domanda che storicamente interessa di piú.

FILORAMO Una risposta la può dare solo il Vangelo di Giovanni. Marco, infatti, non menziona il sommo sacerdote per nome, mentre Matteo menziona solo Caifa e Luca non fa nomi. Veniamo dunque a Giovanni. Ho già ricordato che il Vangelo anticipa la riunione del Sinedrio rispetto alla Pasqua: in questa occasione, Caifa ottiene dal Sinedrio la decisione di condannare a morte Gesú. Anna appare in scena dopo l'arresto di Gesú: identificato non come sommo sacerdote ma solo come suocero di Caifa.
L'interrogatorio condotto da Anna è a dir poco originale. Non si svolge davanti al Sinedrio, né vengono introdotti dei testimoni: è un testa a testa tra lui e Gesú, come poi sarà quello tra Pilato e Gesú, il che contribuisce alla drammaticità della scena. L'interrogatorio non concerne l'identità messianica di Gesú, bensí «i suoi discepoli e la sua dottrina», cioè il significato politico e religioso della sua attività pubblica. La situazione non è perciò quella di un processo, bensí di un interrogatorio prelimi-

nare informale; il processo è questione romana, si svolgerà davanti a Pilato. Quanto a Gesú, mentre nei sinottici tace, qui si difende – e con vigore. Gesú afferma prima di tutto la pubblicità del suo insegnamento: ha parlato apertamente al mondo, con *parrhesia*, un termine chiave, che diventerà la parola d'ordine dei martiri.

AUGIAS Piccola sottolineatura un po' pedante ma utile: *parrhesia* sta per libertà di dire tutto, con franchezza, tutto ciò che si ritiene vero o utile che venga detto.

FILORAMO Esatto. Sottolineando che ha sempre insegnato nella sinagoga e nel Tempio, cioè in luoghi pubblici, nega indirettamente che nel suo insegnamento vi fosse alcunché di sovversivo. Gesú denuncia cosí l'arbitrarietà del suo arresto e insieme accusa ancora una volta i suoi avversari di non essere in grado di comprendere chi egli realmente sia: non un falso profeta, che svia gli altri dal retto cammino, ma l'Inviato del Padre. A queste parole, pronunciate comunque di fronte a un ex sommo sacerdote, una guardia reagisce schiaffeggiandolo: per lui Gesú ha bestemmiato. Si tratta di un abile tocco di penna proprio di Giovanni. Immaginate un nostro processo durante il quale a un certo punto un carabiniere che deve assistere all'interrogatorio di un imputato di reato grave, per esempio un delitto di mafia, inorridito dalla sua risposta, va a schiaffeggiarlo: un *coup de théâtre* poco plausibile ma molto efficace per lo svolgimento drammatico dell'azione. In Marco e Matteo (che lo segue) le offese a Gesú da parte degli astanti avvengono invece al termine del processo notturno davanti al Sinedrio, mentre in Luca protagoniste sono le guardie in attesa di condurre il prigioniero davanti al Sinedrio. In Giovanni, Gesú reagisce allo schiaffo riaffermando la sua innocenza. Allora Anna lo manda, legato, al genero Caifa. Giovanni presenta dunque una situazione particolare. Anche se fin dall'antichità si sono fatti dei tentativi per interpretare il testo giovanneo come se questo interrogatorio sia stato in realtà condotto da Caifa, come nel racconto dei sinottici, a me sembra che non vi siano dubbi sul doppio intervento. Per Giovanni, Caifa, certo, è stato determinante nell'orientare il Sinedrio verso una condanna a morte. Ma l'interrogatorio finale viene condotto dal suocero: è come se in questo modo l'intera classe sacerdotale, quella presente rappresentata da Caifa e quella passata rappresentata da Anna, si facesse carico della sentenza. Gesú è un testimone della verità, ma i suoi avversari giudei, a cominciare dai sommi sacerdoti, non sono in grado di comprenderla.

AUGIAS Il Sinedrio sposta la presunta colpa di Gesú da una iniziale matrice religiosa come la bestemmia a un delitto politico, ovvero la ribellione a Cesare e il tentativo di farsi re dei Giudei. Infatti, sarà questo il principale contenuto dell'interrogatorio condotto da Pilato, come vedremo.

FILORAMO Secondo Giovanni, l'interrogatorio di Anna riguarda due punti: i suoi discepoli e il suo insegnamento. Che vuol dire? Da un lato, Gesú appare pericoloso per il numero di seguaci, talora vere e proprie folle, che attira. Come si dice poco prima ed emerge chiaramente dal suo tentativo di ricostruzione, la classe dirigente sacerdotale era preoccupata che se Gesú avesse continuato a predicare con questo successo, tutti i Giudei l'avrebbero seguito; allora i Romani si sarebbero insospettiti e sarebbero intervenuti duramente occupando il Tempio e privandoli del potere. Quanto all'insegnamento, i motivi per incriminarlo non mancavano certo. Proclamando Dio suo padre, egli, semplice uomo, si eguaglia a Dio: quale peggiore bestemmia per un pio ebreo? Egli inoltre pretende di essere il Messia. Infine, ha profanato il Tempio. Dal punto di vista della classe sacerdotale ce n'era abbastanza per perseguitarlo e alla fine condannarlo a morte.

AUGIAS Su questa responsabilità che i Vangeli addossano al sommo sacerdote e al Sinedrio, s'è costruita l'immagine degli Ebrei come popolo deicida, rafforzata dalla celebre scena di cui leggiamo in Matteo e alla quale abbiamo già accennato: «E tutto il popolo rispose: "Il suo sangue ricada su di noi e sui nostri figli"».

Lei ha già dato una spiegazione ragionevole di quel grido – rimbalzato attraverso i secoli – che Matteo riferisce o, secondo una diversa ipotesi, inventa di sana pianta. Ma l'importanza e le conseguenze di quelle poche pesantissime parole chiedono un supplemento di riflessione. Mai come in questo caso le parole sono davvero diventate pietre. Possibile che l'autore del testo volesse solo interpretare le tensioni che le prime comunità cristiane avevano nei confronti della matrice giudaica dalla quale provenivano?

FILORAMO Abbiamo parlato in un capitolo precedente dell'importanza di questo soggetto particolare e anonimo, la folla, quelle masse ondeggianti che, per definizione, cambiano facilmente d'opinione e di umore. La folla a cui lei fa riferimento, d'altro canto, agisce secondo un tipico meccanismo politico che troviamo attestato in Oriente nelle città ellenistiche, anche se non a Gerusalemme. Si tratta dell'*acclamatio*, l'acclamazione con cui l'insieme dei partecipanti a un evento importante confermava ad esempio all'unisono una decisione presa dall'assemblea cittadina (o la rifiutava). In questo senso, il ruolo di questa folla è plausibile. Rimane il problema della sua interpretazione. Non si tratta di un'automaledizione destinata a durare nei secoli, come poi l'interpreterà l'antigiudaismo cristiano, ma di una assunzione di responsabilità collettiva di fronte a un prigioniero che la folla considera colpevole. Matteo, in fondo, che scrive dopo la distruzione del Tempio nel 70, vede questo evento come la giusta punizione di Dio nei confronti di un giudizio sbagliato.

AUGIAS Un'altra parte rilevante della responsabilità nell'uccisione di Gesú viene attribuita alla setta dei farisei. È storicamente giustificato un tale accanimento? In fondo i farisei erano una setta assai numerosa, molto vicina al popolo e benvoluta; gli si può rimproverare, volendo, la minuziosa, formale, osservanza delle norme e dei riti, il che non basta a giustificare l'accanimento contro di loro di cui alcuni Vangeli riferiscono. Le ragioni devono essere state altre. A loro merito peraltro si deve anche ricordare che, dopo la distruzione del Tempio e dello Stato giudaico, furono proprio i farisei a mantenere l'ordinamento della vita religiosa destinato, grazie a loro, a durare nel tempo.

FILORAMO Nei sinottici, prima di arrivare al processo, i farisei agiscono per catturare Gesú e farlo condannare. Il sommo sacerdote, che apparteneva a un'altra setta o corrente, quella dei sadducei, compare solo come capo del Sinedrio. Il ventaglio di possibilità presentato dai sinottici è ampio. Prima ci sono gli scribi e i farisei, i responsabili della legge. Con chi se la prende, Gesú? Con loro, con i farisei, evidentemente è con loro che si sviluppa il conflitto che non è solo d'interpretazione, ma verte proprio sulla natura del suo profetare, sulla sostanza della sua predicazione. I farisei lo vogliono togliere di mezzo perché lo vedono come un destabilizzatore del sistema in cui vivono e che ritengono intangibile.

Va anche precisato che sulla natura di questi nemici i Vangeli hanno punti di vista diversi. Per Marco, durante la predicazione in Galilea, i nemici di Gesú sono i farisei, un movimento o associazione volontaria che difendeva una propria interpretazione della legge, alleati – in modo storicamente alquanto improbabile – con gli erodiani, che costituivano un gruppo politico dell'aristocrazia filoromana che appoggiava Erode Antipa (come prima aveva appoggiato Erode il Grande). In seguito, nel racconto della passione, i farisei spariscono di scena. Luca verso i farisei ha un atteggiamento piú benevolo. Matteo parla di una convergenza tra farisei e sadducei: poiché normalmente i due gruppi si trovavano su opposti fronti, sembra che l'opinione di Matteo, nel presentarli uniti, sia di far capire che tutti i gruppi dirigenti sono ostili a Gesú. Inoltre, Matteo contrappone il modo di interpretare e vivere la legge come fa Gesú e come fanno invece scribi e farisei. In Giovanni lo scenario cambia. Le differenziazioni scompaiono: non si parla di scribi, anziani, sadducei, dottori della legge. I responsabili ora sono i Giudei in blocco.

AUGIAS L'accanimento dei Vangeli contro i farisei, dipinti come un gruppo di ipocriti che agiscono sotterraneamente, è stato dunque costruito a freddo: i farisei erano la setta piú popolare tra gli osservanti, erano persone per bene.

FILORAMO Aggiungo un elemento: Paolo stesso era fariseo, si presenta come fariseo della tribú di Beniamino.

AUGIAS Ma esiste in definitiva una spiegazione di carattere storico per la visione distorta e malevola che i Vangeli danno dei farisei? Ancora oggi il termine fariseo è usato come aggettivo (farisaico) che indica un atteggiamento ipocrita e falso.

FILORAMO Sul ruolo dei farisei nel mondo variegato del giudaismo al tempo di Gesú i pareri degli specialisti divergono profondamente. Per un verso, infatti, i farisei hanno dato un'impronta decisiva al giudaismo del I secolo della nostra era: non è un caso che, dopo la distruzione del Tempio, come lei ricorda, sia sorto un giudaismo rabbinico in profonda continuità con la posizione farisaica, facendo della legge il nuovo Tempio ed estendendo l'idea di santità a ogni aspetto della vita: una vera e propria rivoluzione teologica ma anche pratica. In questo senso, si potrebbe anche dire che essi esprimono al meglio umori e sentimenti popolari. Per un altro verso, è indubbio, come dimostra lo stesso processo a Gesú, che il giudaismo era sotto la guida dei suoi sacerdoti; a costituire il giudaismo comune erano le posizioni dottrinali e pratiche rappresentate dai sacerdoti e condivise dal popolo. In questo secondo caso, il quadro che i sinottici danno dei farisei è errato, o almeno forzato.
Come i farisei, Gesú credeva nella resurrezione dei morti, cosa che invece i sadducei negavano. Vi sono poi le tradizioni favorevoli ai farisei come Nicodemo e Giuseppe di Arimatea che si prendono cura del cadavere dopo la deposizione. Nonostante le polemiche dei Vangeli, oggettivamente la posizione di Gesú è piú vicina a quella dei farisei non solo su certi punti dottrinali (in fondo, Gesú è presentato e agisce come un rabbi, non come un sacerdote), ma anche su una questione decisiva: quella del puro/impuro. Con la differenza essenziale che, mentre per i farisei la purità è legata al rispetto del sistema rituale, per cui l'impurità consiste in una violazione delle regole di questo sistema indipendentemente dalle intenzioni del soggetto (non è

dunque una violazione di carattere etico), per Gesú l'impurità diventa etica: impuro è ciò che proviene dai pensieri negativi che si annidano nel cuore dell'uomo.

XIV.
GIUDA

Voci insistenti riferiscono che a guidare le guardie del Tempio la sera in cui il profeta venne arrestato, fosse uno dei suoi seguaci - un traditore, dunque. Il suo nome è Giuda, lo chiamano l'Iscariota perché pare provenga dal villaggio di Qĕriyyōt anche se il dato non è certo. Nulla è certo del resto su ciò che riguarda quest'uomo, nemmeno le motivazioni che lo avrebbero spinto al tradimento, anzi soprattutto quelle. Lo descrivono di temperamento riservato, tendente alla malinconia, di poche parole, brusco nei rapporti, però di forte fede nel Maestro che spesso fissava intento assorbendo a una a una le sue parole. A volerne misurare le inclinazioni intellettuali, molti le avrebbero collocate alla pari di quelle di Giovanni se non al di sopra.

Perché dunque ha fatto ciò di cui viene accusato? Perché ha ripagato cosí male il Maestro? Gesú gli aveva dato una cosí ampia fiducia da affidargli la cassa del gruppo. Povera cassa, certo, tuttavia i soli fondi di cui quei miseri predicatori itineranti disponessero. Al di là di quell'esigua riserva rimaneva solo l'ospitalità, a volte generosa, delle persone agiate che ascoltavano la voce del rabbi e talvolta ospitavano nelle loro spaziose dimore lui e i suoi seguaci. Della piccola fortuna comune Giuda era custode e amministratore.

Perché lo ha fatto? Prima ancora di questa domanda ce n'è però un'altra: era davvero necessario che lo facesse? Era cioè necessario che guidasse le guardie del Tempio in una località, detta Orto degli Ulivi, a poche centinaia di metri dalle mura orientali di Gerusalemme, dov'era noto che il rabbi di tanto in tanto si riuniva con i suoi discepoli? Ed era necessario che, una volta arrivati, individuasse il rabbi baciandolo sulla guancia? Vero che era scesa la notte ma anche vero che la fisionomia del rabbi era nota; aveva predicato nelle strade, il giorno precedente, al Tempio, s'era reso protagonista d'una scena che nessuno aveva potuto dimenticare.

Quel bacio, diventato simbolo di ogni tradimento, è nella sua contraddittorietà una grande invenzione. Il bacio è un gesto d'amore, d'affetto, di riconoscenza. Il bacio riferito a un tradimento crea narrativamente un'antinomia cosí efficace da diventare, com'è accaduto, esemplare.

Meno di una settimana prima, il Maestro era arrivato in città accolto da molte persone che lo acclamavano; il suo ingresso a Gerusalemme, volendo risalire alle Scritture, era annunciato cosí: «Dite alla figlia di Sion: "Ecco, a te viene il tuo re, / mite, seduto su un'asina / e su un puledro, figlio di una bestia da soma"». Alla vigilia (e come causa immediata) dell'arresto aveva provocato gravi disordini nella spianata del Tempio, rovesciando i banchi dei venditori e dei cambiavalute; tutti lo avevano visto, i lineamenti alterati, lo sguardo fiammeggiante, mentre agitava una sferza scagliandosi contro la corruzione delle alte gerarchie sacerdotali.

Le guardie avrebbero potuto arrestarlo in quel momento se ne avessero avuto l'ordine. L'ordine però non era arrivato perché s'era temuta «una rivolta del popolo» a un arresto che, in quelle condizioni, poteva degenerare in violenza. Rimane che la fisionomia del protagonista di episodi pubblici e clamorosi era nota a tutti, amici e nemici, guardie del Tempio e spie delle autorità romane.

Ecco perché le domande diventano addirittura due. La prima è perché Giuda attui il suo tradimento ma la seconda è a che cosa mai poteva servire il suo gesto. Teatralmente bellissimo, ma insignificante dal punto di vista operativo e teologico. Anche per questo il personaggio, caratterizzato da una serie di enigmi, resta uno dei piú affascinanti nell'intera storia.

*In epoche che non fossero quelle cosí remote di cui stiamo raccontando, egli è il tipico protagonista che sarebbe introdotto nella vicenda con un attacco di maniera simile a questo: «Chi si fosse trovato a passare intorno alla mezzanotte, negli oscuri vicoli alle spalle dell'abbazia di *** avrebbe notato una figura che procedeva a passo rapido, rasentando il muro, avvolta in un tabarro, il volto semicelato da un cappello floscio, nero anch'esso come il mantello...» Questa è l'atmosfera che s'addice a quell'uomo, anche se i modi da feuilleton ottocentesco non devono trarre in inganno, sono qui riportati solo per alludere stilisticamente ai molti aspetti sfuggenti che caratterizzano la sua figura. La realtà è che Giuda è una figura tragica, l'unico che – insieme al suo maestro – troverà la morte nel corso degli* *avvenimenti: il rabbi viene torturato e ucciso, lui si darà la morte da solo - dicono che i denari avuti come premio per la delazione rotoleranno via dalle sue tasche, dettaglio che s'inserisce bene in un quadro da romanzo popolare.*

Torna però insistente la domanda alla quale nessuno ha mai davvero risposto: perché lo ha fatto? Si riferiscono varie, non sempre coerenti, ancora meno convincenti motivazioni del gesto; alla somma irrisoria avuta come compenso s'è già accennato; in sostanza nessuno ci dice perché il tradimento venne compiuto. Tra le varie versioni quella che lo delinea nel modo peggiore è data da Matteo che scrive: «Allora uno dei Dodici, chiamato Giuda Iscariota, andò dai capi dei sacerdoti e disse: "Quanto volete darmi perché io ve lo consegni?"» Si disegna la figura abietta del delatore qual è sempre esistita e che in anni non molto lontani ha visto ebrei, comunisti, omosessuali denunciati alla polizia politica in cambio di un qualche compenso. Già, il compenso: anche su quello bisognerà cercare di fare un po' di chiarezza.

AUGIAS Professore, Giuda è un personaggio quasi interamente enigmatico. Non sappiamo chi è, né perché ha fatto quello che ha fatto. Credere che abbia tradito il maestro per quel pugno di denari è assurdo, forse addirittura infantile. Ci possiamo accontentare di cosí poco in una storia tanto grande? La vera, difficile, domanda è quella iniziale: chi è Giuda?

FILORAMO Ha ragione: misterioso; lo è fin dal nome: Iscariota. È un appellativo sul quale sono state dette tante cose, ma senza dare una spiegazione davvero convincente. Nel Vangelo di Giovanni viene presentato o come Giuda Iscariota o come figlio di Simone Iscariota, protagonista ma in negativo del dramma del processo. Storicamente non abbiamo nessuna possibilità di dire se sia davvero esistito, quindi si tratta di capire perché ci viene presentato in quel modo, quale ruolo abbia, da che derivi il fascino che indubbiamente sprigiona. Non a caso Giuda, tra tutti i personaggi dei Vangeli, è tra i pochi che hanno continuato ad alimentare un notevole immaginario, presentato come traditore ma anche come vittima predestinata. Raccontano i Vangeli che Gesú sceglie personalmente i dodici apostoli; già i Padri della Chiesa si chiedevano però come avesse fatto a scegliere uno come Giuda dal momento che non poteva non sapere che l'avrebbe tradito. Questo è molto chiaro nel Vangelo di Giovanni, dove Gesú – Inviato celeste – agisce consapevolmente. Giovanni racconta la famosa scena in cui Gesú intinge nel piatto un pezzo di pane da consegnare a chi lo avrebbe tradito. Gesú dunque indica chi sarà il traditore dimostrando la prescienza di ciò che succederà. Per Giovanni è come se tutto fosse preordinato e Giuda destinato ad assolvere quel compito.

AUGIAS Rileggiamo insieme i versetti ai quali lei s'è appena riferito. Cito dal Giovanni dell'ultima cena: «Dette queste cose, Gesú fu profondamente turbato e dichiarò: "In verità, in verità io vi dico: uno di voi mi tradirà". I discepoli si guardavano l'un l'altro, non sapendo bene di chi parlasse. Ora uno dei discepoli, quello che Gesú amava, si trovava a tavola al fianco di Gesú. Simon Pietro gli fece cenno di informarsi chi fosse quello di cui parlava. Ed egli, chinandosi sul petto di Gesú, gli disse: "Signore, chi è?" Rispose Gesú: "È colui per il quale intingerò il boccone e glielo darò". E, intinto il boccone, lo prese e lo diede a Giuda, figlio di Simone Iscariota. Allora, dopo il boccone, Satana entrò in lui. Gli disse dunque Gesú: "Quello che vuoi fare, fallo presto". Nessuno dei commensali capí perché gli avesse detto questo; alcuni infatti pensavano che, poiché Giuda teneva la cassa, Gesú gli avesse detto: "Compra quello che ci occorre per la festa", oppure che dovesse dare qualche cosa ai poveri. Egli, preso il boccone, subito uscí. Ed era notte».

Racconto mirabile con quel finale di alto valore letterario: «Egli... subito uscí. Ed era notte». Sotto il profilo teologico però pieno di incongruenze. La prima, alla quale lei ha già accennato, è che Gesú sa e prevede che Giuda, cassiere del gruppo, s'appresta a tradirlo. Non solo non cerca d'impedirlo, anzi sollecita l'azione: «Quello che devi fare fallo al piú presto». Esiste una spiegazione non dico storica ma almeno razionale di queste parole?

FILORAMO Se parliamo di Giovanni, Giuda è il deuteragonista del Cristo Inviato celeste; viene lasciato agire perché è giunto il momento che si compia la missione per la quale l'Inviato dal Padre s'è incarnato. Il secondo elemento che mi pare importante è il richiamo a Satana che entra in lui. Lo scenario qui è la lotta cosmica tra l'Inviato celeste e le forze del male, capeggiate da Satana. Giuda diventa il rappresentante di quelle forze del male che, per l'evangelista, sono presenti nel mondo e che si oppongono all'Inviato celeste: forze che per Giovanni coincidono con i Giudei in blocco, non a caso definiti «figli del diavolo». Si tratta di una lettura teologica che è stata fatta di Giuda, intorno alla quale l'evangelista ha costruito il suo testo. C'è in questo qualcosa di tragico che merita di essere sottolineato. Come ricordavo prima, perché Gesú, l'Inviato celeste, che conosce direttamente e dall'interno il cuore degli uomini – dunque anche le intenzioni di Giuda, posseduto da Satana – ha ammesso Giuda nella cerchia piú intima dei suoi discepoli? La risposta non può che essere: perché il Padre l'ha voluto in quanto rientra in un suo imperscrutabile disegno, che può solo essere accettato e realizzarsi. Ecco che allora su questo sfondo Giuda diventa un personaggio potenzialmente tragico, un po' come Edipo: vittima sacrificale di un destino che non si è potuto scegliere, burattino i cui fili sono tirati non dalle moire come per Edipo, ma dal disegno imperscrutabile di Dio. Un «dannato della terra», insomma, che non può sfuggire al suo destino, che si consumerà infatti, secondo il racconto degli *Atti degli Apostoli*, in modo tragico e insieme teatrale. Racconta Pietro: «Giuda dunque comprò un campo con il prezzo del suo delitto e poi, precipitando, si squarciò e si sparsero tutte le sue viscere».

AUGIAS Ricordo che anche nel racconto di Luca si trova la stessa espressione collocata però in un diverso momento. In quel testo leggiamo: «Si avvicinava la festa degli Azzimi, chiamata Pasqua, e i capi dei sacerdoti e gli scribi cercavano in che modo toglierlo di mezzo, ma temevano il popolo. Allora Satana entrò in Giuda, detto Iscariota, che era uno dei Dodici. Ed egli andò a trattare con i capi dei sacerdoti e i capi delle guardie sul modo di consegnarlo a loro».

Del riferimento a Satana conosco due interpretazioni. Secondo la prima Luca, che era uomo colto, forse medico, si riferisce a uno stato d'alterazione mentale vicino alla pazzia, e sarebbe stata proprio questa, la follia, la causa del tradimento. La seconda dice invece che il richiamo a Satana è un'allusione criptica all'Impero romano, quindi Giuda avrebbe tradito per motivi diciamo cosí politici.

FILORAMO Nessuna di queste due interpretazioni, ritengo, coglie nel segno. Occorre tenere presente che la figura di Giuda nei Vangeli sinottici è presentata in modo abbastanza diverso da Giovanni. Forzando un po' le cose, si potrebbe dire che nel loro insieme i tre Vangeli costruiscono progressivamente il personaggio di Giuda. A differenza di Giovanni, dove fin da subito egli è un predestinato del male, i sinottici, da Marco attraverso Matteo fino a Luca, ci presentano un processo di formazione e trasformazione dei tratti essenziali della sua figura nel senso della progressiva acquisizione di caratteristiche demoniache e di una colorazione a tinte sempre piú fosche del suo volto. Piano piano, da informatore Giuda diventa oppositore e traditore, da incluso a escluso e recluso, da illuso a deluso, da oculato risparmiatore ad avido accumulatore di denaro e di ricchezze, seguace di quel «Mammona di iniquità» che è il volto manifesto di Satana stesso. Luca è l'unico dei sinottici, nel passo da lei citato, a parlare dell'ingresso di Satana in Giuda. In questo modo, apre la via all'interpretazione del Vangelo di Giovanni.

AUGIAS Resta un dato fondamentale: secondo le Scritture Gesú era una delle tre persone del dio trinitario, disceso sulla terra per redimere il genere umano immolandosi e addossandosi tutti i peccati del mondo, come recita una preghiera che si chiama *Agnus Dei*. Se il suo sacrificio dunque doveva compiersi, era necessario che qualcuno lo avviasse.

Torna l'immagine tragica di Giuda che lei – in modo molto suggestivo – ha accostato a Edipo: uomini costretti ad agire piú che dalla loro volontà, dal destino.

FILORAMO All'inizio di questo XXI secolo è stato scoperto un testo gnostico noto come Vangelo di Giuda. Già Ireneo vescovo di Lione, piú volte menzionato, lo aveva citato verso la fine del II secolo nella sua opera *Adversus Haereses* parlando dei seguaci di Giuda che, invece di demonizzarlo, l'avevano preso come il vero personaggio positivo, il vero apostolo, l'unico che avesse davvero capito la missione di Gesú. Cito: «Anche il traditore Giuda, dicono, ha saputo questo con esattezza; e proprio perché è stato il solo (tra gli apostoli) a possedere la conoscenza della verità, ha compiuto il mistero del tradimento. Per mezzo suo tutto ciò che è terreno e celeste è stato cosí scomposto, come dicono. Essi producono una composizione del genere, da loro chiamata Vangelo di Giuda». Ireneo cita questi gnostici seguaci di Giuda dopo aver parlato di altri gnostici, i cainiti, seguaci di Caino. Si tratta di una tipica esegesi gnostica «rovesciata» dell'Antico Testamento. Per gli gnostici il Dio dell'Antico Testamento è un Dio crudele e malvagio, non a caso creatore del mondo di tenebre in cui lo gnostico è stato gettato a vivere. Chi si ribella a lui, come Caino, è dunque un eroe, un antesignano degli gnostici e della loro ribellione contro questo Dio crudele.

AUGIAS Ho letto il Vangelo di Giuda, di recente pubblicato in italiano da piú d'un editore: è una lettura, devo dire, sorprendente perché, per la prima volta, si dà finalmente un senso al suo gesto. Parlando poco sopra di un altro personaggio, lei ha detto che circolava l'idea per cui Gesú dovesse compiere una missione. Quest'idea è poi diventata fondativa del cristianesimo: Gesú detto il Cristo è l'uomo che prende su di sé i peccati dell'intera umanità e, sacrificandosi, la redime, è l'agnello di Dio che riprende e sublima l'antico rito del capro espiatorio. Se questa è la missione di Gesú, è ovvio che debba compierla morendo. Giuda è colui che lo capisce, forse l'unico tra i suoi umili seguaci che abbia gli strumenti intellettuali per decifrare

il mistero. Gesú non è un leader politico, il suo regno non è di questo mondo, s'è incarnato nel ventre d'una donna per riscattare il peccato di Adamo. Nel Vangelo detto di Giuda, è Gesú stesso che gli affida l'incarico di tradirlo dicendogli: «Quanto a te, tu li sorpasserai tutti, poiché l'uomo che mi porta, tu lo sacrificherai».
Il Vangelo di Giuda sembra il piú vicino a una possibile verità.

FILORAMO Il Giuda del nostro Vangelo, come già aveva ben colto Ireneo, un attento e acuto lettore, è l'unico, tra gli apostoli, a conoscere la verità; solo lui capisce veramente e a fondo sia il personaggio Gesú sia l'approssimarsi del momento. Ma perché? Come il Vangelo racconta, egli è, fin dall'inizio dei tempi, un predestinato, un eletto. L'autore di questo Vangelo rovescia la chiave di lettura di Giovanni: mentre per quest'ultimo Giuda è predestinato alla dannazione, per il Vangelo di Giuda egli è stato prescelto dal Padre per aiutare il Gesú gnostico. Quella di Giuda è, per cosí dire, un'azione di traghettamento non solo di Gesú, ma della storia e del cosmo: di Gesú che torna al suo originario mondo sovraceleste, della storia che s'avvia alla sua fase finale, del mondo alla sua dissoluzione. In questo senso, il testo è una vera e propria apocalisse che disvela i misteri cosmici e sovracosmici. Quanto a Pietro e agli altri apostoli, che invece non lo capiscono, sono i rappresentanti della Chiesa cattolica e dei suoi vescovi rimasti fermi a una certa lettura del Cristo psichico, carnale, ai quali sfugge il senso profondo della sua missione. Il testo li prende in giro. Nel suo dialogo di rivelazione con Giuda sovente il Cristo gnostico ride. A ridere, in realtà, è l'autore del testo: ride di Pietro, simbolo e fondamento dei vescovi, i capi della Grande Chiesa. Pietro pensa di essere il discepolo prediletto ma non si è accorto che in realtà è la vittima di una trama cosmica. In questo senso, un interprete del Vangelo lo ha definito, io credo a ragione, un'antica parodia gnostica. Insomma, alla fine il Giuda di Giovanni e il Giuda del nostro Vangelo sono due volti contrapposti della stessa medaglia.

AUGIAS Vedo anch'io il punto di contatto tra i due; entrambi parlano di una missione da compiere. E se andiamo alle ultime parole pronunciate da Gesú morente, mentre Marco e Luca gli fanno lanciare il terribile grido del salmo «Dio mio, Dio mio, perché mi hai abbandonato?», Giovanni spiritualizzando all'estremo quel povero essere torturato, fa spirare Gesú con una formula che riassume la sua missione: «È compiuto».

FILORAMO In Giovanni infatti non c'è il mistero della sofferenza, non ci sono le ore di patimento angoscioso nel Giardino del Getsemani. Bultmann, ad esempio, riteneva che il Vangelo di Giovanni fosse stato influenzato da correnti gnostiche.

AUGIAS Forse dovremmo ricordare brevemente in che cosa consistesse la dottrina degli gnostici che lei ha citato piú volte.

FILORAMO Rispondo alla domanda con una citazione letteraria. Perché penso che sia importante, per chi ci legge, rendersi conto che il sentimento di fondo che animava gli antichi gnostici non è poi cosí lontano da noi. Kurz, protagonista di *Cuore di tenebra* di Conrad, il grande uomo che ha cercato di sconfiggere, attribuendogli un senso, il male insito nel colonialismo, muore senza speranza gridando: «L'orrore, l'orrore». La voce recitante, Marlow, colui che compie il viaggio in quel cuore di tenebra che, a un livello esoterico, allude chiaramente ai guasti irreparabili del colonialismo, ma, dietro questo volto in fondo rassicurante, cela appunto l'angoscia della condizione umana, naviga a ritroso, per approdare al nulla dell'orrore, in una terra desolata. A lei, confessa a un certo punto, era rivolta la sua attenzione, non al signor Kurz «il quale ormai, dovevo pur ammetterlo, era come bell'e sepolto. E per un momento mi parve d'essere anch'io sepolto in una vasta tomba piena di indicibili segreti. Sentivo un peso intollerabile che mi opprimeva il petto, un odore di terra fradicia, la presenza invisibile di una corruzione trionfante, la tenebra di una notte impenetrabile...» Non si potrebbe descrivere meglio quello che astrattamente noi specialisti siamo soliti chiamare l'anticosmismo degli gnostici, cioè il senso di vivere in una «gabbia d'acciaio» – tipico geroglifico gnostico con cui il sociologo Max Weber, un secolo fa, descriveva l'universo chiuso dell'uomo moderno –, preda delle forze del male e delle tenebre, a cui però si è estranei, perché si sente che dentro e dietro l'involucro dell'io empirico, delle tante maschere che compongono la persona sociale, vi è una realtà «straniera». La gnosi è conoscenza particolare, illuminazione o rivelazione, permette di scoprire questa realtà nascosta.

AUGIAS Per chi ci crede, ovviamente. Scusi la banalità dell'intervento. Infatti, il presupposto di questa geniale costruzione è che si creda a una trascendenza, un mondo della luce, contrapposto al buio e all'ingiustizia del nostro mondo.

FILORAMO Ogni corrente di pensiero o teologica vale solo per chi la condivide. Per gli gnostici quel mondo di luce è il pleroma divino. Il povero Kurz – e noi con lui – non ha piú il privilegio di poter credere in una trascendenza, comunque sia configurata: non gli rimane che l'orrore di vivere, un sentimento nichilistico che Conrad, e con lui altri grandi scrittori della crisi, ha saputo cosí ben cogliere.

AUGIAS Tempo fa ho avuto un dibattito con un sacerdote cattolico aperto e intelligente. Su Giuda dicevo piú o meno quanto ho ripetuto ora. Lui s'è detto cosí d'accordo che alla fine mi ha per dir cosí superato: ha concluso definendo Giuda «traditore e santo».

FILORAMO Lo capisco. Giuda è il testimone della divinità del Cristo. In lui è entrato Satana il Diavolo, non piú il Satana di Giobbe, che non è ancora il Signore del male in lotta con Dio, ma un suo consigliere. E il diavolo dei Vangeli, come dimostra il racconto delle tentazioni nel deserto, sa che per lui si sta giocando la partita decisiva: Dio ha mandato il Figlio per sconfiggerlo definitivamente.

AUGIAS Questo scrivono sia Luca sia Giovanni però il modo in cui raccontano i fatti e il contesto in cui li inseriscono sono decisamente diversi.

FILORAMO Si è discusso molto sul rapporto tra le due versioni che potrebbero essere derivate da due tradizioni indipendenti. Da questo punto di vista il Vangelo di Giuda dimostra che nella prima metà del II secolo la sua era una figura contestata che poteva essere letta in modi opposti. Parlo di quegli anni perché è allora che il testo di Giovanni prende forma.

AUGIAS Faccio notare che, se la sua ipotesi è esatta, si tratta di un testo scritto circa un secolo dopo i fatti di cui riferisce – e che, soprattutto, li interpreta.

FILORAMO La datazione è largamente condivisa. La lettura di Giovanni implica che la figura del diavolo sia diventata centrale, rivela il processo di demonizzazione che sta avvenendo in quel periodo. È sempre in quel periodo che Giustino – autore chiave, apologeta e filosofo convertito al cristianesimo – inventa la nozione di eresia. Come la inventa? Demonizza le interpretazioni diverse da quella ufficiale. Le eresie, sostiene, sono false dottrine portate dal Diavolo, a cominciare da Simon Mago, il primo eretico, che è un semplice burattino delle sue trame. È il meccanismo che, seppur in forma embrionale, fa da sfondo al discorso di Luca e Giovanni. Giuda è un testimone – o un martire – dell'esistenza del Diavolo.

AUGIAS L'altro aspetto della vicenda di Giuda che ha fortemente colpito l'immaginario per le sue caratteristiche romanzesche, è la sua morte orribile.

FILORAMO Giuda s'impicca in un campo oppure – nella versione degli *Atti* che ho ricordato – si spargono a terra le sue viscere perché è caduto male o si è buttato da una roccia o forse si è ucciso come un samurai. Non sono stati molto delicati con la sua figura, che pure è al servizio della missione di Cristo. Senza Giuda non ci sarebbe stato il processo, è lui che mette in moto il meccanismo di morte-salvazione.

AUGIAS Resta da chiarire il famoso bacio.

FILORAMO Se guardiamo alla verosimiglianza dell'azione quel bacio è inutile: come fa notare il breve racconto in apertura di capitolo, molti avevano visto Gesú, non c'era alcun bisogno di indicarlo alle guardie venute per arrestarlo anche se era scesa la sera. Nei romanzi ellenistici c'è però, costante, il tema del riconoscimento. E certe volte il riconoscimento avviene attraverso un bacio. L'accento posto dal racconto sulla mancanza di senso del bacio in quella situazione è condivisibile, se però lo vediamo come un episodio nella costruzione d'una storia, allora il bacio rientra.

AUGIAS È un'osservazione accettabile tanto piú in una ricostruzione anche letteraria come quella che stiamo facendo. Quel bacio è chiaramente inutile dal punto di vista pratico, diciamo per lo svolgimento dell'azione, per la sua componente poliziesca, narrativamente invece è un gesto efficace e ben congegnato.

FILORAMO Nel caso di Luca indubbiamente funziona. I lettori cui si rivolgeva erano greci, e nei romanzi ellenistici che avevano una certa circolazione anche presso il pubblico che non leggeva, quel genere letterario ha avuto un'incredibile fortuna. Spesso vi si narra di fratelli o sorelle separati in tenera età che attraverso vicende rocambolesche alla fine si ritrovano e si riconoscono per un particolare fisso nella loro memoria. Il bacio suggella il riconoscimento finale.

A conferma di ciò, ricordo che nel Vangelo di Giovanni la scena del bacio non c'è. Giuda ha già svolto il suo ruolo, il riconoscimento non pone alcun problema, è in fondo lo stesso Gesú che si fa riconoscere. Dopo di che Giuda esce definitivamente di scena.

XV.
I MONTI, IL TUONO, LE STELLE

In un'economia agro-pastorale com'era quella antica di Palestina, acquista particolare importanza l'ambiente, ovvero lo sfondo naturale entro o contro il quale avvengono le azioni dei protagonisti; l'importanza è tale che in alcune occasioni è lo stesso ambiente a farsi protagonista. Ambiente mutevole, anche se di dimensioni ridotte (500 chilometri circa conta Israele, da nord a sud), il territorio presenta grandi differenze tra la parte settentrionale verdeggiante e ricca di acque e il territorio prevalentemente desertico della Giudea che verso oriente ha la profonda depressione del Mar Morto e culmina, scendendo piú a sud, nel deserto del Negev. In questo paesaggio si svolge la vita di Gesú il quale comincia il suo apostolato sulle rive del lago di Tiberiade (o Mar di Galilea) e lo conclude sulle aride alture di Gerusalemme (circa 750 metri sul livello del mare).

Questa natura ha un ruolo nella narrazione, influenza la vita dei protagonisti anche se generalmente parlando rimane leopardianamente gelida spettatrice di fronte alle vicende e ai patimenti degli attori. Ci sono però delle eccezioni perché in alcuni casi la natura interviene in maniera eloquente, o, in maniera altrettanto significativa, su questa natura si interviene.

Uno degli esempi piú noti è probabilmente la maledizione del fico di cui parlano sia Marco sia Matteo. Il primo scrive: «La mattina seguente, mentre uscivano da Betania, ebbe fame. Avendo visto da lontano un albero di fichi che aveva delle foglie, si avvicinò per vedere se per caso vi trovasse qualcosa ma, quando vi giunse vicino, non trovò altro che foglie. Non era infatti la stagione dei fichi. Rivolto all'albero, disse: "Nessuno mai piú in eterno mangi i tuoi frutti!" E i suoi discepoli l'udirono».

Matteo riporta anch'egli l'episodio arricchendolo però di un significato che manca (o è tenuto implicito) nello scarno racconto di Marco. Infatti, stando alla lettera, perché maledire e far seccare una povera pianta chiedendogli di dare frutti fuori stagione? La spiegazione, sembra dire Matteo citando lo stupore dei discepoli, non è botanica ma teologica. Scrive: «La mattina dopo, mentre rientrava in città, ebbe fame. Vedendo un albero di fichi lungo la strada, gli si avvicinò, ma non vi trovò altro che foglie, e gli disse: "Mai piú in eterno nasca un frutto da te!" E subito il fico seccò. Vedendo ciò, i discepoli rimasero stupiti e dissero: "Come mai l'albero di fichi è seccato in un istante?" Rispose loro Gesú: "In verità io vi dico: se avrete fede e non dubiterete, non solo potrete fare ciò che ho fatto a quest'albero, ma, anche se direte a questo monte: 'Lèvati e gèttati nel mare', ciò avverrà. E tutto quello che chiederete con fede nella preghiera, lo otterrete"». Il paragone è un po' forzato però s'intende bene quale esempio Gesú volesse dare con un miracolo «negativo», se cosí possiamo dire.

D'altronde la stessa nascita di Gesú, secondo il racconto evangelico, avviene all'insegna di un grandioso fenomeno naturale: la stella cometa che indica ai re magi arrivati dall'Oriente il luogo dove il prodigioso bambino è venuto al mondo. Anche in questo caso però bisogna distinguere, al di là degli affettuosi aspetti favolistici, il significato profondo dell'evento che va collocato all'interno della visione cosmologica allora prevalente, decisamente diversa da quella che abbiamo dopo Copernico, Galileo, Darwin, Einstein.

L'attrattiva dei racconti evangelici è in questo continuo altalenare tra significato letterale degli episodi e una loro possibile lettura allegorica, alla quale si può aggiungere - volendo - anche un ulteriore significato teologico. Quando Borges avvicinava le storie delle Sacre Scritture alla letteratura fantastica, pensava forse anche a questo complesso gioco di rimandi che integra l'apparente semplicità della lettera, aprendo una lunga catena di considerazioni aggiuntive.

AUGIAS Professor Filoramo, tra i protagonisti delle storie di cui stiamo parlando – diciamo pure gli attori – dobbiamo inserire la natura, ovvero lo sfondo contro il quale le azioni si svolgono. Uno scenario che in genere, ma non sempre, assiste impassibile a quanto accade. Se lei è d'accordo comincerei dal primo segno naturale – di natura celeste – che accompagna la nascita stessa di Gesú, vale a dire la comparsa di una «stella cometa» che segna l'umile luogo in cui il futuro «Salvatore» è appena venuto al mondo.

FILORAMO Dobbiamo guardare a questa «stella» non con gli occhi di chi oggi, in una notte limpida, guarda il cielo e, se non è del tutto insensibile al fascino della Natura, prova un leopardiano senso di infinito di fronte alle «vaghe stelle», per esempio del Grande Carro, che per riflesso ci possono dare il senso della nostra pochezza di fronte all'immensità dell'universo. Per gli antichi, come i lettori dei Vangeli, l'universo era un cosmo chiuso al cui centro stava la terra. Le stelle, di cui potevano far parte anche i pianeti, erano fisse. Esse erano la dimora di divinità che, dalla loro sede lontana, influenzavano il destino degli uomini. I magi vengono non a caso da un Oriente, forse la Mesopotamia, che aveva sviluppato una raffinata arte della divinazione, grazie alla quale si cercava di decifrare gli influssi che le stelle avevano sul destino dei singoli individui o di interi popoli: oggi basta un oroscopo alla radio per ascoltare la pallida eco di quell'antica credenza. Non si contano i grandi personaggi la cui nascita era legata a un astro particolare. Su questo sfondo, la nascita di Gesú sotto il segno d'una stella non stupisce. In fondo, a nascere è il Re del mondo: come non omaggiarlo legando il suo destino alla comparsa di un astro eccezionale? Anche la natura si inchina al suo Signore.

AUGIAS L'Antico Testamento però, con la sua concezione di Dio e della creazione, aveva rifiutato queste visioni astrologiche tipiche dell'Oriente: le stelle e le costellazioni che si vedono a occhio nudo nei cieli notturni sono state create da Dio, non sono sede di divinità che non esistono, per cui ogni culto delle stelle va rifiutato.

FILORAMO Piú facile a dirsi che a farsi. Di fatto, ci sono prove che nell'Israele antico il culto delle stelle venne introdotto tanto nel Regno del Nord (che termina nel 722 a.C.) che in quello di Giuda del Sud. Di esso rimangono tracce anche nel simbolismo. La rappresentazione di Matteo sembra una riuscita miscela di credenze astrologiche tradizionali e dell'avveramento di profezie veterotestamentarie come quella relativa a Giacobbe. In *Numeri* per esempio si legge: «Una stella spunta da Giacobbe e uno scettro sorge da Israele». Una profezia di *Isaia* dice: «Cammineranno le genti alla tua luce, i re allo splendore del tuo sorgere». Dunque, alla fine, una natura celeste al servizio dell'avvento del Messia.

AUGIAS Torniamo verso terra. Lo scenario o sfondo che compare con piú frequenza e con piú intenso significato non solo nei Vangeli ma in molte scritture antiche di quella zona, è il deserto. Come possiamo definirlo?

FILORAMO Una breve premessa ecologica. L'importanza del deserto nei Vangeli è evidentemente legata a una zona particolare della Palestina antica come del resto lo è dell'Israele contemporaneo, intendo dire la Giudea. La quale però offre soltanto un aspetto del panorama complessivo, perché l'altro scenario naturale dei luoghi, l'altra ecologia, è la zona settentrionale, la Galilea ricca di montagne e di acque, terra fertile, a differenza dell'arida, aspra Giudea. Occorre poi tenere presente che, dal punto di vista ecologico, esistevano in Palestina vari tipi di deserto: quello del Sinai ha anche dei monti alti piú di 2000 metri (non a caso, vi si è vista tradizionalmente la collocazione del monte Sinai), mentre quello del Mar Morto è piatto e desolato (nonché sotto il livello del mare). Quanto alla Galilea, dove Gesú avrebbe avuto la sua lotta con Satana, occorre piuttosto pensare, come indica il termine greco *eremos* «luogo solitario», di solito tradotto con deserto, a zone disabitate, dove appunto Gesú si ritira da solo per meditare: è la prefigurazione dell'eremita, da *eremos* appunto.

AUGIAS Il deserto compare cosí presto nel racconto della vita di Gesú come luogo del ritiro e delle tentazioni, da far sorgere subito una domanda: fino a che punto si tratta d'un deserto costruito in funzione dell'eredità biblica?

FILORAMO È evidente che nella tradizione biblica che occupava le menti degli autori dei Vangeli, il deserto aveva assunto un ruolo fondamentale fin dal momento del mito fondativo di Israele, cioè l'esodo dall'Egitto, il lungo (quarant'anni!) e terribile attraversamento del deserto, prima dell'arrivo nella terra promessa. Se lo sfondo comune con questa antica tradizione è indubbio, notevoli e numerose sono anche le differenze. Chi attraversa il deserto biblico? Mosè, guidando il popolo d'Israele liberato dalla schiavitú del faraone. Il Vangelo di Marco, il piú antico, quello che fornisce la tessitura di base sia a Matteo sia a Luca, presenta invece un deserto come luogo nel quale si svolge la preparazione di Gesú. Il deserto, ripeto, è luogo di meditazione e di tentazione. Il Vangelo di Marco ruota intorno a questo grande tema: la prima parte è una preparazione al manifestarsi della realtà messianica in Gesú, è durante il ritiro nel deserto che egli comincia a meditare sul suo destino, ma soprattutto si confronta con le tentazioni di Satana: un modello fondamentale per le successive tentazioni del padre del deserto, il fondatore del monachesimo eremitico, ovvero l'abate Antonio. Gesú è stato battezzato, ha avuto questa consacrazione da parte del Padre, ora deve riflettere.

AUGIAS Quaranta giorni nel deserto non sono pochi. Anche il cugino che lo precede, il Battista, era stato a lungo nel «deserto» – evidentemente fornito di acqua, perché altrimenti come avrebbe potuto – oltre che dissetarsi – battezzare?

FILORAMO In una visione grandiosa diventano dettagli trascurabili. Ci si inoltra nel deserto spinti da diverse ragioni compresa quella che in un luogo cosí arido e privo di vita la divinità poteva manifestarsi piú facilmente; l'uomo solitario non è distratto dalle mille tentazioni del mondo ed è costretto a confrontarsi con le vere tentazioni: quelle che provengono dal proprio intimo, inconscio compreso.

AUGIAS Da un punto di vista assolutamente profano è comprensibile questa concezione del deserto come luogo per dir cosí spiritualmente privilegiato. Nel deserto c'è un clima estremo; gran calore durante il giorno, grande freddo di notte; intorno il nulla, poca acqua, pochissimo cibo: informano le Scritture che questi profeti si cibavano di locuste, un po' di miele selvatico, qualche radice. Chiaro che in queste condizioni di quasi totale astinenza sia le visioni ascetiche sia le tentazioni carnali dovessero diventare frequenti e fortissime.

FILORAMO Il deserto infatti è uno dei luoghi dove si andava a cercare un'esperienza estrema, in parole molto semplici potremmo dire che c'è nel deserto una potenza generatrice di vita spirituale.

AUGIAS Potrei postillare, abbandonando momentaneamente il nostro tema, che questa funzione prosegue anche dopo i tempi di cui stiamo parlando. Il monachesimo per esempio prende avvio nel deserto.

FILORAMO È vero, anche se cambia il tipo di deserto. Con il monachesimo siamo nel Medio Egitto verso la metà del III secolo. Se prendiamo la vita di Antonio scritta dal vescovo Atanasio di Alessandria – individuo terribile e per tanti aspetti poco affidabile ma in questo caso prezioso – poco dopo la morte dell'abate, avvenuta nel 356, vi troviamo tutta una serie di informazioni attendibili su Antonio che è stato padre del monachesimo e piú in generale dello stesso eremitismo.

AUGIAS Lei introduce un altro tipo di figura che esula dalla nostra storia ma il cui fascino è indiscutibile. Gli eremiti erano santi uomini che sceglievano di trascorrere la vita in assoluta solitudine immersi nella contemplazione e nell'ascesi.

In termini di pura psicologia umana è chiaro che dovessero avere seri problemi nei rapporti con gli altri, ma del resto ogni forma di santità è sempre, in un modo o nell'altro, un portato dell'eccesso, spesso causato da un trauma.

FILORAMO Atanasio racconta che il giovane Antonio, proveniente da una famiglia agiata, sentí da ragazzo la predica sul Giovane Ricco che non ha la forza d'abbandonare i suoi agi per abbracciare Dio. Fu talmente colpito dalla storia che vendette tutto e andò nel deserto per restarvi vent'anni impegnato in una continua lotta col demonio – le famose tentazioni di sant'Antonio.

AUGIAS Non si contano le opere d'arte che quelle tentazioni, di natura soprattutto erotica, hanno ispirato: da Bosch a Salvator Rosa, da Cézanne a Odilon Redon, per non parlare del racconto di Flaubert.

FILORAMO Curiosità e fascino sono comprensibili. Ci si può chiedere come mai il deserto, spazio mistico per eccellenza, diventi anche il luogo delle tentazioni. La spiegazione a mio giudizio piú convincente è che lí, nella solitudine assoluta, lontano da ogni possibile fonte di distrazione, può avere luogo la prova estrema, ovvero la tenzone di un singolo individuo contro il Maligno. Compare ancora una volta un'ideologia dualista, la lotta tra le forze della Luce e quelle delle Tenebre, che ritroviamo per esempio nei manoscritti ebraici di Qumran.

AUGIAS Lasciamo gli eremiti alla loro lotta contro le tentazioni e torniamo al tema del capitolo cambiando però paesaggio. Spostiamoci a nord dell'attuale Israele cioè in Galilea; lí troviamo ricchezza di vegetazione e di acque grazie alle alture del Golan che oggi – come zona di confine – hanno anche una collocazione politica e militare strategica. Molte di queste acque si raccolgono nel lago di Tiberiade, o Mar di Galilea, che possiamo considerare piuttosto grande per la regione – la sua circonferenza misura oltre 50 chilometri. Sulle rive di questo lago e nelle sue acque, Gesú recluta i primi discepoli e compie alcuni prodigi. Penso alla moltiplicazione dei pani e dei pesci, alla facoltà di camminare sulla superficie dell'acqua. Sembra un gioco illusionistico ma suppongo che dobbiamo prendere quella miracolosa passeggiata come una metafora per alludere al suo totale dominio sulla natura.

FILORAMO Aggiungerei a quei primi prodigi il racconto della tempesta. Lei ha ricordato giustamente che nelle Scritture incontriamo a volte la natura come passiva, inerte, spettatrice delle azioni, altre volte invece troviamo un ambiente naturale o delle condizioni climatiche che interferiscono con l'azione anche in modo minaccioso. È il caso di quando su quel lago di Galilea che non è poi cosí grande nonostante l'enfatico nome di «mare», scoppia improvvisa una tempesta. Faccio presente, anche per esperienza personale, che una superficie d'acqua non certo paragonabile al mare aperto, può diventare realmente spaventosa anche nella sua modesta estensione. Di fronte a quel tumulto degli elementi, e allo spavento dei presenti, Gesú resta tranquillo, fa calmare le acque e il racconto prosegue dopo aver rivelato il suo completo dominio della natura. Ancora piú eloquente il caso, da lei appena citato, della capacità di sfiorare la superficie delle acque. Qui entra in scena il tema del miracolo il quale rimanda a quella facoltà divina in grado di sospendere le leggi naturali. Infatti, proprio su quell'episodio si sono sviluppate discussioni infinite: Gesú che cammina sulle acque ha fornito un argomento importante non solo per la difesa del miracolo ma direi per l'intera concezione del sovrannaturale che ha dominato il pensiero dell'Occidente fino al Settecento, ovvero alle soglie dell'Illuminismo.

AUGIAS Argomento controverso quello dei miracoli, da trattare con estrema cautela. Non mi riferisco al generico scetticismo dei non credenti – che peraltro condivido – bensí ad argomenti che nascono dall'interno stesso della dottrina come quelli sviluppati genialmente da Spinoza per il quale chiedere un miracolo, ovvero pretendere che il supremo e imperscrutabile disegno divino venga modificato da una preghiera, è in pratica un atto blasfemo.
Procediamo. Dal lago di Tiberiade defluisce il fiume Giordano che percorre l'intero territorio dell'attuale Israele, esile riga d'acqua, per andare a spegnersi nel Mar Morto. Questo piccolo fiume che ha una fama cosí sproporzionata rispetto alla sua portata idrica, è un altro elemento naturale importante nella nostra vicenda.

FILORAMO Abbiamo già accennato alla circostanza che erano allora presenti in Palestina delle sette battiste che per i loro riti avevano bisogno di molta acqua corrente. Faccio l'esempio eloquente della setta battista dei mandei arrivata fino ai nostri giorni, allora insediata alla confluenza tra il Tigri e l'Eufrate. Quando a seguito di certe vicende politiche sono stati costretti a emigrare, si sono trovati davanti a enormi difficoltà per ricreare un ambiente che gli permettesse di continuare i loro riti con relative abluzioni. Ma torniamo al Giordano e alla scena del battesimo di Gesú. Dicono i testi che nel momento culminante del gesto rituale si sono aperti i cieli, un bagliore accecante ha illuminato la scena. Non è chiaro che cosa vogliano dire in pratica espressioni del genere, il solo elemento sicuro è che intendono alludere a una partecipazione totale della natura al gesto iniziatico praticato da Giovanni. Visto che stiamo esaminando queste vicende anche sotto il profilo narrativo dobbiamo ammettere che questa partecipazione totale degli elementi, acqua, aria, cielo, narrativamente è molto forte.

AUGIAS Infatti lo è anche da un punto per dir cosí pittorico: un'oscura nuvolaglia squarciata dalla luce è un tema ricorrente in pittura. Sempre a proposito di rapporti con la natura, si può anche citare il caso in cui Gesú interviene sul corso naturale della vegetazione per interromperlo. È quello della maledizione del fico cui si accenna nell'introduzione al capitolo.

FILORAMO Approfondiamo il discorso, l'episodio, come ricordato, viene presentato in due modi diversi da Marco e da Matteo. Nel primo, l'evento è collocato dopo l'ingresso di Gesú a Gerusalemme quando, a sera, fa ritorno a Betania con i Dodici. La mattina dopo, prima di ritornare a Gerusalemme dove avrà luogo l'episodio dei venditori scacciati dal Tempio, Gesú ha fame, vede un fico che aveva foglie e si avvicina, sperando di trovare dei fichi. Ma inutilmente: «Non era infatti la stagione dei fichi». Gesú allora maledice il fico. Il commento del Maestro alla maledizione ha luogo il giorno dopo, quando, rifacendo la strada da Betania, dove erano tornati a dormire, verso Gerusalemme, il gruppo rincontra il fico ora secco. Pietro chiede a Gesú perché lo ha maledetto. Segue l'insegnamento di Gesú, che consiste nell'avere fede in Dio. La fede può smuovere le montagne. L'episodio è veramente singolare. In Palestina, il fico, una pianta fondamentale nell'alimentazione locale, mette le foglie a marzo e i primi fichi sono maturi alla fine di maggio: la scena andrebbe dunque collocata in questo periodo. Ma rimane strana l'azione di

Gesú: è come se noi pretendessimo di raccogliere l'uva a maggio e non a settembre, e ce la prendessimo con la vite perché non ha ancora i frutti. Siamo dunque costretti a vedervi un simbolismo profondo. Visto che in Marco le due parti dell'azione incorniciano, per cosí dire, la scena fondamentale della cacciata dei mercanti dal Tempio, vi si potrebbe vedere una prefigurazione di questa decisiva azione. Il Tempio ha tante foglie cioè – lo abbiamo visto – vi si svolgono continuamente sacrifici e azioni di grazie e lode a Dio. Ma inutilmente, almeno agli occhi di Gesú, che alla fine lo maledice. In fondo, Gesú agisce come un esorcista ovvero come un mago dotato del potere di determinare il corso naturale degli eventi bloccando la crescita di quel fico. Del resto, che le maledizioni possedessero un potere magico era credenza diffusa nell'antichità; e che Gesú fosse un potente esorcista risulta da molti passi dei Vangeli. Matteo elimina il particolare, incongruente, che non era tempo di fichi e costruisce una scena unificata, precisando ripetutamente che il fico si seccò all'istante, a sottolineare maggiormente la potenza della parola di Gesú, fonte della sua autorità; inoltre fa porre la domanda non solo da Pietro ma da tutti i discepoli.

Senza perderci, comunque, in troppi dettagli esegetici, i due racconti hanno un elemento in comune. Ci ricordano il paesaggio pastorale e agrario in cui Gesú è nato e cresciuto, fatto di greggi, di coltivazione della terra, di raccolta dei frutti (tra cui i fichi), di pesca. Un paesaggio che presuppone, in Palestina come in molte altre regioni del mondo antico, un'attenzione particolare alla natura e ai suoi ritmi, che in Israele si manteneva attraverso una serie di feste che seguivano le grandi fasi annuali delle stagioni. Mentre, però, nelle altre religioni antiche queste feste avevano uno sfondo tipicamente politeistico, con la messa in scena di varie divinità della natura e una concezione del cosmo come luogo di rivelazione del sacro, in Israele la situazione era diversa. Come insegna il racconto della creazione che si legge nella *Genesi*, Dio – l'unico Dio! – aveva creato il cosmo – l'unico cosmo! – mettendolo al servizio dell'uomo. Chi dà il nome agli animali? Adamo.

AUGIAS Racconto ancora una volta magnifico. Però con un pericolo che noi, giunti al punto in cui siamo, vediamo benissimo. Se gli animali e l'intera natura sono al servizio dell'uomo, non si gettano cosí le basi per un uso strumentale, alla fine distruttivo della stessa natura?

FILORAMO Non voglio ora entrare in questo dibattito attuale: se e fino a che punto la concezione biblica della natura, che i primi cristiani, come ebrei, ereditano, sia a favore o contro l'uso strumentale della natura. Mi limito a osservare che il gesto apparentemente secondario di Gesú (che cosa era mai, per un potente mago come lui, far seccare un fico che non si era messo al suo servizio?), rivela da un lato come Gesú agisca realisticamente muovendosi nel paesaggio naturale a lui familiare, dall'altro come la potenza della fede e della preghiera possa sovvertire l'ordine naturale, che è cosí non per delle leggi naturali, ma perché Dio lo mantiene costantemente tale.

AUGIAS L'episodio piú impressionante dell'intera narrazione evangelica dove la natura è coinvolta potentemente è quello dei fenomeni che si verificano nel momento in cui Gesú muore. Nel testo di Matteo troviamo il racconto piú articolato degli sconvolgimenti che accompagnarono il tragico evento: «Ed ecco, il velo del Tempio si squarciò in due, da cima a fondo, la terra tremò, le rocce si spezzarono, i sepolcri si aprirono e molti corpi di santi, che erano morti, risuscitarono. Uscendo dai sepolcri, dopo la sua risurrezione, entrarono nella città santa e apparvero a molti». Tale il tumulto tellurico e atmosferico che lo stesso centurione di guardia sotto la croce è preso da terrore: «Il centurione, e quelli che con lui facevano la guardia a Gesú, alla vista del terremoto e di quello che succedeva, furono presi da grande timore e dicevano: "Davvero costui era Figlio di Dio!"»

La parola «velo» in italiano non rende bene l'idea dell'oggetto di cui si parla. Velo fa pensare a una tenda sottile, semitrasparente, di lino o di cotone. Il «velario» del Tempio, ovvero la cortina che isolava il Santo dei Santi dov'era custodita l'Arca dell'Alleanza, era di tutt'altra consistenza.

Ce la descrive fino al dettaglio il libro dell'*Esodo*, uno dei cinque che aprono la Bibbia ebraica: «Farai il velo di porpora viola, di porpora rossa, di scarlatto e di bisso ritorto. Lo si farà con figure di cherubini, lavoro d'artista. Lo appenderai a quattro colonne di acacia, rivestite d'oro, munite di uncini d'oro e poggiate su quattro basi d'argento. Collocherai il velo sotto le fibbie e là, nell'interno oltre il velo, introdurrai l'arca della Testimonianza. Il velo costituirà per voi la separazione tra il Santo e il Santo dei Santi». Abbiamo di fronte un tendaggio di tale spessore e peso che per arrotolarlo occorreva lo sforzo congiunto di settanta uomini, piú pesante del piú ricco sipario d'un teatro d'opera. Solo se si hanno presenti queste dimensioni si capisce a quale enormità il testo alluda quando dice che questo immane manufatto del peso di tonnellate si squarciò da cima a fondo.

Se può interessare, aggiungo che ancora oggi un velario (detto *parochet*) ricopre e nasconde il luogo dove sono conservati i rotoli della Legge (*Sefer Torah*).

Professore, c'è chi attribuisce a questa profonda lacerazione un significato simbolico, ovvero la fine di un ciclo del giudaismo.

FILORAMO Proprio il particolare da lei richiamato è uno degli elementi che denunciano come il Vangelo di Marco, che si conclude ancor piú tragicamente di quello di Matteo, sia stato scritto dopo il 70 cioè dopo la distruzione del Tempio ad opera delle truppe romane. Ricordo anche che il Vangelo di Marco non celebra la Resurrezione. Ma, per ritornare alla scena naturale da lei ricordata, essa non fa che confermare quello che ho appena detto. Dio è il signore della natura, il fondamento del suo apparente ordine. Ma quando vuole, può provocare qualunque tsunami o tornado. Lo scenario, tipicamente apocalittico, prefigura lo scenario della fine del mondo, in cui la natura cesserà di esistere e avrà luogo la resurrezione dei morti e il giudizio di Dio.

AUGIAS Marco fa morire Gesú con parole piene d'angoscia vorrei dire disperate: il grido straziante che riproduce il primo versetto del salmo «Dio mio, Dio mio, perché mi hai abbandonato?» Dando pieno credito a questo finale si potrebbe dire che Gesú muore convinto di aver fallito la sua missione. Quel salmo è uno dei piú dolorosi. Dopo quel primo versetto prosegue: «Lontane dalla mia salvezza le parole del mio grido! Mio Dio, grido di giorno e non rispondi; di notte, e non c'è tregua per me».

FILORAMO Si potrebbe dire anche un'altra cosa relativa al mistero della fede: Marco ci dà un Gesú umano, vicino al credente.

AUGIAS Infatti anche a me che non sono credente quel Gesú cosí infelice, che muore straziato dalle torture, è quello che sento piú vicino, arrivo a dire che sento di amare. Il Gesú disincarnato e sereno di Giovanni di cui capisco l'importanza teologica mi sembra molto piú lontano.

FILORAMO Non sono d'accordo. Giovanni rappresenta l'altro volto nella lettura di Gesú. La tradizione cristiana fissa due volti di Gesú: uno è quello del Gesú sofferente, l'altro è quello del Cristo Signore, Gesú Pantocrator, Colui che ha vinto la morte. I due aspetti non si escludono, possiamo dire che si alternano e si completano.

AUGIAS Ma poiché si dice che Gesú abbia una doppia natura essendo vero Dio e vero uomo, è evidente che nessun vero uomo fatto di carne e di sangue potrebbe mantenere una tale distaccata serenità dopo tutti i tormenti che hanno lacerato il suo corpo. Giovanni facendogli pronunciare quelle calme parole con rassegnata serenità nega, o quanto meno nasconde, la natura umana di Gesú.

FILORAMO Lei ha ragione a insistere su questo punto: il Gesú della passione di Giovanni non è il Gesú sofferente di Marco. Ma è forse meno vero, dal punto di vista da cui ci poniamo? Per i cristiani che credono in lui, rappresenta la possibilità di non essere inghiottito dalla morte, nonostante le inevitabili sofferenze che dovranno affrontare. E per me, che non credo nella possibilità di sconfiggere la morte, rappresenta la forza impossibile dell'ideale. Inoltre, piú prosaicamente, aiuta a capire la teologia degli gnostici dove tra l'altro troviamo un testo bellissimo nel quale si racconta che sulla croce Cristo ride. Perché ride? Perché in realtà la carne di cui è rivestito è solo apparenza: torna il tema che abbiamo visto anche nel Vangelo di Giuda. Il Vangelo di Marco invece è il testo che presenta l'essere incarnato, dunque sofferente, che lancia quel grido terribile. Aggiungo un'ultima considerazione, per restare nel tema della natura. Per gli gnostici, la natura nel suo complesso è secondaria, inesistente o nemica: è una realtà cosmica, creata da un Dio malvagio o, al meglio, ignorante. La vera realtà ora è interiore, si cela nell'intimo dell'uomo. Si potrà dissentire da questa visione negativa della natura, del mondo naturale che ci circonda, ma non si può negare che essa abbia un suo fascino, che spiega perché essa ritorna periodicamente nella storia del pensiero occidentale: si pensi alla Natura matrigna di Leopardi, che abbiamo già evocato.

AUGIAS Infatti cosí canta Leopardi ancora una volta poeta e insieme filosofo nel suo *La ginestra*. Risalendo le scabre prode del Vesuvio impietrate e rese sterili dalla lava, esclama: «Venga colui che d'esaltar con lode | Il nostro stato ha in uso, e vegga quanto | È il gener nostro in cura | All'amante natura». Sferzata sarcastica a chi ancora è disposto a credere alla benevolenza della natura. Bella certamente lo è, stupenda a volte, nello stesso tempo però gelida testimone dei nostri affanni.

XVI.
ERODE E SUO FIGLIO

Nella nostra storia entrano ora, in maniera diretta o indiretta comunque con notevole impeto, due personaggi di grande rilievo, si chiamano entrambi Erode, infatti vengono talvolta confusi. Nonostante abbiano lo stesso nome, le loro storie sono diverse. Un elemento comunque li accomuna: la coloritura. Erode detto il Grande ed Erode Antipa, suo figlio, hanno caratteri cosí nettamente delineati – quanto meno nella divulgazione popolare – da sembrare due di quei personaggi di teatro sempre uguali dall'inizio alla fine, riconoscibili solo per un tic, un gesto, un episodio saliente, qualche battuta. Nel gergo teatrale si chiamano «tinche», sono i personaggi fissati in un ruolo immutabile. A guardare meglio però, i due Erode furono tutt'altro che «tinche»: se nella narrazione corrente si vedono ridotti il primo alla cosiddetta «strage degli innocenti», il secondo alla danza dei sette veli con la successiva decapitazione del Battista, è perché i personaggi dei Vangeli sono stati spesso ridotti al ruolo di figurine. Osservazione, se condivisa, che potrebbe essere uno dei possibili motivi d'utilità di questa conversazione: avvicinarli, conoscerli meglio.

Erode detto il Grande (73-4 a.C.) fu sovrano della Palestina durante anni cruciali per il mandato romano in quella regione. Cesare viene assassinato nel 44 a.C., seguono a quella morte anni cruenti di guerre civili, di ondeggianti alleanze, di rovesciamenti di fronte. Per un lungo periodo non si capisce bene chi finirà per prendere il trono dal quale Cesare è stato sbalzato. Per un reuccio di provincia, un vassallo, non è problema da poco decidere con chi schierarsi. Ottaviano o Marc'Antonio? Un errore di valutazione può significare la perdita oltre che del potere, della stessa vita.

La «grandezza» di Erode venne soprattutto dalla sua abilità nel mantenersi al potere dovendo rispondere a un padrone difficile da individuare qual era in quel periodo l'ondeggiante sovranità romana.

Quando fondò sulla costa una nuova città, volle che si chiamasse Cesarea (Marittima) come atto d'omaggio all'imperatore. Al trono era arrivato con l'aiuto di Marc'Antonio ma quando costui (insieme alla sua Cleopatra) fu sconfitto ad Azio da Ottaviano Augusto (31 a.C.) Erode cambiò rapidamente fronte, si schierò con tale abilità dalla parte del nuovo uomo forte di Roma che riuscí a mantenere la testa sul collo, e il trono.

Tipica storia di potere destinata a ripetersi molte volte, fino ai nostri giorni.

Astuto e molto ambizioso, pronto all'uso di ogni necessaria crudeltà, Erode il Grande entra in questa storia soprattutto per due elementi: contribuí in modo determinante alla ricostruzione del Tempio di Gerusalemme che infatti venne chiamato Tempio di Erode; inoltre, come ricordato, è l'uomo al quale viene attribuita la cosiddetta strage degli innocenti. Allarmato da certe voci secondo le quali era nato il Messia, re d'Israele, Erode fallito un tentativo di rintracciarlo ordinò – secondo la leggenda – che venissero uccisi tutti i neonati. Scrive Matteo che Giuseppe, avvisato come di consueto in sogno da un angelo, «si alzò, nella notte, prese il bambino e sua madre e si rifugiò in Egitto, dove rimase fino alla morte di Erode». Della cosiddetta strage non c'è traccia negli annali; per di piú la nota di Matteo solleva un problema di datazione. Sappiamo con certezza che Erode è morto nel 4 a.C., dunque se il computo degli anni comincia dalla nascita di Gesú dovremmo aggiungerne alla nostra era almeno 4, forse 5.

Erode il Grande appartiene in pratica all'antefatto della nostra storia. Suo figlio Erode Antipa ne è invece uno dei coprotagonisti. Anche di lui ci occuperemo in questo capitolo.

AUGIAS Professore come commenta lo storico la disordinata, talvolta incoerente, massa d'informazioni che abbiamo su Erode?

FILORAMO Bella domanda! È vero che su di lui abbiamo parecchie fonti, per non parlare delle rovine archeologiche dei tanti edifici di ogni tipo di cui promosse la costruzione nel suo lungo regno; non solo città, ma terme, anfiteatri, ginnasi, bagni, insomma tutti gli elementi che contraddistinguevano una città ellenistica e la sua vita urbana. Inoltre, da sovrano previdente, dato che la Palestina era normalmente invasa dalle potenze straniere e i nemici ai confini non mancavano, fortificò il suo regno con una serie di impressionanti fortezze ai margini del deserto, fra le quali le maggiori erano Masada, Macheronte, l'Herodium nella Perea e l'Herodium a sud-est di Betlemme, dove fu sepolto. Queste fortezze servivano anche da prigioni e, poiché i rapporti di Erode con i membri della sua famiglia furono segnati da lotte intestine, anche membri di questa famiglia vi furono detenuti e giustiziati.

Ma è anche vero che queste fonti sono inconciliabili. A seconda del punto di vista, se proromano o progiudeo, esse lo esaltano o lo condannano. Spesso è descritto come un politico consumato, come in effetti dimostra la sua abilità d'abbandonare Marc'Antonio al momento giusto, dopo la sconfitta di Azio. Con buon fiuto politico individua in Ottaviano il futuro augusto e riesce a convincerlo che la sua precedente amicizia con Antonio era pura finzione, superficiale e strumentale. Di fatto, Ottaviano si lasciò convincere e favorí in modo decisivo la politica di potenza e di espansione di Erode. Al contrario, talvolta è descritto come un sovrano cieco e crudele: e certo, gli ultimi anni del suo regno, con tutti gli assassini dei suoi familiari (tra l'altro, egli ordinò la morte della moglie Mariamne, dei loro due figli Aristobulo e Alessandro, di altri membri della famiglia asmonea e del proprio figlio Antipatro), sono degni di una tragedia di Shakespeare.

AUGIAS Bisogna dire che Erode ebbe dieci mogli, con molti figli: dunque aveva un complicato problema anche per la successione al trono.

FILORAMO Non solo è cosí ma il problema divenne sempre piú drammatico nell'ultima fase del suo regno, quando effettivamente egli sembra perdere il controllo della situazione, anche in conseguenza di gravi problemi di salute (farà una fine orribile, divorato dai vermi). A un certo punto si sente minacciato da tutte le parti e agisce come un sovrano spietato, paranoico e persecutorio – la strage degli innocenti, se è mai avvenuta, si collocherebbe bene in questo periodo.

AUGIAS Bisogna dire che la storia delle monarchie è costellata da queste carneficine familiari per odi tra fratelli rivali o di un padre che non sopporta di cedere il potere a un figlio piú giovane. A Costantinopoli per esempio era usuale alla corte del sultano che il primogenito facesse uccidere o accecare i suoi fratelli cosí risolvendo alla radice ogni possibile problema di successione.

FILORAMO Erode però ha ampiamente superato la misura, e il suo ultimo periodo rischia di oscurare anche le cose positive che aveva pur fatto in precedenza. Mi limito al caso dei due figli Aristobulo e Alessandro, di cui aveva già messo a morte la madre. Come stupirsi che, pervenuti alla maggiore età, costoro abbiano cercato di vendicare la morte di Mariamne? Inizialmente Erode sembrò prometter loro una carriera brillante, in vista della successione al trono. Nel 17 a.C. andò di persona a Roma, dove li aveva inviati per ricevere una educazione adeguata e soprattutto per familiarizzarsi con i vari rami del nuovo nascente potere imperiale, per riportarli trionfalmente in Giudea. Per Alessandro combinò un matrimonio con Glafira, la figlia del re Archelao di Cappadocia; per Aristobulo, con Berenice, figlia di sua sorella Salome: quale padre meraviglioso, uno sarebbe tentato di dire. La bellezza dei due giovani, in occasione del matrimonio, con il loro modo leggiadro di comportarsi guadagnò il favore popolare e dell'esercito. Ma doveva durare poco. Da piú segnali, era evidente che i due fratelli aspettavano la prima occasione per vendicarsi dell'assassino della madre. Erode ricevette soffiate da Salome e da altri cortigiani sui loro complotti. Alla fine, dopo un sommario processo, i due giovani vennero condannati a morte.

Va anche tenuto conto che il suo lungo regno conobbe tre periodi distinti, che corrispondono grosso modo a tre fasi fondamentali della sua vita. Un periodo giovanile iniziale di consolidamento, che arriva al 27 a.C., il periodo centrale (27-13 a.C.), una sorta di epoca d'oro, che coincide con la sua maturità al punto che per molti contemporanei egli parve restaurare i fasti del mitico regno di Salomone, grazie soprattutto alla sua politica edilizia – e nonostante la sua origine idumea che lo rendeva inviso agli Ebrei in quanto straniero; infine, il periodo di decadenza finale.

AUGIAS È nell'ultima fase, quella della decadenza, che soprattutto dette prova di estrema crudeltà sia verso i nemici esterni sia verso tutti quelli che, a cominciare dai familiari, sembravano minacciarne il potere. Reazione tipica di un uomo abituato al comando che sente scemare le forze, la capacità d'intervento, comincia a vedere complotti ovunque, va a letto – per cosí dire – col pugnale sotto il cuscino.

FILORAMO Ci sono, tuttavia, dei dati che lo storico non può trascurare. La sua scelta di appoggiarsi interamente ai Romani, diventandone un fedele alleato, se a certi Giudei poteva apparire un tradimento, di fatto garantí al paese un periodo di pace e prosperità. Quando, circa 70 anni dopo la sua morte, questa politica fu abbandonata, le conseguenze per i Giudei furono catastrofiche.
Dal punto di vista storico è importante ricordare che il soprannome di «Grande» era soprattutto dovuto – come ricordato sopra – all'aver fatto completare la ricostruzione straordinaria del Tempio con tale perizia e dovizia di mezzi da porlo all'altezza dei piú celebri templi dell'antichità. Il Tempio di Gerusalemme era già stato distrutto una prima volta da re Nabucodonosor nel 586 a.C. con conseguente periodo di schiavitú del popolo ebraico a Babilonia.

AUGIAS Tutti conoscono il *Nabucco* di Verdi e il piú bel coro lirico mai scritto *Va' pensiero* che a quella schiavitú appunto si riferisce. Non tutti però sono in grado di collegare quel sublime lamento alla distruzione del primo Tempio, detto di Salomone.

FILORAMO C'era poi stata la seconda e definitiva distruzione nel 70 cui abbiamo piú volte accennato. Giuseppe Flavio nella *Guerra giudaica* ha calcolato che, dalla fondazione ad opera di re Salomone, fino alla distruzione avvenuta nel secondo anno di regno di Vespasiano, erano trascorsi 1130 anni, 7 mesi e 15 giorni.

AUGIAS Poi entra in scena suo figlio, chiamato Erode Antipa, al quale, nella spartizione del regno, era toccata la Galilea. Era infatti accaduto che, alla sua morte, i domini di quel Grande padre erano stati divisi in quattro parti. Le province settentrionali erano state poste sotto il dominio di Erode Antipa con il titolo di «tetrarca» ovvero capo della quarta parte dello Stato.

FILORAMO Pessimo sovrano, quel figlio. Tanto per cominciare, è stato il responsabile della morte di Giovanni il Battista che viene fatto uccidere per ragioni apparentemente futili: il delittuoso capriccio di un'adolescente, la vendetta di sua madre. Sono invece convinto, ne abbiamo parlato in un capitolo precedente, che Erode Antipa fosse disturbato politicamente dalla predicazione del Battista. Erano tempi quelli in cui nessuno avrebbe obiettato alcunché se avesse ordinato l'esecuzione di un oppositore. Ma averlo fatto uccidere su richiesta della nipote per seducente che fosse, al di là della veridicità storica dell'episodio imprime al personaggio un carattere ondeggiante e debole, certo non all'altezza di un sovrano, anche se di un piccolo sovrano, un tetrarca, un reuccio da niente.

AUGIAS Aggiungerei lo scandaloso matrimonio con Erodiade, già moglie di suo fratello. Come abbiamo già fatto notare, in Palestina vigeva la legge del levirato, ovvero dell'obbligo di sposare la vedova del proprio fratello. Le ragioni economiche alla base di una tale legge sono evidenti. Si voleva evitare la frammentazione dei beni immobiliari o commerciali. Erode Antipa però aveva sposato la moglie di suo fratello mentre questi, come sappiamo, era ancora vivo... Nella nostra storia il personaggio di Erode Antipa entra in scena quando, nella notte che segue l'arresto di Gesú, il procuratore Pilato viene a sapere che il prigioniero è un galileo, dunque rientra nella giurisdizione territoriale di Erode che si trova anch'egli a Gerusalemme per la Pasqua. Dal punto di vista narrativo è bello – molto teatrale – che, avvicinandosi la tragica fine della vicenda, tutti i personaggi si ritrovino nello stesso posto, quante volte l'abbiamo visto al cinema. Ponzio Pilato era salito da Cesarea per

sorvegliare da vicino l'ordine pubblico. Erode era disceso dalla Galilea per partecipare ai riti di Pesach. Pilato ordina dunque che il prigioniero venga inviato al tetrarca con l'evidente intenzione di spogliarsi di un caso che potrebbe diventare possibile fonte di contrasto con i capi dei Giudei. Luca racconta i fatti cosí: «Vedendo Gesú, Erode si rallegrò molto. Da molto tempo infatti desiderava vederlo, per averne sentito parlare, e sperava di vedere qualche miracolo fatto da lui. Lo interrogò, facendogli molte domande, ma egli non gli rispose nulla».
Professore, la mia impressione è che nella penosa scena che segue Erode dia prova della sua angustia mentale, anche se bisogna chiedersi se la scena sia mai davvero avvenuta. Bultmann per esempio ne dubitava. C'è tra l'altro una frase di Luca che allude a qualcosa di interessante: «In quel giorno Erode e Pilato diventarono amici tra loro; prima infatti tra loro vi era stata inimicizia».

FILORAMO Che tipo era Erode Antipa? Giuseppe Flavio ci dà alcune informazioni su di lui. Con Archelao, era figlio di Maltace, moglie samaritana di Erode il Grande. Era stato educato a Roma. All'inizio era sembrato l'erede preferito del padre, alla fine dovette accontentarsi della Galilea e della Perea. In Galilea, imitando la politica edilizia del padre, ricostruí Sefforis e fondò una nuova città, che in onore del nuovo imperatore, Tiberio (Augusto era morto nel 14 d.C.), chiamò Tiberiade, e con una politica di migrazione forzata riuscí velocemente a popolarla. A differenza del fratello Archelao, che durò poco perché fu deposto dai Romani il 6 d.C. mentre regnava in Giudea, Erode Antipa riuscí a regnare fino al 39, quando fu deposto dal nuovo imperatore Caligola e inviato in esilio con la moglie Salome a Lione. Almeno dal punto di vista della durata del regno, riuscí a imitare il padre, grazie alla stessa politica di alleanza e sottomissione ai Romani. Del resto, come lei ha ricordato, egli non era un re ma un tetrarca. Giuseppe Flavio sottolinea l'empietà di Erode, che avrebbe costruito la città di Tiberiade dove vi erano delle tombe, da altre fonti però noi sappiamo che in realtà egli tendeva a mostrarsi rispettoso delle tradizioni giudaiche, come conferma il fatto stesso che partecipava alle feste a Gerusalemme o che le monete da lui coniate, rispettando l'aniconismo giudaico (proibizione delle immagini), non avevano ritratti.

AUGIAS Ma lei ritiene plausibile, dal punto di vista storico, la scena descritta da Luca?

FILORAMO Non era inusuale che un successore di Erode il Grande discendesse a Gerusalemme in occasione delle festività, anche se non v'è consenso su dove risiedesse. Luca scrive per lettori del mondo greco-romano, che dovevano avere una qualche nozione del diritto romano, anche se potevano ignorare l'intricata questione dei rapporti col diritto ebraico. Antipa aveva giurisdizione in Galilea, difficilmente avrebbe potuto esercitarla anche in Giudea, per di piú a Gerusalemme. In questo dissento dalla ricostruzione da lei fatta. Quando Pilato apprende che Gesú è un galileo, lo rimanda a Erode non perché il tetrarca eserciti una qualche giurisdizione su di lui in quanto galileo, ma per sentire la sua valutazione del caso. Pilato aveva già avuto il parere negativo del Sinedrio, che non aveva per lui valore legale e che sembra non condividere. Vuol dunque sentire un altro parere autorevole del sovrano che governava la patria di Gesú e che forse poteva avere informazioni idonee a facilitargli la decisione. Si può aggiungere un movente piú sottilmente politico, che spiegherebbe la notazione di Luca sulla loro supposta amicizia. Lo stesso Luca aveva riferito prima di un incidente in cui Pilato aveva mescolato il sangue di galilei con quello dei sacrifici. Aggiunge inoltre che c'era inimicizia tra Erode e Pilato. È possibile che Pilato, nell'imminenza della festa, fosse indeciso sul versare altro sangue galileo. In fondo, coinvolgendo Erode, che avrebbe potuto dissentire dal Sinedrio e difendere il suo compatriota, Pilato si ingraziava il tetrarca, mentre nel contempo cercava una scappatoia per non avvalorare la condanna a morte consigliata dal Sinedrio.

AUGIAS La sua ricostruzione del possibile movente di Pilato, anche se solo deduttiva, è convincente e in certo senso non toglie completamente di mezzo la mia opinione che

Gesú gli viene mandato in quanto suddito galileo. La scena di Erode con Gesú resta comunque ambigua. Può essere interpretata come un dileggio nei confronti dell'accusato o, al contrario, come un tacito gesto di ricusa per significare a Pilato: di questo penoso affare occupati tu. Il tutto è legato al dettaglio di un mantello. Luca scrive: «Erode, con i suoi soldati, lo insultò, si fece beffe di lui, gli mise addosso una splendida veste e lo rimandò a Pilato».
Si è dileggiato il povero prigioniero ma la veste è «splendida», come interpretare il gesto?

FILORAMO Ha ragione a sottolineare l'ambiguità della scena. In questa situazione drammatica – si sta pur sempre decidendo la vita di un uomo – il tetrarca sembra comportarsi come una macchietta: si rallegra molto perché da tempo desiderava incontrare Gesú e si aspettava da lui una performance miracolistica particolare. Ma siamo sicuri che le cose stiano proprio cosí? Erode, ricordiamolo ancora, non esita a imprigionare il Battista perché lo rimproverava delle malefatte compiute: preambolo della successiva morte. Un tiranno spietato, dunque, che ha fatto fuori senza tentennamenti un predicatore che lo irritava con le sue critiche, ma soprattutto un potenziale Messia. La situazione di Gesú non è diversa. Quando, sempre secondo Luca, Gesú invia i suoi discepoli a predicare nei villaggi della Galilea, Erode viene informato su quanto sta avvenendo, gli arrivano notizie su questo profeta, è molto perplesso: alcuni gli dicono che Gesú è il Battista risorto, altri che è Elia o uno degli antichi profeti. Per questo cerca di vederlo. Dunque, il desiderio di vedere Gesú è piú antico e non è pura curiosità di assistere a performance straordinarie: Gesú, come presunto Messia o profeta armato o, peggio, il Battista redivivo, può rappresentare una minaccia politica. Del resto, sempre Luca, quando Gesú si avvia dalla Galilea verso Gerusalemme dove morirà, mette in scena dei farisei che lo avvertono: non andare a Gerusalemme, perché Erode vuole ucciderti. Dunque, l'Erode che interroga inutilmente Gesú non è un bonaccione. Per questo lo interroga a lungo. Ma inutilmente. A differenza che con Pilato, ora Gesú tace. Credo che questo silenzio

si spieghi con la consapevolezza che è giunta la sua ultima ora: ogni parola sarebbe inutile.
Quanto al particolare della veste o mantello di cui lo riveste, si è discusso a lungo sul suo significato. Il fatto che sia «splendida» non significa che Erode dileggi Gesú coprendolo con una veste regale prima di rimandarlo a Pilato. Erode vuole ingraziarsi il prefetto; e poiché Pilato propende per l'innocenza del prigioniero, occorre stare attenti a non confermare le accuse del Sinedrio. Dunque, io penso che Erode rivesta Gesú di una veste candida, simbolo d'innocenza: un chiaro messaggio a Pilato del suo giudizio.

AUGIAS La scena, cosí come viene raccontata, rivela comunque un uomo di nessuna grandezza, anzi mette in luce una di quelle nature di pasta vile che in genere si riassumono nella formula: debole coi forti, forte coi deboli. Quanto di peggio.

FILORAMO Questo mi sembra fuori discussione. Ma se si accetta la mia lettura, Erode è piú che altro un opportunista. Del resto, il fatto di ingraziarsi Pilato, come ho ricordato prima, rientra perfettamente nella sua politica verso i Romani, che gli ha permesso di durare cosí a lungo sul suo piccolo trono. La fondazione di una città chiamata Tiberiade la dice lunga.

AUGIAS Sono gesti di sudditanza resi necessari dai rapporti di forze esistenti. Suo padre aveva fondato Cesarea, il figlio fa nascere Tiberiade. Eterno destino dei sovrani asserviti.

XVII.
GIACOMO E PIETRO, UNA DIFFICILE SUCCESSIONE

Gesú ebbe dei fratelli? Questione lungamente dibattuta e priva di una risposta definitiva, le fonti essendo incerte e interpretabili in vario modo in obbedienza piú alla dottrina che ai fatti. Una di quelle questioni per le quali si può dire che la risposta dipende quasi per intero dalla premessa. Il risultato è che, nelle varie confessioni cristiane, i protestanti credono che Gesú abbia avuto dei veri fratelli carnali; gli ortodossi li considerano fratellastri ovvero figli avuti da Giuseppe in un precedente matrimonio; i cattolici ritengono che fossero soltanto cugini.

I riferimenti delle fonti a possibili fratelli e sorelle non sono pochi, però paiono non consentire una risposta univoca. I tre Vangeli sinottici (Marco, Luca, Matteo) riportano alcuni episodi che vale la pena di rileggere.

Gesú è tornato nel villaggio natale di Nazareth e sta predicando in sinagoga; dimostra tale sapienza che i suoi ascoltatori se ne stupiscono. Sanno chi è, conoscono il padre e la madre, l'hanno visto bambino, sanno che è egli stesso un falegname e dunque si chiedono come faccia a sapere tante cose. Il brano descrive chiaramente una situazione ostile e contiene le parole proverbiali «Nemo propheta in patria».

Marco scrive: «"Non è costui il falegname, il figlio di Maria, il fratello di Giacomo, di Ioses, di Giuda e di Simone? E le sue sorelle, non stanno qui da noi?" Ed era per loro motivo di scandalo. Ma Gesú disse loro: "Un profeta non è disprezzato se non nella sua patria, tra i suoi parenti e in casa sua"». Matteo: «Non è costui il figlio del falegname? E sua madre non si chiama Maria? E i suoi fratelli Giacomo, Giuseppe, Simone e Giuda? E le sue sorelle, non stanno tutte da noi? Da dove gli vengono allora tutte queste cose?»

C'è poi l'altro episodio citato nei tre sinottici cui s'è accennato in un capitolo precedente: «Giunsero sua madre e i suoi fratelli e, stando fuori, mandarono a chiamarlo. Attorno era seduta una folla, e gli dissero: "Ecco tua madre, i tuoi fratelli e le tue sorelle stanno fuori e ti cercano". Ma egli rispose loro: "Chi è mia madre e chi sono i miei fratelli?" Girando lo sguardo su quelli che erano seduti attorno a lui, disse: "Ecco mia madre e i miei fratelli! Perché chi fa la volontà di Dio, costui per me è fratello, sorella e madre"». Anche Giovanni parla in alcune occasioni dei fratelli di Gesú; ad esempio quando, risorto dalla morte, avverte Maria di Magdala: «Non mi trattenere, perché non sono ancora salito al Padre; va' dai miei fratelli e di' loro: "Salgo al Padre mio e Padre vostro, Dio mio e Dio vostro"». Riferimenti ai fratelli si leggono anche negli Atti degli Apostoli, *nelle* Lettere *di Paolo, nelle opere di Giuseppe Flavio e in altri scritti protocristiani; nessuna di queste citazioni risolve però in modo definitivo il vero legame di consanguineità di quella parola di oscillante interpretazione. Secondo il dogma cattolico, Gesú era unigenito figlio di Dio padre, nato da donna rimasta sempre vergine* ante et post partum, *per cui l'esistenza di fratelli e sorelle comprometterebbe gravemente un equilibrio fragile e di difficile comprensione, tenuto insieme solo dal dogma. D'altra parte Giacomo, che diventa capo della comunità gerosolimitana dei seguaci di Gesú dopo la sua morte, viene ripetutamente qualificato come «fratello del Signore», questo è si può dire il titolo di legittimità per la carica che riveste e verosimilmente il vincolo di sangue che lo lega al suo piú famoso «fratello».*

AUGIAS Nell'ottica di questo dialogo, l'aspetto teologico coinvolto dall'interpretazione della parola «fratello» interessa fino a un certo punto; molto di piú interessa l'aspetto storico e umano di Giacomo, notevole personaggio, sia quando Gesú è in vita, sia dopo la sua morte.

FILORAMO Mi soffermerei sulla funzione di Giacomo successiva alla morte di Gesú, cosa che implica anche una presa di posizione sulla dibattuta questione dei fratelli. Abbiamo già incontrato la questione parlando di Giuseppe e della verginità di Maria. La tradizione teologica ha censurato o oscurato il problema posto dai testi appena citati; è stata talmente influente che, per portare un solo esempio, le immagini medievali e moderne di sacra famiglia a noi familiari sono composte da una triade: Gesú infante, la Madonna e Giuseppe, spesso raffigurato come un uomo anziano. Talvolta al quadretto familiare si aggiunge il «cugino», Giovanni Battista. E tutti gli altri fratelli e sorelle citati piú volte nei Vangeli? Per spiegare questa parentela complicata ho già ricordato una prima possibilità: Giuseppe era un vedovo con dei figli quando viene promesso alla giovinetta Maria, dunque, questi «fratelli» sono in realtà fratellastri. Ma è un'ipotesi ardua: significherebbe attribuire una conoscenza superficiale o maldestra del greco ai nostri autori, che non parlano di fratellastri. Una seconda spiegazione è piú raffinata e filologicamente possibile: l'ha escogitata per la prima volta, se non vado errato, uno che se ne intendeva, Girolamo, un uomo insopportabile ma profondo conoscitore dell'ebraico e del greco (sua la traduzione in latino delle scritture ebraiche detta Vulgata). Egli sostiene che il termine ebraico *ach* significa sia fratelli sia cugini. Anche in questo caso però i Vangeli sono scritti in greco, e non da illetterati: il termine *adelphos* vuol dire fratello di sangue, non cugino. Rimane dunque possibile – la mia fantasia è limitata, e non riesco a immaginarne un'altra – soltanto una terza soluzione: i fratelli e sorelle di Gesú sono fratelli di carne, ma sono nati dopo Gesú, cioè dopo il parto verginale. È inutile aggiungere che la Chiesa cattolica ha da sempre osteggiato questa soluzione perché mina alla base la concezione – e alla fine il dogma – d'una perpetua verginità anche *post partum*. Aggiungo un'altra considerazione che mi sembra avvalori questa terza interpretazione, l'unica a mio avviso plausibile. Matteo e Luca iniziano il loro Vangelo con due lunghe genealogie, indigeste per il lettore moderno – non si tratta proprio di un invito alla lettura – ma che erano meno ostiche per un lettore antico. Oggi, con il nostro tipo di famiglia, monogama, con pochi figli, tante separazioni e piú matrimoni – ci avviamo a rivaleggiare con il grande Erode! – si ha difficoltà a risalire il nostro albero genealogico: se tutto va bene, ci fermiamo a evanescenti bisnonni. Ma all'epoca di Giuseppe, anche per un uomo in fondo modesto come lui, il fatto di poter vantare nel proprio albero genealogico addirittura il mitico re Davide, non era poi cosí secondario. A parte gli scopi teologici perseguiti dai due evangelisti, lei crede veramente che, se Giuseppe non fosse stato il padre naturale di Gesú, la cosa avrebbe funzionato? Ma se lo era, perché no dei fratelli e sorelle?

AUGIAS Infatti da un punto di vista storico e anche umano questa sembra l'ipotesi piú convincente. Lei però caro professore sa meglio di me quanto le concezioni teologiche, come del resto ogni «filosofia», siano influenzate dallo spirito dei tempi. Quando nascita e parentele di Gesú vennero plasmate, si costruí l'ipotesi che pareva meglio corrispondere alle esigenze del momento. D'altronde, come lei ha appena ricordato, i termini greci che si leggono nei testi sono *adelphos* e *adelphe* ovvero fratello e sorella per cui, se non lo impedissero ragioni di fede, la questione potrebbe fermarsi lí.
Torno a Giacomo. Giuseppe Flavio nel suo *Antichità giudaiche* scrive che Giacomo divenne capo della Chiesa di Gerusalemme dopo la morte di Gesú e che venne ucciso per lapidazione nell'anno 62 su ordine del sommo sacerdote Anania. Un passo sul quale – ancora una volta – s'è molto dibattuto. C'è chi sostiene che si tratti di un'interpolazione successiva fatta dal copista.

FILORAMO Non credo sia un'interpolazione. Il modo in cui Giuseppe Flavio presenta la morte di Giacomo rientra nella sua rivisitazione delle turbolenze e in particolare del conflitto tra sadducei e farisei che agitarono il giudaismo negli anni che precedettero lo scoppio della tragica rivolta contro Roma. Lo prova anche il comportamento del sommo sacerdote. Da un lato, infatti, lo vediamo cogliere l'occasione di una vacanza di potere, dovuta alla morte senza immediato successore del rappresentante romano Festo, per mettere a morte Giacomo; dall'altro, egli intende rintuzzare la protesta dei farisei, piú moderati dei sadducei. Lo storico Giuseppe Flavio ama descrivere gli intrighi di corte e i colpi di mano: anche in questo caso ci descrive un tipico intrigo politico-religioso, in cui il sommo sacerdote prende, per cosí dire, due piccioni con una fava: fa fuori Giacomo, che ritiene un avversario pericoloso, nel contempo si toglie la soddisfazione di umiliare i farisei. I quali però reagiscono e non solo ricorrono al re Agrippa II ma addirittura al nuovo procuratore romano Albino, ancora in viaggio verso la sua nuova sede, accusando il sommo sacerdote di aver convocato il Sinedrio senza le dovute autorizzazioni da parte dell'autorità romana: un caso analogo a quello di Gesú, ma di segno rovesciato. I farisei non riescono a impedire la morte di Giacomo, però si levano anche loro la soddisfazione di far deporre il sommo sacerdote.

AUGIAS Se mettiamo da parte la sorte del povero Giacomo, ucciso con il barbarico modo della lapidazione, la vicenda realizza uno schema di potere da manuale che fa quasi dimenticare la domanda fondamentale: perché Giacomo è stato condannato? In che cosa poteva mai consistere la sua colpa?

FILORAMO L'ipotesi piú probabile è che consistesse in una blasfemia, che il libro del *Levitico* puniva appunto con la lapidazione. Giacomo avrebbe glorificato il suo Signore, Cristo glorioso che siede alla destra di Dio per reggere insieme il mondo: si tratta della fede nel Risorto; Stefano era stato condannato per questo stesso motivo e altri apostoli, come Pietro, glorificano in questo modo il Cristo risorto. Del resto, secondo Marco un'accusa analoga era stata fatta anche a Gesú da un altro sommo sacerdote, Caifa, per un'analoga affermazione relativa al Figlio dell'uomo seduto alla destra di Dio nei cieli.

AUGIAS Gli *Atti degli Apostoli* riferiscono eventi successivi all'Ascensione di Gesú in cielo, descrivono le prime comunità giudaico-cristiane, soprattutto raccontano la «biografia» di Paolo. Una delle prime scene è la riunione durante la quale gli apostoli ricevono il dono dello Spirito Santo (Pentecoste); è anche l'ultima volta in cui viene citata la presenza di Maria che dopo quella data letteralmente sparisce dal racconto. Lo scopo degli *Atti* è infatti raccontare la proiezione fuori dalla Palestina della nuova setta giudaica che poi diventerà il cristianesimo. Qual è stato l'esito dell'avventura terrena di Gesú? Che cosa è successo ai discepoli che aveva scelto e alla comunità guidata da Giacomo ricostruita dopo la sua morte nella fede nel Risorto?

FILORAMO Lascio per ora da parte Paolo e la sua azione missionaria, per tornare alla figura di Giacomo che affermandosi come capo a Gerusalemme risponde a queste domande. Abbiamo perfino avuto la scoperta di un presunto ossario e di epigrafi che confermerebbero la sua esistenza storica, ne abbiamo già parlato.

AUGIAS Ricordo che Giacomo compare anche nella *Lettera ai Galati* di Paolo quando scrive: «In seguito, tre anni dopo, salii a Gerusalemme per andare a conoscere Cefa e rimasi presso di lui quindici giorni; degli apostoli non vidi nessun altro, se non Giacomo, il fratello del Signore». Il Cefa di cui si parla è Pietro, l'uomo al quale Gesú avrebbe affidato il compito di erigere la sua Chiesa. Si apre cosí un altro problema. Non avrebbe dovuto essere Pietro il capo della comunità gerosolimitana? Quali rapporti ci sono tra Pietro e Giacomo?

FILORAMO Il paragone piú immediato che si può citare è ciò che accade dopo la morte di Maometto, quando c'è da decidere la sua successione. Da un lato c'è quella per via di sangue, familiare, dall'altro la scelta di un capo politico che rispecchi criteri oggettivi di autorità e competenza. Nel caso di Muḥammad, l'erede per via familiare era il cugino 'Ali; ma all'epoca era troppo giovane e comunque a prevalere fu l'altra linea, la scelta di un capo politico che rispecchiasse gli effettivi rapporti di potere all'interno della comunità. Di qui la scelta di Abū Bakr e l'emarginazione di 'Ali, che porterà a una lotta fratricida e alla formazione dello sciismo. Gli sciiti, infatti, nacquero come movimento politico fra coloro che sostenevano che il genero di Maometto e i suoi discendenti erano i soli legittimi successori del Profeta alla testa della comunità musulmana. Con il successo delle dinastie successive degli Omayyadi e degli Abbasidi e con il costituirsi dell'islam sunnita, gli sciiti divennero una comunità religiosa separata, che alla fine fece dell'Iran il centro delle sue at-

tività: le conseguenze della successione a Maometto arrivano, in parole povere, fino ai nostri giorni.
Anche nel cristianesimo si sono fronteggiate due opzioni: il successore nella linea familiare, ovvero Giacomo, contro l'indicazione di Gesú in favore di Pietro. Anche in questo caso la successione per via familiare è risultata alla fine perdente poiché il «partito» di Giacomo era tendenzialmente incentrato sull'annuncio del Vangelo ai soli ebrei. Il conflitto con Paolo, che decide di annunciare il vangelo anche ai non ebrei, è fondamentale nella storia delle origini cristiane: è il primo di una serie di conflitti che nei secoli porteranno a divisioni permanenti in seno alle confessioni cristiane. Per questo Giacomo merita tutta la nostra attenzione, anche se ha perso.

AUGIAS Interessante il paragone con la successione a Maometto. Ma fino a che punto Giacomo ha veramente perso? Lui, il fratello del Signore, ci ricorda che Gesú era un ebreo e che le radici del cristianesimo sono ebraiche, che i primi seguaci di Gesú erano ebrei, anche ebrei zelanti come il fariseo Paolo. Il mondo cristiano ha preso coscienza di questi precedenti solo da pochi anni, di fatto dopo la Shoah e in seguito a una svolta radicale della ricerca storica. È un po' una ricompensa, per quanto tardiva, per il sacrificio di Giacomo.

FILORAMO Lei ha ragione, ma la sconfitta allora non solo negli immediati termini di potere ma anche come deposito di fede, è indiscutibile per cui, tornando al problema della successione, se in un primo tempo Giacomo sembra essere il vero successore di Gesú, in realtà ben presto si afferma l'altra linea: quella della successione non per linea familiare, ma per scelta dello stesso leader carismatico. Passa infatti Pietro. Il testo fondamentale in questo senso è il capitolo 14 di Matteo, quando Gesú sceglie Pietro come la pietra su cui fonderà la sua *ekklesia*.

AUGIAS C'è però chi pensa che la famosa frase di Matteo «Tu sei Pietro e su questa pietra edificherò la mia Chiesa», sia stata aggiunta in un secondo tempo e che comunque non sia interpretabile come un'investitura che in termini moderni diremmo pontificia. C'è anche chi considera Pietro come un personaggio non del tutto all'altezza di un incarico di tale rilievo. Lo dimostrerebbero certi suoi comportamenti e un'aneddotica (già ricordata in altri capitoli) che lo descrive come un personaggio debole rispetto alla immensa energia di Paolo e all'abilità politica di Giacomo.

FILORAMO La frase di Matteo che lei cita ha un termine chiave: *ekklesia*, che noi traduciamo impropriamente con «Chiesa». All'epoca in cui Gesú l'avrebbe pronunciata, voleva semplicemente significare, come l'ebraico *qahal* da cui viene il greco *ekklesia*, «riunione», «assemblea» (degli anziani); non ha certo il significato istituzionale che avrà in seguito. La Chiesa cattolica l'ha interpretata, in modo anacronistico, come un discorso di fondazione dell'istituzione ecclesiastica. Ma è un'interpretazione storicamente non accettabile. Quel detto di Matteo riflette evidentemente la situazione esistente nelle prime comunità cristiane alla fine del I secolo, quando viene redatto il Vangelo attribuito a Matteo. Dalla morte violenta del leader Gesú sono passati circa 70 anni. Il movimento dei seguaci di Gesú è stato capace di riorganizzarsi, ma lungo linee molto diverse. Abbiamo ricordato il caso di Giacomo fratello del Signore e dei suoi: sarebbero i cosiddetti giudeocristiani, cosí da noi chiamati perché conservavano la centralità della dimensione giudaica di Gesú, per esempio pretendendo dai nuovi aderenti la circoncisione e il rispetto delle feste e delle osservanze ebraiche: dunque, che diventassero sí cristiani ma passando per una conversione all'ebraismo. Poi vi sono gli appartenenti alle comunità fondate da Paolo o i seguaci di Giovanni, l'autore misterioso del quarto Vangelo. Infine, coloro che rimasero fedeli a Pietro e al modo in cui egli trasmetteva il messaggio del Maestro. Con la morte di questi protagonisti, divenne impellente il bisogno di fissarne per iscritto la memoria e le tradizioni.

Per ritornare alla nostra questione, il Vangelo di Matteo testimonia che, per chi ha scritto quel testo, Pietro occupa un posto centrale. Per questa centralità si possono portare argomenti diversi. Ne abbiamo già parlato. Stiamo al Vangelo di Marco, il testo piú vicino a ciò che sarebbe veramente avvenuto. È vero il tradimento di Pietro, ma è anche vero che, per come Marco ci presenta il ruolo degli apostoli, Pietro resta una figura chiave, per esempio riconosce la funzione messianica di Gesú; Giacomo non ha ruolo in questo – nonostante sia il fratello, o forse proprio per questo. Pietro emerge con tutti i suoi limiti, ma può essere un limite che in questa tradizione veniva sottolineato proprio per indicarne la dimensione umana. Se guardiamo al ruolo svolto dai vari apostoli, Pietro è il piú importante: riconosce che Cristo è il Messia. È portatore di una leadership interna alla cerchia degli apostoli. Tutto ciò ha favorito il formarsi di una tradizione che lo ha scelto come successore del Cristo.

AUGIAS La scena cui si riferisce è famosa e l'abbiamo già descritta a proposito di Marco. Matteo la racconta cosí. Gesú chiede ai suoi discepoli: «"Ma voi, chi dite che io sia?" Rispose Simon Pietro: "Tu sei il Cristo, il Figlio del Dio vivente". E Gesú gli disse: "Beato sei tu, Simone, figlio di Giona, perché né carne né sangue te lo hanno rivelato, ma il Padre mio che è nei cieli. E io a te dico: tu sei Pietro e su questa pietra edificherò la mia Chiesa e le potenze degli inferi non prevarranno su di essa"». Seguono altre parole che completano l'investitura. Accade però che pochi versetti dopo, quando Pietro appena benedetto e proclamato capo della comunità, rimprovera Gesú perché vuole andare a Gerusalemme dove sa che sarà ucciso, Gesú, chiaramente irritato, si gira e lo apostrofa cosí: «Va' dietro a me, Satana! Tu mi sei di scandalo, perché non pensi secondo Dio, ma secondo gli uomini!» Come si concilia questa stridente contraddizione per di piú contenuta nello stesso passo?

FILORAMO Come abbiamo già visto Pietro è un personaggio contraddittorio: sbruffone, irruento, impaziente, sicuro di sé. Ma pronto, subito dopo, a smentirsi in modo clamoroso. Dobbiamo stupircene? Nel passo da lei citato, rivela ancora una volta l'ambiguità, tutta umana, della sua adesione. Sempre Pietro aveva chiesto a Gesú quale sarebbe stato il posto degli apostoli nel Regno dei cieli, dimostrando un interesse troppo umano, che Gesú si affretta subito a condannare. Anche in questo caso, Gesú rimprovera Pietro perché si è preoccupato per la sua scelta pericolosa – non aveva tutti i torti – di andare a Gerusalemme. Ricordiamoci la famosa disputa sul tributo: Gesú è venuto per difendere «le cose di Dio», non gli interessi umani. Vale la distinzione che farà Agostino: chi vuole seguire Gesú, deve essere mosso dall'*amor dei*, non da un interesse puramente umano. Un ennesimo esempio della radicalità del suo messaggio.

AUGIAS La verità, se posso obiettare, è che se davvero avessimo a che fare con un «romanzo» diremmo che destini e ruoli di questi personaggi si intrecciano e si alternano non sempre in modo coerente. I Vangeli tengono soprattutto conto della loro finalità apologetica che viene prima di ogni altro criterio logico, umano e, aggiungo, dato il richiamo a un testo letterario, narrativo. Il che suscita una curiosità: voi storici riuscite a tracciare un attendibile profilo di queste persone anche se, immagino, con qualche approssimazione?

FILORAMO In certi casi sí. L'esempio piú evidente è Paolo: le sue lettere autentiche (sette, secondo la critica; ma possono aiutare anche quelle che gli sono soltanto attribuite, in quanto redatte da discepoli fedeli al suo insegnamento) sono una fonte essenziale. Ma anche gli *Atti degli Apostoli*, redatti da un suo discepolo, Luca, opportunamente letti, aiutano a completare il ritratto di questo personaggio straordinario. In altri casi invece, come Pietro e Giacomo, la loro concretezza di personaggi storici risulta piú imprecisa.

Dal Vangelo di Marco risulta chiaro che Gesú era venuto solo per parlare a Israele, meglio: alle pecore smarrite della casa d'Israele. Questo è il punto fondamentale. Dagli *Atti degli Apostoli* ricaviamo che Pietro e Giacomo hanno posizioni sfumate. Il discorso di Paolo è diverso, lui s'è scelto un'altra funzione, vuole lanciare il messaggio di Gesú e la fede nella sua Resurrezione fuori del mondo giudaico, è

diventato l'apostolo dei gentili: a ciò lo portava la sua nascita (era nato a Tarso in Cilicia, era dunque un ebreo della diaspora) e la sua formazione culturale.
Paolo, destinato a recitare un ruolo fondamentale nella diffusione del Vangelo, però è arrivato per ultimo, non ha conosciuto il Gesú della storia, l'ha solo incontrato, a suo dire, come Risorto in una visione: dunque, non potendo fondare la sua autorità apostolica sul Gesú storico, la fonda sul Cristo della fede, il Cristo risorto. Se non è vero, è ben inventato: le conseguenze di questa «invenzione» risulteranno decisive per la successiva storia cristiana.

AUGIAS Affrontiamo ora una questione fondamentale e di alto contenuto emotivo, in una parola: letteratura. Parlo del cosiddetto Concilio di Gerusalemme raccontato negli *Atti degli Apostoli*. Intorno all'anno 49 si tenne in quella città una riunione drammatica, di enorme importanza nella quale, volendo semplificare, si confrontarono essenzialmente due posizioni. Da una parte c'erano i giudeocristiani seguaci di Giacomo, fratello del Signore, e Pietro che presiedevano l'assemblea; dall'altra Paolo arrivato con il suo seguace Barnaba. Bisognava decidere se i pagani convertiti dovessero o no obbedire alla Legge (Torah), in primo luogo facendosi circoncidere secondo la prescrizione mosaica. L'escissione del prepuzio, che su un neonato di otto giorni è operazione irrisoria, praticata su un uomo adulto può causare fastidi e comunque diventare un freno per i nuovi adepti. Le discussioni furono accanite. Paolo e Barnaba sostenevano che l'imposizione di quello e di altri obblighi abituali nell'iniziazione ebraica fossero «un giogo iniquo». Alla fine, fu proprio Giacomo che con abile mediazione consentí un risultato che parve soddisfare tutti. In sostanza, gli obblighi venivano ridotti a pochi limitati precetti: «È parso bene, infatti, allo Spirito Santo e a noi, di non imporvi altro obbligo al di fuori di queste cose necessarie: astenersi dalle carni offerte agli idoli, dal sangue, dagli animali soffocati e dalle unioni illegittime. Farete cosa buona a stare lontani da queste cose».
Professor Filoramo, la disputa sui precetti coinvolge in realtà una domanda piú grande: il cristianesimo degli inizi

può essere considerato una setta del giudaismo, oppure dà vita – fin da subito – a una religione del tutto nuova? Osservo: la soluzione di compromesso escogitata da Giacomo serví allora a sanare il dissidio tra le due correnti, tuttavia sembra confermare che di derivazione giudaica comunque si trattava – anche se in forma attenuata.

FILORAMO Lei tocca una questione di gran peso, che continua a far scorrere fiumi d'inchiostro. La questione dei precetti è, in realtà, decisiva. Anche su questo punto la risposta di Paolo è d'importanza cruciale: la Legge non salva, rispettare i precetti non basta, la dimensione legalistica va superata in nome di una concezione piú spirituale, incentrata intorno alla fede nella azione redentrice del Cristo. Si può discutere se, in questo, Paolo rompa veramente con il giudaismo o resti ancora nei suoi confini; la sua concezione in ogni caso è chiara: il sistema del puro/impuro, che regolava la vita del pio ebreo non solo in Palestina ma anche nella diaspora, rendendo ad esempio complicate le relazioni sociali con i non ebrei, a questo punto salta; è una vera e propria rivoluzione religiosa, dalle immense conseguenze. Non è un caso che Paolo abbia condotto la sua missione nelle città ellenistiche dove erano presenti sinagoghe e comunità di ebrei, che potevano essere sensibili alla novità del suo messaggio.

Venendo al secondo aspetto della domanda, a mio modo di vedere, perché si possa parlare di religione nel nostro senso, occorre che vi siano almeno tre condizioni: un corpo di pratiche stabilito, un insieme di credenze corrispondenti e una base istituzionale sufficientemente salda e pubblica. Queste condizioni nel I secolo non ci sono; s'intravedono solo a partire dalla metà del II: dunque, è soltanto nella seconda metà del II secolo che emerge un cristianesimo come vera e propria religione e una Grande Chiesa come istituzione rappresentativa.

Prima che cosa abbiamo? Gruppi di seguaci di Cristo in concorrenza tra di loro che danno interpretazioni diverse del suo messaggio e, in assenza di un'autorità istituzionale centrale, si richiamano o a tradizioni apostoliche privilegiando ora questo ora quell'apostolo oppure, come nel caso degli gnostici, a rivelazioni personali, private (in fondo, seguendo la via aperta da Paolo). Se si accetta questo quadro, diventa improprio parlare anche di setta giudaica. Le comunità fondate da Paolo al di fuori della Palestina non possono essere considerate tali. Dunque, una realtà polimorfa, in movimento, non riducibile a un elemento unificante se non la comune fede nel Cristo risorto e nella sua signoria.

AUGIAS Tirando le somme, i seguaci di Cristo rimasti a Gerusalemme scelsero Giacomo. Tuttavia, da una serie di indizi indiretti, capiamo che anche Pietro aveva dei suoi sostenitori, in termini contemporanei potremmo dire che aveva una sua corrente.

FILORAMO Nella successione, in ogni caso, almeno in un primo tempo, a Pietro è stato preferito Giacomo. Solo dopo la morte di questi, nel 62, c'è stata una via aperta per Pietro e diciamo per il petrinismo se vogliamo chiamare in questo modo le comunità che a lui si rifacevano. Nella tradizione Pietro e Paolo giungono poi a Roma e muoiono entrambi martiri sotto Nerone intorno all'anno 65. Nella storia delle Chiese cristiane del I e II secolo le due tradizioni legate a Giacomo e a Pietro in realtà restano conflittuali. La Chiesa di Giacomo, piccolo inciso, continua come successione familiare fino alla fine del I secolo. Ci sono parenti di Giacomo che prendono il suo posto e sembra che vengano addirittura chiamati a Roma dall'imperatore Domiziano per alcune verifiche sulla loro posizione. Agiscono nella linea tradizionale del sommo sacerdote qual era prima del 70, ma è appunto la linea che dopo la distruzione di Gerusalemme e del Tempio risulterà perdente. Che cosa sopravvive? Il paolinismo, che ha una storia a sé, e i seguaci di Pietro.

AUGIAS Paolo, come abbiamo detto, è un uomo dotato di immensa energia mentale e fisica che proietta il cristianesimo fuori dalla Palestina, viaggiatore forsennato, divulgatore instancabile del messaggio del Risorto. Proprio perché predicava ai gentili, chiedeva che le prescrizioni rituali giudaiche fossero attenuate o abolite del tutto. Siate circoncisi nello spirito, diceva. Oltre a essere una bellissima esortazione indicava anche una soluzione molto meno fastidiosa di quella affidata alla lancetta del rabbino. Paolo meriterebbe un discorso a sé come del resto è stato fatto piú volte, qui però possiamo solo sfiorarlo. Anche perché dobbiamo affrontare la domanda di come sia possibile conciliare una missione di Gesú limitata alle «pecore perdute della casa d'Israele» con l'esortazione in apparenza opposta (sempre dello stesso Matteo): «Andate dunque e fate discepoli tutti i popoli, battezzandoli nel nome del Padre e del Figlio e dello Spirito Santo».

FILORAMO Si tratta di capire qual è stato l'esito di questo annuncio dei Vangeli, e chi l'abbia portato avanti. Certo è che la diffusione delle comunità cristiane nel mondo greco-romano non passa solo attraverso Paolo. Personalmente non condivido l'idea che Paolo sia stato il vero fondatore del cristianesimo, il messaggio giudaico-cristiano si diffuse attraverso numerosi canali. La cosa impressionante è un'altra e cioè la velocità con la quale queste comunità si sono diffuse nel giro di pochi decenni. Non abbiamo molti documenti, e questo rende difficile capire bene l'andamento del fenomeno. Ma, per fare un esempio, abbiamo testimonianze di una Chiesa romana alla fine del I secolo che non è stata fondata né da Paolo né da Pietro, quindi di comunità romane impiantate in modo consistente per altre vie. Il vescovo Clemente di Roma, tra il 96 e il 98, scrive una lettera alla comunità di Corinto fondata da Paolo. I Corinzi s'erano rivolti a Roma per chiedere consiglio sulle situazioni di conflitto, legate come al solito a questioni di potere. Lettera di grande interesse per almeno due aspetti. Il primo è che testimonia l'esistenza di una comunità strutturata comandata da un vescovo; è la prima attestazione dove *episkopos* non ha solo il senso di «sorvegliante», ma di guida (anche se la guida sembra collegiale). Il secondo è che, come sappiamo da Paolo, a Corinto si verificavano spesso contrasti anche accesi. In questo caso il conflitto era legato a un processo di consolidamento delle strutture, segno che si cercava un radicamento istituzionale della comunità.

Il fatto che in una situazione d'incertezza si sia chiesto il parere del vescovo di Roma come se fosse lui l'autorità alla quale rivolgersi appare uno snodo fondamentale, infatti è uno degli elementi spesso portati per affermare che la comunità di Roma stava lentamente diventando quella di riferimento. Poi nel v secolo papa Leone I, giustamente detto Leone Magno per la sua poderosa azione politica, affermerà definitivamente il primato petrino-romano.

AUGIAS Una diffusione cosí rapida di queste comunità di ebrei cristianizzati, poi diventati cristiani *tout court*, dice probabilmente una cosa semplice: della loro nuova religione c'era bisogno. Molti volevano ascoltare un messaggio di rassicurante speranza di fronte al venir meno di un impero, all'irrompere di tempi nuovi con tutte le incertezze e le paure che i periodi di passaggio – parlo pensando anche ai nostri giorni – suscitano sempre. Quando una religione, un movimento politico, una corrente filosofica si diffondono in maniera rapida e conquistano un vasto seguito, vuol dire che il loro messaggio, se vogliamo i loro valori, interpretano una reale necessità.

FILORAMO È la questione classica che si sono posti gli storici fin da Edward Gibbon, il grande storico illuminista che alla fine del Settecento ha scritto un testo fondamentale sulla caduta dell'Impero romano: come mai l'annuncio cristiano si è affermato? La partita si gioca negli anni tra il I e il II secolo, quindi lo scenario politico sul cui sfondo il messaggio cristiano si è diffuso era un impero come quello romano che dal punto di vista religioso era pluralistico. So che parlare di pluralismo è anacronistico riferito a quegli anni ma questa era la sostanza della situazione reale. Sostengo la tesi un po' radicale, che il cristianesimo è una componente religiosa che agisce all'interno di una situazione pluralistica garantita dalla situazione politica ma anche giuridica dell'Impero. A questo è dovuta la sua affermazione.

AUGIAS Tesi radicale come lei l'ha definita però anche piuttosto seguita. Il pluralismo garantí le condizioni di base ma la sostanza fu che la nuova fede sembrava in grado di dare una risposta a una serie di bisogni fondamentali cui né i vecchi misteri né la religione politica di Roma erano piú in grado di rispondere.

FILORAMO In una società in cui non esisteva il moderno concetto di individualismo e gli individui erano definiti dai gruppi ai quali appartenevano, come la famiglia o l'*ethnos* o il luogo di nascita, non esistendo la possibilità di comprendere se stessi come dotati di una identità separata e, di conseguenza, di vivere secondo bisogni e aspirazioni personali, un'esperienza di conversione cristiana, rompendo lo schema, metteva il singolo di fronte alla possibilità d'una scelta sua e solo sua. Compiendola, il signor o la signora X potevano provare il sentimento vivido di appartenere a un gruppo di spiriti eletti, capaci di superare le opinioni comuni e le piú diffuse tradizioni filosofiche. Questa scelta poteva essere radicata in una tipica esperienza di illuminazione interiore, e dunque affidata a una nuova modalità religiosa, quella della fede; ma in ultima analisi il compito di decidere toccava alla «ponderazione» del singolo: in termini contemporanei, *a rational choice*, una scelta tipica del pluralismo religioso di oggi ma anche di ieri, in cui il singolo pesava attentamente il valore delle singole offerte religiose prima di fare la sua scelta definitiva.

AUGIAS La metto in guardia. Primo: lei sta descrivendo un movimento elitario, potrei quasi dire radical chic con un termine cui la moda vigente ha impresso un connotato negativo. Secondo: non si dice sempre che il cristianesimo è stato fin dagli inizi la religione degli umili e degli schiavi?

FILORAMO Primo: accetto l'obiezione, ma convincere l'élite intellettuale è un aspetto fondamentale nella strategia di conquista religiosa. Secondo: sappiamo da varie fonti che, in effetti, il cristianesimo si diffuse negli strati piú umili, spesso tra illetterati. Qui giocavano altri motivi: contatti personali, strategie familiari, per esempio matrimoni di una cristiana e di un pagano (o viceversa: ma il primo caso dovette essere il piú diffuso). A questo punto, se il matrimonio teneva, il cristiano o la cristiana, secondo quanto aveva a suo tempo consigliato Paolo nella *Prima lettera ai Corinzi*, era tenuto all'educazione cristiana dei figli: un aspetto fondamentale, che non merita ulteriori commenti. Se ciò non bastava, rimaneva il «potere» dei missionari, che agivano mossi dallo Spirito. Per la mentalità comune ciò che, alla fine, risultava decisivo era il «potere» del nuovo Dio, la sua capacità di guarire, liberare da malattie che, per l'uomo antico, avevano sempre un'origine magico-religiosa: la liberazione dell'anima non poteva andare disgiunta da quella del corpo, il che implicava, sovente, la liberazione da quegli spiriti maligni che per i piú erano la vera causa della malattia. Questo contribuisce a spiegare il ruolo che, nel processo di conversione collettiva, ebbero eventi ritenuti prodigiosi e in particolare l'azione esorcistica.

AUGIAS Ebbero il loro peso anche altri fattori tra i quali la struttura istituzionale che il cristianesimo riuscí a darsi piuttosto rapidamente. Nel III secolo, quando l'Impero comincia a vacillare, quella struttura diventa un solido elemento di sostegno.

FILORAMO Indubbiamente. L'imperatore Costantino troverà nella Chiesa cristiana uno Stato nello Stato, che si era dato strutture a vari livelli: comunitario, assistenziale, filosofico-religioso. Importanti apologeti come Giustino e Taziano diffondono il messaggio cristiano basandosi su argomenti piú di ragione che di fede. Mirano a convincere l'interlocutore pagano con argomenti razionali che i cristiani non sono degli imbelli, anzi sono loro a portare avanti un autentico messaggio religioso. Ha funzionato. La forza del cristianesimo è stata di svuotare dall'interno i valori pagani e di riempire l'otre vecchio con i loro nuovi valori che potevano essere accettati anche dal pubblico pagano. Ricordo un ultimo fondamentale elemento: l'«invenzione» del vescovo come capo della comunità. Si tratta di una peculiarità istituzionale delle Chiese cristiane antiche che ne favorí prima la diffusione poi, tra IV e V secolo, quando l'Impero, soprattutto a Occidente, cominciò a vacillare, serví a colmare un vuoto di potere e di autorità nelle città, in quella vita urbana, che costituisce il tessuto fondamentale della socialità imperiale.

AUGIAS E tra Giacomo e Pietro, come abbiamo visto alla fine la vittoria andrà a Pietro.

FILORAMO Storicamente è fuori discussione. Il vescovo Clemente è uno dei primi testimoni dell'importanza che assume il martirio di Pietro a Roma. Pietro è inteso come il vero successore del Cristo, dunque il vescovo che succede a Pietro è a sua volta un vero successore. Giacomo fratello del Signore ebbe un compito prezioso ma esaurí l'intera sua missione a Gerusalemme per finire schiacciato da una crudele sentenza di morte.

XVIII.
LA PRIMA CRISTIANA: MADDALENA

Nel grande racconto evangelico s'impone una donna che per importanza, carattere, persistenza dell'immagine, supera i testi grazie ai quali è conosciuta. Non è Maria, madre di Gesú che anzi risulta al confronto una figurina appena sbozzata; questa donna si chiama Maria di Magdala, passata alla storia come (La) Maddalena.

Quale storia? Controversa, per certi aspetti leggendaria, ricca però di connotati forti e insieme lacunosi che paiono fatti apposta per accendere la fantasia - anzi: le fantasie, perché una parte della sua ampia e duratura popolarità Maddalena la deve proprio al tipo di fantasie che è stata capace di suscitare, arricchite da una notevole componente sensuale anche grazie ad alcuni equivoci che si sono creati attorno alla sua figura.

Uno di questi lo ha involontariamente favorito il testo di Luca quando la descrive come una delle donne che seguivano Gesú e i suoi discepoli assistendoli con i loro beni per poi aggiungere che da lei «erano usciti sette demòni». Maddalena aveva cioè un passato da indemoniata - oggi diremmo che era stata afflitta da seri disturbi psichici. Gesú taumaturgo l'aveva guarita ma essere stata posseduta da sette demòni non è un dettaglio che si possa mettere facilmente da parte. Un altro equivoco nasce da una coincidenza narrativa che si trova sempre nel testo di Luca quando, nel capitolo 7, narra la conversione di una prostituta che aveva cosparso i piedi di Gesú con un costosissimo unguento per poi asciugarli con i suoi capelli. Gesto estremo che allude a una sconfinata dedizione. Subito dopo l'autore del testo passa a parlare della Maddalena. La contiguità degli episodi ha favorito la fusione dei due personaggi per cui Maddalena s'è sovrapposta alla prostituta del capitolo precedente.

Ha complicato ulteriormente il possibile ritratto di questa donna un testo gnostico noto come Vangelo di Filippo dove si legge: «La Sofia, che è chiamata sterile, è la madre degli angeli. La consorte di

[Cristo è Maria] Maddalena. [Il Signore amava Maria] piú di tutti i discepoli e la baciava spesso sulla [bocca.] Gli altri discepoli allora gli dissero: "Perché ami lei piú di tutti noi?" Il Salvatore rispose e disse loro: "Perché non amo voi tutti come lei?"»

Consorte di Cristo; la baciava sulla bocca: poco conta che queste espressioni si riferiscano – come vedremo – a un'intesa di natura spirituale; poco conta la frase iniziale, «La Sofia... è la madre degli angeli». Prese alla lettera quelle parole possono dare adito a una ricostruzione del piú grande fascino anche se basata sul nulla – anzi: proprio perché basata sul nulla. È ciò che ha fatto lo scrittore americano Dan Brown che su quelle poche parole, estratte arbitrariamente dal contesto, ha costruito l'ingegnoso romanzo *Il Codice da Vinci* (2003) dove s'immagina che Gesú, scampato alla morte sulla croce, trovi riparo insieme a sua moglie Maddalena sulle coste francesi e lí dia vita a una progenie dalla quale sarebbero scaturite numerose dinastie regali europee. Il romanzo risulta scadente dal punto di vista letterario e inzeppato di fantasiose ricostruzioni; il suo travolgente successo mondiale dice però in quale misura il tema abbia incontrato enormi curiosità. Ennesima conferma del fascino del personaggio.

Lo scrittore americano ha colto il fatto che Maddalena è la figura piú romanzesca dell'intera narrazione evangelica non soltanto perché donna e perché, presumibilmente, di bell'aspetto, ma anche per l'importanza che – secondo fonti di buona attendibilità – ebbe nel gruppo dei seguaci di Gesú. Si è arrivati a dire che sia stata lei la vera autrice del Vangelo detto di Giovanni, che fosse lei il discepolo che Gesú amava piú di tutti gli altri; la sua importanza è riconosciuta anche da Tommaso d'Aquino che arrivò a definirla «Apostola degli apostoli». Secondo una corrente cristiana di minoranza, Maddalena sarebbe stata addirittura a capo di una delle prime comunità cristiane, ipotesi basata su fonti incerte e in ogni caso fortemente contrastata da altri, anche se la sua presenza in un momento supremo ai piedi della croce dimostra che aveva sicuramente un peso nel piccolo gruppo dei seguaci.

Al di là di ogni esagerazione o fraintendimento resta che proprio a lei i Vangeli attribuiscono il compito di annunciare agli apostoli e quindi al mondo che il sepolcro dove la salma di Gesú era stata deposta risultava vuoto. L'ultimo atto della vita terrena, il primo di quella celeste, la proclamazione del Risorto, è affidata a una donna – a quella donna.

AUGIAS Possiamo mettere un po' d'ordine nella vicenda di questo straordinario personaggio? Forse il piú affascinante dell'intero racconto evangelico, ovviamente dopo il protagonista. Sicuramente quello che ha piú acceso la fantasia di poeti, narratori, pittori e degli stessi teologi se consideriamo i numerosi tentativi di dargli adeguata collocazione e identità nell'intrico di episodi che lo riguardano.

FILORAMO Lei ha ragione a parlare di intrico. Direi che è un doppio intrico: quello che offrono i Vangeli e quello – che dobbiamo purtroppo tralasciare – dato dall'incredibile tradizione religiosa, agiografica, pittorica da lei richiamata, dove alla Maddalena succede di tutto.

Partiamo dai dati sicuri e proviamo a costruire un identikit di questo personaggio narrativamente cosí forte. Maria Maddalena, infatti, è nominata ben dodici volte nei Vangeli, piú di Maria, la madre di Gesú. Anche se nessuno dei Vangeli canonici ci racconta come Gesú l'abbia conosciuta, essa appare in tutti e quattro i racconti, svolgendo un ruolo centrale soprattutto in quello che è il loro nucleo fondativo: la passione, morte, sepoltura e resurrezione di Gesú.

Cominciamo dal soprannome, Maddalena, che rimanda alla cittadina in cui sarebbe nata, Magdala. Normalmente è identificata con Tarichea, che si trova sul Mare di Galilea, a nord di Tiberiade. La presenza di un ippodromo fa presumere che dovesse avere piú o meno quarantamila abitanti, per lo piú gentili. Anche per questo non godeva di buona reputazione presso gli Ebrei; in seguito, i rabbini ne attribuirono la caduta al suo malcostume. Questo sfondo va tenuto presente quando ritorneremo sul collegamento tra Maria Maddalena e la sua ipotetica professione di prostituta.

Mentre Marco, Matteo e Giovanni ci presentano la Maddalena in azione come testimone della passione, morte e resurrezione, il solo Luca ci fornisce un possibile altro plot narrativo. Come lei ha ricordato, secondo il nostro autore, una Maria soprannominata Maddalena seguiva Gesú nella sua predicazione itinerante insieme ad altre donne. Vengono citate, per esempio, Giovanna, moglie di Cuza, intendente di Erode, Susanna e molte altre che servivano i discepoli con i loro beni, particolare non secondario: si trattava di donne benestanti. Luca precisa che queste donne seguivano Gesú perché erano state guarite da spiriti maligni e da infermità: dunque, non attratte – o non solo attratte – dal suo fascino e dall'incanto della sua parola, ma dal suo potere esorcistico. La Maddalena si distingue perché Gesú l'aveva liberata – in un colpo solo! – da ben sette spiriti maligni: una possessione particolarmente grave, e una guarigione particolarmente potente, che ci introducono a un rapporto piú intimo tra i due, in psicoanalisi lo chiameremmo un transfert, che li lega in modo particolare.

Questa azione itinerante di Gesú con i suoi discepoli e le pie donne viene, in Luca, subito dopo l'episodio singolare cui lei accennava: Gesú accetta l'invito a pranzo di un fariseo ed entra nella sua casa. Una donna, nota come peccatrice, saputo che era lí, arriva recando un profumo preziosissimo con cui gli unge i piedi per poi asciugarli con i suoi capelli. Il fariseo si inalbera: ma come, Gesú non sa che è una nota peccatrice? Gesú però la difende e, criticando il fariseo, le rimette i suoi peccati. Che cosa ha a che fare – potremmo chiederci – tutto ciò con la nostra Maddalena? Il fatto è che, nell'antichità, vi fu chi lesse le due scene in sequenza e identificò la Maddalena con la meretrice che, redenta, lo segue.

Luca ci attesta che era la Maddalena a guidare il gruppo di donne benestanti che seguivano Gesú.

AUGIAS Fermiamoci su questa sua ultima notazione. Al di là del singolo episodio e della personalità della Maddalena che deve essere stata notevole, colpisce che Gesú sia stato accompagnato, assistito, accolto da numerose donne. Un particolare della sua vita di cui si parla poco, temo per le ragioni sbagliate, trattandosi di presenze che potrebbero, se mal intese, compromettere la sua figura di vergine.

FILORAMO Lei ha ragione, infatti è un aspetto che colpisce – anche per le sue conseguenze. La significativa presenza femminile e il rapporto di Gesú con queste donne non rientrano nei canoni del tempo. Quella giudaica, e non solo quella, era una società di tipo patriarcale in cui, come abbiamo visto, la donna aveva una posizione nettamente subordinata, con minimi margini di libertà nei comportamenti. Di conseguenza, vedere che Gesú in piú episodi frequenta e si accosta a queste donne dà da pensare anche perché, come abbiamo visto, la donna era legata alla casa, alla sua cura. Il suo compito primario era generare figli e allevarli nel rispetto delle tradizioni, non andare in giro seguendo un predicatore e profeta. Giuridicamente, era subordinata al padre e poi al marito. La sua libertà di movimento era minima.

AUGIAS Forse si dovrebbero anche sottolineare i limiti della loro partecipazione alla vita religiosa, legittimati dalle norme del *Levitico* che ne vietavano la partecipazione a feste, pellegrinaggi e riti durante il ciclo mestruale.

FILORAMO Su questo sfondo, la situazione del gruppo di Maddalena e delle altre che seguono Gesú non può non colpire. Con questo non voglio dire, come alcuni e soprattutto alcune interpreti hanno sostenuto, che cosí facendo Gesú quasi anticipa il femminismo contemporaneo. Da parte sua non c'è nulla di esplicito in questo senso: in fondo, ha scelto dodici uomini come apostoli e un uomo, Pietro, come loro capo. Anche qui insomma, egli agisce come un riformatore di quella società, che però non rigetta esplicitamente nei suoi fondamenti patriarcali.

AUGIAS Doveva comunque trattarsi di donne benestanti. Luca dice esplicitamente che alcune di loro, tra cui Maria di Magdala, accompagnavano e aiutavano Gesú. In parole povere: finanziavano la sua missione. Il che apre alla domanda di come vivessero lui e i discepoli che per seguirlo avevano abbandonato moglie, figli e lavoro.

FILORAMO La risposta è che vivevano come poi vivranno nel corso del I secolo diverse comunità protocristiane.

Fra tutte le cose che offre, Gesú presenta anche il modello d'una comunità itinerante che si sposta di luogo in luogo, dalla Galilea attraversa la Samaria per arrivare fino alla Giudea e a Gerusalemme, appoggiandosi a case di persone interessate al suo annuncio e che lo aiutano anche da un punto di vista pratico.

AUGIAS Vero che le comunità protocristiane cui ha accennato vivevano di poco. Però erano sedentarie, cosa che poi si ripeterà con i monasteri e perfino con alcuni eremiti; potevano cioè coltivare la terra, allevare alcuni animali. Gesú e i suoi invece erano nomadi, come riuscivano a vivere senza lavorare?

FILORAMO Potevano farlo appoggiandosi alle strutture familiari antiche: in Palestina una famiglia benestante aveva delle proprietà, della servitú, dal punto di vista economico e della sopravvivenza era autonoma, era anche possibile che risiedesse in una grande dimora con un edificio principale e diversi annessi e dipendenze, ricoveri per animali, magazzini per i cereali, in poche parole famiglie estese e allargate. Questo tipo di case si ritrovano spesso nelle *Lettere* di Paolo e negli *Atti*. Potremmo definirla la rete di assistenza di Gesú e degli apostoli.

AUGIAS Chi potevano essere dunque queste donne benestanti che seguivano Gesú e gli apostoli? Lei ha appena detto – ed è un dato incontestabile – che le donne avevano minima libertà di movimento e d'iniziativa. Certo non era costume che le donne lasciassero la famiglia per seguire un gruppo di vagabondi.

FILORAMO Lei ha ragione, questa situazione non è facile da spiegare. Per un verso, si può ricorrere all'ipotesi che alcune fossero vedove e dunque giuridicamente in possesso dei loro beni. Ma Luca parla di Giovanna, moglie di un intendente di Erode: donna benestante ma non vedova. Una possibile spiegazione è che, comunque, queste donne avessero scelto – per quanto tempo, non è detto – di provare a vivere secondo i dettami dell'annuncio: il Regno di Dio era imminente, Gesú sottolinea piú volte la superiorità della famiglia spirituale su quella carnale, inoltre Matteo, in un celebre passo che sta alla base dell'ideale celibatario e della condizione verginale di chi vuole praticare la *Sequela Christi*, rivendica la sua scelta celibataria, invitando a seguirlo per perseguire il Regno di Dio. Una donna che avesse creduto in questi messaggi poteva dunque essere disposta anche a lasciare tutto (salvo, s'intende, i suoi beni) per seguire il Maestro. A cominciare dal sesso, che era il modo in cui padri, mariti e figli la inchiodavano al suo ruolo domestico.

AUGIAS Nella vita di Paolo raccontata da Luca, si parla di un incontro dell'apostolo con alcune donne: «Il sabato uscimmo fuori dalla porta lungo il fiume, ritenevamo che si facesse la preghiera e, dopo aver preso posto, rivolgevamo la parola alle donne là riunite». Una di queste, di nome Lidia, è un'imprenditrice. Luca fa quasi capire che la donna s'innamora di Paolo il quale però sembra sottrarsi. Mettiamo da parte l'aspetto amoroso quale che sia stato, la notizia curiosa è che una donna di quegli anni in quella zona del mondo fosse un'imprenditrice.

FILORAMO Dalle *Lettere* di Paolo emerge piú volte che nei suoi viaggi l'apostolo si appoggiava a gente che metteva a disposizione grandi case per le riunioni. Una grande casa – allora come oggi – implica una buona disponibilità economica, proprio in contesti di quel tipo compaiono spesso anche figure femminili. Il caso di Lidia, cui lei accenna, è da questo punto di vista esemplare. Pare che fosse una commerciante di tessuti di porpora, merce rarissima e preziosissima, segno distintivo del potere e dell'appartenenza alle classi alte. Forse era una schiava affrancata, sappiamo di casi simili; un liberto o una liberta, come Lidia, potevano, se intraprendenti, compiere anche una scalata sociale. Come gentile, doveva essere stata attratta dallo stile di vita ebraico, rientrava cioè nella categoria delle «timorate di Dio»: di chi, per ragioni di convenienza – comprensibili nel suo caso: una vera conversione poteva minacciare il suo commercio – rimaneva ai confini tra vita pagana ed ebraismo. A deciderla, è evidentemente il carisma di Paolo, ma anche il fatto che l'adesione al suo messaggio non comportava una vera e propria conversione all'ebraismo. Di qui una conversione che coinvolge anche la sua famiglia, di cui era evidentemente responsabile: un caso classico di conversione familiare, di cui abbiamo già avuto occasione di parlare.

AUGIAS Non voglio sembrare irriverente ma le circostanze cui stiamo accennando sono cosí raramente citate che evocarle suscita curiose associazioni mentali. Per esempio: Gesú, come anche Paolo, era seguito da molte donne cosí come oggi donne anche molto giovani seguono i cantanti o i calciatori – le chiamano *groupies*.
Senza voler in alcun modo avvicinare situazioni che restano imparagonabili, è chiaro che anche allora poteva essersi sviluppata una qualche contagiosa attrazione del genere.

FILORAMO La differenza tra Gesú e altri leader religiosi, per fare un nome cito Apollonio di Tiana, un santone a lui contemporaneo sovente paragonato a Cristo, è che nelle testimonianze su questi altri personaggi le donne non ci sono mai o non hanno un ruolo significativo. Questo rende ancora piú curioso il cenacolo di Gesú formato da alcuni fedeli discepoli, che già possiamo considerare una rarità, e un buon numero di pie donne che temporaneamente o meno – difficile precisarlo – s'aggiungono.

AUGIAS La spiegazione che mi sono dato è che Gesú doveva emanare un fascino particolarmente intenso. Questo figlio di un artigiano, forse illetterato, che girava coperto da una tunica certo non immacolata, uno scialle di preghiera – *ṭallit* – gettato sulle spalle, ai piedi dei poveri calzari, da questo giovane uomo sicuramente emaciato, con l'aspetto di un viandante, doveva sprigionarsi un'eccezionale forza d'attrazione.

FILORAMO Se diamo qualche credibilità alle azioni di Gesú raccontate nei Vangeli dobbiamo vederlo come un potente esorcista. Della Maddalena Luca dice a un certo punto – lo abbiamo già ricordato – che seguiva Gesú perché l'aveva liberata dai demòni. Era stata cioè una posseduta. Pensi a tutte le storie di possedute liberate da uomini carismatici, per esempio l'episodio delle possedute di Loudun (siamo nel 1634, in un convento di Orsoline), in cui tra la superiora di queste monache possedute e il primo esorcista, Urbain Grandier, si stabilisce un rapporto cosí particolare che alla fine il povero Grandier, accusato di essere un agente del diavolo, finirà al rogo. Gesú aveva la capacità di saper liberare da malattie psichiche, cosa che è già un elemento notevole. Possiamo aggiungere che era certamente un guaritore. Pensi ai guaritori del Settecento e dell'Ottocento, o ai fluidi di Mesmer, per non parlare degli psicoanalisti che, sotto questa luce, potrebbero essere considerati anch'essi dei guaritori. Gesú aveva un potere del genere e per me già questi motivi, anche senza citare l'elemento propriamente religioso, indicano una straordinaria potenza psichica. L'uomo riusciva a comunicare un messaggio di salvezza, sí religioso, ma anche umano e pratico.

AUGIAS Torniamo alla nostra affascinante protagonista: Maria Maddalena. I Vangeli ne fanno la prima testimone non della resurrezione, perché nessuno vede il cadavere che si rianima e riprende il cammino, ma del fatto che la tomba in cui Gesú era stato deposto è vuota. Dobbiamo ricordare che dopo essere spirato sulla croce, Gesú era stato frettolosamente seppellito. Era un venerdí pomeriggio e il rito andava portato a termine prima che spuntasse la prima stella che dà inizio al riposo del sabato; la salma rimane nel sepolcro per l'intero sabato, la domenica mattina le donne si recano al sepolcro e scoprono con sgomento che è scomparsa.

FILORAMO Sono colpito dal racconto di Giovanni, perché lí emerge con ogni evidenza il ruolo privilegiato della Maddalena. Per Giovanni, la prima cristiana è lei, è cioè la prima che crede nel Risorto. Non è poco. Altri testi raccontano che lei si reca al sepolcro con altre donne e che, constatata la scomparsa del cadavere, il gruppo corre a comunicare agli altri, con piú o meno successo, la notizia. Ci si potrebbe chiedere perché siano state scelte delle donne per rendere questa cruciale testimonianza. È una situazione ambigua per cui le donne potevano o meno risultare credibili; non a caso, nella versione di Luca, gli apostoli non credono loro.

Del resto, lei ha ragione quando dice che non testimoniano la resurrezione: riferiscono solo che il sepolcro è vuoto. È possibile che Gesú sia risorto ma il fatto è che nessuno l'ha visto, c'è solo la tomba vuota. Nel racconto dei sinottici per la verità compaiono anche due angeli, c'è dunque una certa manifestazione di potenza per cui queste donne corrono a riferire un evento comunque straordinario.

AUGIAS Quelle donne sono andate lí per un'azione pietosa, cioè per completare l'unzione del corpo e per avvolgerlo accuratamente nelle bende, operazioni rituali che la fretta del primo seppellimento aveva impedito. Arrivano sul posto consapevoli che le aspetta un compito sí pietoso ma anche duro, si tratta di ungere un cadavere; per di piú il cadavere di una persona amata e venerata, morta dopo strazianti sofferenze. Si può supporre che fossero in uno stato di grande tensione. Trovano la tomba vuota e sono sgomente, non sanno che pensare, che vedano un paio d'angeli mi sembra assolutamente normale.

C'è però un'altra visione, piú importante: Maddalena nei pressi del sepolcro vede un uomo, non sa chi sia, lo scambia per un giardiniere. Fa per avvicinarglisi ma quello la ferma con le celebri parole: «Noli me tangere», «non mi toccare». A quel punto lei lo riconosce, quell'uomo è Gesú che parla e si muove: dunque è risorto. La scena descrive un'agnizione, come alla fine d'un romanzo o d'un dramma. Se mi è consentito esprimermi in termini storici, prescindendo da ogni implicazione religiosa, la scena è tutt'altro che inverosimile, al contrario rientra fino al dettaglio in una sindrome allucinatoria provocata da un'estrema tensione psichica.

FILORAMO Condivido la sua ipotesi. Nel mondo antico visioni e allucinazioni sono pane quotidiano. Il discorso è trasversale: tocca pagani, giudei e futuri cristiani. Non era ancora stata tracciata una chiara linea di confine tra sogno e visione, gli dèi comunicavano continuamente con gli uomini attraverso epifanie (appunto, visioni), anche il Dio

biblico si manifesta nella Bibbia attraverso teofanie e angelofanie. Nei Vangeli Gesú si trasfigura: i tre apostoli lo vedono nella sua vera natura. Tra mondo umano e divino c'è una comunicazione continua, come oggi con i cellulari. Perché stupirsi se la Maddalena vede il Risorto?
La domanda centrale però è un'altra: che cosa significa quel «noli me tangere»? L'ha toccato o no? L'espressione greca *me mou aptou*, tradotto nella Vulgata con «noli me tangere», può anche essere interpretato come «stai lontana da me». Viene fuori un certo tipo di comando, l'invito a un distacco che non implica l'idea dell'assenza di contatto, la Maddalena potrebbe benissimo aver toccato Gesú. Si potrebbe arrivare a pensare che Maddalena l'abbia per esempio preso per i piedi, come se avesse voluto avere una prova concreta e fisica della sua carnalità. Il Risorto allora l'allontana da sé. Una diversa versione vuole invece che tra i due non ci sia stato alcun contatto. L'ingiunzione «non mi toccare» interviene immediatamente e blocca il movimento della donna. Sono due interpretazioni diverse. Nel primo caso il contatto fisico c'è stato, e l'Inviato celeste che ha finalmente portato a termine la sua missione le dice di aspettare perché non è ancora arrivato il momento di constatare la resurrezione. La prova fisica per cui il risorto ha un corpo, calpesta la terra, la grava col suo peso – cosa che per Giovanni è un problema – avviene poi con Tommaso, però nel cenacolo, alla fine. Rimane il fatto che il Risorto di Giovanni, fin dalle sue prime apparizioni, non è certo un ectoplasma ma è comunque una creatura dotata di un corpo particolare.

AUGIAS La costruzione dell'intera scena resta sapiente e, si deve dire, di struggente bellezza.

FILORAMO Certamente, nello stesso tempo però consente di sostenere parecchie ipotesi. Personalmente vedo in Giovanni una costruzione coerente con la sua idea che, compiuta la sua missione con il sacrificio della vita, Gesú è deciso a manifestarsi, comincia con la Maddalena ma compie la sua rivelazione gradualmente. Giovanni fa passare il messaggio di un risorto che non è solo spirito, anzi ha un corpo, è fatto di carne e di sangue. Siamo lontani dalle teorie gnostiche.

AUGIAS Terrei da parte le teorie gnostiche che probabilmente oggi interessano solo gli studiosi delle dottrine. A me pare che la domanda cruciale da presentare ai nostri lettori sia: perché, compiuto il sacrificio, questa rivelazione comincia con la Maddalena?

FILORAMO Dato che nei Vangeli una risposta non c'è, bisogna affidarsi alle interpretazioni. Personalmente non sono riuscito a trovare un'ipotesi che chiarisca a sufficienza il quesito, altri invece lo hanno fatto. Cito per esempio il Vangelo gnostico di Filippo, composto da loghia di Gesú, citato sopra come fonte di ispirazione del romanzo di Dan Brown. Sostiene uno dei detti – all'interno di una serie di frasi sul matrimonio spirituale – che Gesú baciava sovente sulla bocca la Maddalena perché la prediligeva tra gli apostoli. Si tratta chiaramente di una scelta. Prima del sacrificio Gesú aveva scelto Pietro, ora però chi agisce è il Risorto, piú potente di Gesú perché ne è il compimento. E il Risorto sceglie la Maddalena. A questo punto si apre il problema dell'intera rilettura teologica di questo rapporto. Dal punto di vista dell'autore, c'è un evidente simbolismo. Il bacio rimanda, secondo la teoria della scuola valentiniana, alla riunificazione dell'elemento spirituale passivo femminile, sperduto nel mondo di tenebre, con la sua controparte celeste maschile. Il Dio gnostico è un Dio androgino: questo è l'elemento chiave che fonda e spiega teologicamente il simbolismo del bacio. Esso prefigura la riunificazione spirituale che ha luogo interiormente nel singolo nel momento della gnosi, dell'illuminazione interiore. Non è necessario fare sesso, per perseguire questo risultato.

AUGIAS So di toccare un argomento rischioso. Il matrimonio tra Gesú e la Maddalena va inteso in senso spirituale, forse addirittura di sapienza spirituale (il testo parla di *sophia*); anche i baci sulla bocca di cui s'è molto parlato non vanno interpretati in senso erotico. Resta tuttavia che tra queste due persone c'era un rapporto di particolare intensità – anche affettiva.

FILORAMO In parte ho già risposto ricordando la natura androgina del Dio gnostico. La questione però rimane intrigante. Penso che ci troviamo di fronte a una tipica situazione di amore sublimato tra un leader carismatico affascinante e una sua seguace particolarmente dotata (e, perché no, bella). È una situazione che nella storia dei movimenti religiosi cristiani si ripresenta continuamente, nel bene e nel male. Quello che dai Padri è considerato il primo eretico, il Simon Mago degli *Atti*, è accompagnato dalla bella Elena. Ed è solo il primo di una lunga lista. Nelle comunità spirituali il ruolo della donna è sempre importante. Sono luoghi dove saltano i rapporti sociali della società circostante – nel nostro caso, quelli della società patriarcale e maschilista – aprendo alle donne possibilità insperate di libertà.

AUGIAS Nel Vangelo gnostico attribuito all'apostolo Filippo si parla di matrimonio spirituale: come interpretarlo?

FILORAMO Ricordo che i polemisti pagani accusavano i cristiani di incesto perché li vedevano riunirsi di notte, fratelli e sorelle insieme; deducevano da quella segretezza e dal fatto che fossero riunioni notturne ogni nefandezza: in parole povere, orge sessuali. Io penso che avessero torto: fraintendevano il senso di riunioni che erano liturgiche. Lo stesso mi sentirei di dire per il matrimonio spirituale degli gnostici: non erano dei seguaci dell'esoterista Aleister Crowley, che praticava una sorta di magia sessuale a sfondo tantrico. Il sesso, per i cristiani, non era una via di liberazione, anzi andava rifiutato alla radice. Del resto, erano in buona compagnia: pensi agli encratiti (dal greco *enkrateia*, «continenza»), che condannavano le nozze e la generazione perché, secondo loro, mentre Adamo ed Eva prima del peccato erano vergini e vivevano beatamente, il serpente a un certo punto aveva posseduto Eva (non mi chieda come: tutto è possibile al Maligno), generando Caino. Se l'uomo fosse voluto ritornare alla condizione paradisiaca, avrebbe dovuto dunque non rinunciare a vivere con la donna ma rinunciare a ogni rapporto sessuale e a ogni forma di discendenza. Si tratta di una, diciamo, soluzione radicale al problema del male, che per fortuna è rimasta minoritaria (altrimenti non staremmo qui a parlarne), ma che si ripresenta altre volte nella storia non solo cristiana.

AUGIAS Abbiamo accennato alla resurrezione – che da Paolo in poi è il tema centrale nel cristianesimo – vedendola dal punto di vista della Maddalena. Uno storico come lei che interpretazione dà di quell'evento? È un mito, una leggenda, un dogma necessario, oppure l'effettivo verificarsi di un fatto unico nella storia dell'umanità? La mia idea è che interpretare quella resurrezione come la rianimazione cellulare di un cadavere sia un po' semplicistico. Un povero corpo martirizzato torna vivo, integro, respira, mangia, si muove. So quale può essere la risposta teologica: colui che risorge è il Dio, non l'uomo, l'uomo è morto per sempre ma Dio non può morire. Però a me piace di piú l'interpretazione spirituale della resurrezione. L'importanza di ciò che Gesú ha detto e fatto per chi l'ha conosciuto o per chi ne ha ascoltato l'insegnamento è di tale grandezza che chi crede in lui avrà per sempre il conforto della sua presenza e delle sue parole: nel momento in cui avrà bisogno del suo aiuto, egli sarà lí – in questo senso risorto per sempre.

FILORAMO Mi permetta di dirle, caro Augias, che lei è un perfetto gnostico. Cosí rispondevano certi gnostici alla questione che lei s'è posto e ha avuto la gentilezza di pormi. Le faccio un esempio. In uno dei testi gnostici scoperti a Nag Hammâdi, il *Trattato sulla resurrezione*, che un maestro gnostico, forse lo stesso Valentino, scrive a un tale Regino, c'è un cristiano che non sa come interpretare la resurrezione del Cristo; la chiave di lettura che si offre è simile alla sua. Gli dice che il Signore, morendo, ha inghiottito la morte, ha inghiottito il visibile con l'invisibile: la dimensione umana e carnale del Cristo è cosí morta definitivamente, rimane soltanto la sua dimensione originaria, spirituale. Il vero gnostico è colui che è in grado di comprendere che Gesú, con la sua resurrezione, non è venuto, come credono i cristiani della Grande Chiesa, per redimere prima di tutto la carne, ma essenzialmente, unicamente la dimensione spirituale. Mi permetta di concludere osservando che questo pensatore gnostico, in tal modo, non fa che anticipare la tesi miafisita (dal greco *mia physis*: «una sola natura») delle cristologie del IV e V secolo (la vera natura del Cristo è una sola, quella divina, che «inghiotte», include e trascende quella umana) che verranno condannate al Concilio di Calcedonia del 451. Ma qui mi arresto e torno a Giovanni.

Cosa è venuto ad annunciare l'Inviato celeste di nome Gesú? Un Vangelo in cui Dio si adora tramite spirito e verità, niente piú culti e, forse, niente istituzioni ecclesiastiche. Non è un caso che già per gli antichi il Vangelo di Giovanni fosse considerato il Vangelo spirituale, né che fosse in auge presso gli gnostici, al punto che gli autori ortodossi lo trascurano considerandolo pericolosamente seducente. In pratica è stato il grande Origene, non a caso in polemica con lo gnostico Eracleone che ne scrive il primo commentario, ad accreditarlo come Vangelo pienamente canonico, difendendo la concezione giovannea della incarnazione del Logos, di cui abbiamo avuto occasione di parlare.

XIX.
FIGURANTI E COMPARSE

Prima che la rivoluzione industriale creasse nel mondo la consistente classe intermedia che ha preso nome di borghesia, la nozione di popolo era molto diversa dall'attuale e con significati e dimensioni diverse secondo i vari territori. Nelle società primitive il popolo era essenzialmente una massa incolta appena distinguibile dall'infima plebe. Condizioni che sopravvivono ancora oggi in alcune comunità orientali segnate da una marcata impronta religiosa, dalla confusione tra le leggi fatte dagli uomini e precetti che si dicono dettati dalla divinità. Frange di popolazione in qualche modo analoghe sopravvivono anche nelle società occidentali specie dopo la grande frattura creata dalla globalizzazione.

In Giudea, ai tempi di Gesú, il popolo era formato da persone senza uno status riconosciuto e senza diritti: contadini, piccoli artigiani, operai, individui di povero reddito, consegnati a umili mansioni. In una ipotetica graduatoria sociale, al di sotto degli incerti confini tra popolo e plebe, c'era spazio solo per i «miserabili», individui di nessun reddito, mancanti di tutto che vivevano di elemosina o di piccoli furti. Spesso è proprio a questi ultimi tra gli ultimi che Gesú si rivolge.

A Roma era diverso; uno dei segni della superiorità giuridica dell'Urbe sul resto del mondo è proprio la concezione civile delle classi popolari e i loro diritti già presenti nella formula res publica *letteralmente «cosa del popolo» che, nell'interpretazione di Cicerone (*De re publica*), si configura come un vero soggetto collettivo della vita associata: «La* res publica *è cosa del popolo; e popolo non è una qualsiasi unione di uomini messi insieme come un gregge, bensí una moltitudine stretta in un sentimento comune delle leggi e della generale utilità». Inizialmente il rapporto fra* res publica *e* populus *aveva un significato soprattutto patrimoniale, centrato sull'organizzazione legale della proprietà, a partire dalla terra, bene primario in una società prevalentemente agricola. Poi il concetto* *evolse,* res publica *diventò un'entità autonoma dotata di una propria personalità giuridica con una fisionomia vicina a quell'entità astratta che in epoca moderna ha preso il nome di Stato.*

Negli anni di cui raccontiamo, il popolo di Giudea non conosceva le raffinate speculazioni giuridiche, potremmo quasi dire costituzionali, che a Roma erano state elaborate. La suddivisione in classi era rudimentale, basata sul censo e sul ruolo. Chi era privo di reddito e di una posizione di prestigio ricadeva nell'umile condizione della maggior parte della popolazione, caratterizzata oltre che da un reddito modestissimo, da un diffuso analfabetismo e da una coesione assicurata soprattutto dalla comune fede in un solo Dio, dalle Scritture lette e commentate dai sacerdoti, dalle feste tradizionali legate alle numerose traversie della storia comune o a qualche lieta e liberatoria ricorrenza, oltre che da un forte spirito religioso che sfociava spesso – comprensibilmente, date le condizioni – in manifestazioni superstiziose.

Un ulteriore elemento di coesione era il rifiuto – in alcuni casi l'odio – verso gli occupanti romani; sentimenti di ostilità variamente graduati che andavano dai tentativi di rivolta armata con azioni di stampo partigiano – o «terroristico», secondo i punti di vista – fino all'incerta e sospettosa convivenza tra quel popolo e quei soldati che riguardava soprattutto coloro che, per ragioni del loro ufficio, dovevano di necessità avere rapporti con gli occupanti.

Dal punto di vista sociale si contavano i maggiorenti, di cui faceva parte l'alto clero del Tempio e gli artigiani piú ricchi, embrione di una borghesia di là da venire. Al di sotto c'era soprattutto la plebe indicata in genere col termine di popolo ma ben lontana dalla concezione di popolo vigente a Roma dove il popolo era addirittura gemellato all'organismo legislativo nella celebre formula che abbiamo ricordato Senatus populusque.

Nei Vangeli questo «popolo» gioca un suo ruolo, è anch'esso un personaggio, anche se collettivo; il popolo di Giudea e di Galilea si muove, vocifera, reagisce connotandosi spesso piú come folla che come un vero «popolo» e di questo s'è parlato in un precedente capitolo.

In alcune azioni però, da questa massa indistinta emergono figure o figurine che in qualche modo partecipano ai fatti o addirittura li provocano anche se con azioni ridotte a poche parole o addirittura a un solo gesto. Nella loro presenza, fugace che sia, c'è sempre una giustificazione narrativa che imprime al quadro una nota aggiun-

tiva di significato. Per alcune di queste figure o figurine che si potrebbero chiamare cinematograficamente «comparse» o «figuranti», è possibile tracciare un piccolo ritratto che dia loro un connotato preciso all'interno della grande storia di cui fanno parte. Nelle ore della Passione, troviamo per esempio il Cireneo che si offre di portare - o viene costretto a portare - il braccio traverso della croce, il patibulum, *durante la penosa salita al Calvario. Il palo verticale era già piantato nel terreno nel luogo previsto per l'esecuzione. Si può citare Veronica, la pia donna che deterge il volto di Gesú rigato di sangue e di sudore; o Giuseppe d'Arimatea che si occupa della sua sepoltura; o il centurione Longino che dà a Gesú agonizzante il famoso colpo di lancia; o il tristemente famoso Barabba - una personalità molto piú complessa rispetto a quella tramandata dalla tradizione popolare - la cui libertà viene scambiata con la morte di Gesú; o i due ladroni che sul Calvario condividono la tortura mortale della crocifissione.*

Nel luttuoso presepio della Passione, tutti questi figuranti entrano nella narrazione per svolgere il loro compito, coprire il ruolo per il quale sono stati disegnati, rafforzare il valore narrativo dei fatti, farsi testimoni di un prodigio.

AUGIAS La vita di Gesú è popolata da una serie di piccole figure con una ridotta, o minima, funzione narrativa. Nonostante questo, le loro parole, o i loro gesti, risultano a volte determinanti.

FILORAMO Questa folla di singoli individui o di piccoli gruppi è per sua natura cangiante e non compare solo nella Passione. Cominciamo dall'inizio: i primi anonimi personaggi che entrano nella storia sono i pastori. Nel racconto che fa Luca dell'annunciazione e del parto di Maria acquistano addirittura un ruolo protagonista, la cui importanza è stata in seguito fissata con l'invenzione del presepe. È un gruppo singolare di personaggi secondari, tipici di quel mondo. Non bisogna dimenticare che - com'è stato ricordato - l'intera storia si svolge in un'economia, potrei dire in un universo, agro-pastorale popolato di contadini e per l'appunto pastori o mandriani. Giovani uomini che dormivano all'addiaccio o sotto un fragile riparo – data anche la prevalente clemenza del tempo. E proprio all'addiaccio, di notte, li sorprende l'annuncio quando vengono svegliati dagli angeli. Poi ci sono tanti protagonisti secondari che normalmente rubrichiamo nella schiera dei guariti, dalla lettura dei testi emerge questa folla composita: una vedova, un centurione, i lebbrosi.

AUGIAS Ho citato personaggi per lo piú legati ai momenti finali della vita terrena di Gesú perché sono quelli di cui si parla con piú frequenza e che piú colpiscono l'immaginazione. Ma se vogliamo cominciare dai primi momenti della sua vita, vediamo quali altri personaggi sono presenti: il padre (forse solo adottivo), la madre, una coppia di mansueti animali e poi i famosi re magi. Ecco una presenza inaspettata. Chi erano questi misteriosi sovrani orientali? Da dove venivano? Che funzione hanno nella narrazione?

FILORAMO Si tratta di figure leggendarie. I «magi» appartenevano a una categoria di sapienti che la cultura ellenistico-romana collocava nella Persia. Potrebbe trattarsi di sacerdoti dello zoroastrismo dediti allo studio delle stelle tenendo comunque presente che il termine *magos* poteva riferirsi ad ambiti diversi. Non sono però dei «maghi»: la magia in quanto tale, peraltro diffusissima, era formalmente condannata dalle Scritture (anche se poi praticata piú o meno di nascosto), dunque, nel racconto di Matteo non si poteva attribuire un ruolo, per quanto da comprimari, a tre stregoni. Questi magi sono piuttosto dei sapienti: i tipici portatori di una sapienza primordiale, in questo caso fondata sulla loro conoscenza dell'arte della divinazione, che giustifica il loro lungo viaggio dietro la stella. Una cometa? Chi lo sa. Non si contano i tentativi degli astronomi di trovare un riscontro effettivo a questo episodio del Vangelo.

AUGIAS Provo a riassumere l'episodio parafrasando fedelmente il testo di Matteo per cercare di capire meglio di che cosa stiamo parlando e quale funzione il racconto abbia nel contesto dei Vangeli. Gesú potrebbe essere nato a Betlemme, poco lontana da Gerusalemme, al tempo di re Erode. Alcuni magi – nessuno parla di re – arrivano da Oriente (Persia) a Gerusalemme e cominciano a chiedere dove si trovi «il re dei Giudei». Per una non fortuita coincidenza il titolo che s'accompagna alla nascita di Gesú è lo stesso che comparirà sulla croce al momento della sua morte: *Rex Iudaeorum*. Questi astrologi precisano d'aver visto sorgere la sua stella e di averne seguito il cammino per adorarlo. Erode viene informato che certi stranieri s'aggirano facendo domande su un certo re e s'inquieta. Il testo non a caso aggiunge: «Con lui tutta Gerusalemme». Per cercare di capire meglio la situazione, Erode, che qui fa un po' la figura del sempliciotto, raduna un consiglio di sommi sacerdoti e di scribi del popolo per informarsi del luogo in cui il Messia sarebbe dovuto nascere. «A Betlemme di Giudea, rispondono quelli, perché cosí ha scritto il profeta». Si riferiscono a Michea che nella Bibbia ebraica aveva anticipato: «E tu, Betlemme di Èfrata, cosí piccola per essere fra i villaggi di Giuda, da te uscirà per me colui che deve essere il dominatore in Israele». A questo punto Erode fa convocare i magi a palazzo e li invita ad andare a Betlemme affidandogli un compito: «Andate e informatevi accuratamente sul bambino e, quando l'avrete trovato, fatemelo sapere, perché anch'io venga ad adorarlo». Quelli s'inchinano e partono sempre guidati da una stella che li precede fino a quando non si ferma sopra il luogo nel quale si trova il bambino. Pieni di gioia entrano in casa (cosí il testo evangelico), vedono il bambino che sta accanto a sua madre, per prima cosa si prostrano per adorarlo, poi aprono i loro scrigni e offrono i famosi doni: oro, incenso, mirra.

L'episodio non finisce qui. I magi si mettono a dormire e durante il sonno hanno la visione di un angelo che li mette in guardia: non tornate da Erode, gli dice. Tornate invece a casa vostra però facendo un'altra strada. Capito il tranello, i magi s'alzano e partono scomparendo dalla storia. Piú o meno nello stesso momento un altro angelo, a meno che non sia lo stesso, appare in sogno a Giuseppe e lo avverte del pericolo: «Àlzati, prendi con te il bambino e sua madre e fuggi in Egitto, resta là finché non ti

avvertirò, perché Erode sta cercando il bambino per ucciderlo». Giuseppe, destatosi, esegue prontamente l'ordine dell'angelo e fugge in Egitto – anche se in realtà si sarebbe fermato dalle parti di Gaza.
Il racconto in sé è bellissimo. Se mettiamo da parte gli angeli in funzione di messaggeri, sempre legati a questo tipo di leggende, il plot s'avvicina a un romanzo o film di cappa e spada: re sospettosi e crudeli, tranelli, agguati, ingenuità e astuzie, fughe provvidenziali, numerose incongruenze dissimulate dalla concitazione degli eventi.
Rispetto però alla vita e alla missione che aspetta quel bambino, l'episodio a che serve?

FILORAMO In realtà, Matteo ha intrecciato due storie diverse: narrativamente, come lei sottolinea, ne risulta un racconto avvincente. Quella relativa ai magi è una tipica storia di riconoscimento. La seconda, quella relativa a Erode il Grande, serve indirettamente a Matteo per anticipare, grazie al racconto dell'infanzia, l'elezione messianica di Gesú. Mentre, infatti, in Marco, essa inizia col battesimo, ad opera del Battista, di un Gesú già adulto e prosegue fino al riconoscimento da parte dei discepoli dopo varie contrastanti vicende, in Matteo la situazione è chiara fin dall'inizio: Gesú è il Messia promesso. La si può paragonare a un'altra bellissima storia di «nascita di eroi»: quella di Mosè. Come Mosè, il futuro liberatore degli Ebrei dalla schiavitú in Egitto, era scampato miracolosamente all'ordine del faraone di uccidere tutti i figli maschi, cosí Gesú sfugge miracolosamente alle ire di Erode; come Mosè si sottrarrà alla persecuzione del faraone fuggendo dall'Egitto col suo popolo, cosí il nuovo Mosè fuggirà in Egitto con i suoi genitori per sottrarsi alla persecuzione di Erode, persecuzione del resto plausibile: Gesú, lo si è accennato, sarebbe in realtà nato poco prima che Erode morisse nel 4 a.C. Come abbiamo visto, gli ultimi anni del suo regno furono terribili. Narrativamente, la storia dei magi si intreccia con quella di Erode anche per giustificare l'episodio successivo della fuga in Egitto. Quanto ai magi, essi contribuiscono al riconoscimento messianico di Gesú come re dei Giudei, cosa che turba, ovviamente, Erode e tutta Gerusalemme, a sottolineare fin dall'inizio l'incapacità degli Ebrei di riconoscere Gesú come Messia.

AUGIAS Tutto molto ben sviluppato e spiegato. Ma perché i magi? e chi sono?

FILORAMO Già Erodoto nelle sue *Storie* ne parla come di una casta sacerdotale esistente tra i Medi del VI secolo, famosi come interpreti di sogni e astrologi; piú tardi vennero identificati anche come portatori di dottrine segrete e di magia; nel *Libro di Daniele* (II secolo a.C.) appaiono come interpreti di sogni e visioni. Dunque, nella mentalità giudaica del tempo erano pienamente accreditati a leggere i segni del cielo e a farsi guidare da una stella. A ciò si aggiunge un elemento tipico di Matteo, incline a cercare nelle Scritture prove anticipatorie dell'azione di Gesú e della sua natura divina; in questo caso, egli cerca di legittimare la sua messianicità trovando segni premonitori nell'Antico Testamento (all'epoca, per i seguaci di Cristo, l'unico scritto rivelato). Il precedente è costituito dalla storia di Balaam contenuta in *Numeri*. Questi è un uomo dai poteri magici che proveniva anche lui dall'Oriente misterioso e che aveva predetto che sarebbe sorta una stella da Giacobbe, cioè Davide; avendo Matteo nel capitolo precedente, con la sua genealogia davidica di Giuseppe, dimostrato che Gesú risaliva a Davide, i magi venivano a confermare la profezia di Balaam. Il testo non dice esplicitamente che siano tre, lo si ricava dal fatto che offrono al bambino tre doni.

AUGIAS Lasciamo rientrare in patria questi strani re o magi che siano, e passiamo agli altri numerosi personaggi che per essere minori non sono per questo meno significativi. Poiché parliamo di testi che non si segnalano certo per concessioni al colore, la fitta e multiforme presenza di questi comprimari è sempre legata alla loro funzione nel racconto: per lo piú si tratta di dare risalto all'intenso rapporto che Gesú stabilisce con gli umili. Lei ha citato i lebbrosi guariti, se però parliamo dei miracoli – che sono violazioni delle leggi di natura – attribuiti a Gesú, bisogna forse cominciare con l'episodio piú rilevante, vale a dire la resurrezione di un morto.

FILORAMO Fra i tanti minori di cui si parlava, il Lazzaro di Giovanni è un personaggio veramente straordinario. Evidentemente è muto, non solo perché è morto: anche quando esce dal sepolcro il suo viso è avvolto da bende ed egli non pronuncia una parola di stupore o di ringraziamento. Eppure, parla piú di tanti altri, perché è Gesú a parlare attraverso di lui, il Gesú di gloria che si appresta, come lui, a morire per risorgere. La scena è costruita in modo sapientemente drammatico. Betania è un villaggio vicino a Gerusalemme; lí avevano la loro casa i tre fratelli: Lazzaro, Maria e Marta, dove, secondo i sinottici, il Maestro era solito fermarsi. Quando il fratello si ammala gravemente le sorelle, che conoscono il suo potere di guaritore, mandano a dirgli che Lazzaro, colui che egli amava, è in pericolo di vita. La risposta del Gesú di Giovanni, che lascerebbe di sasso un comune mortale, è tipica dell'Inviato celeste. A lui non serve un Lazzaro malato, ma un Lazzaro morto. Perché? La risposta sta nello svolgimento di questo breve dramma. Si può supporre che egli sia morto immediatamente dopo che le due sorelle avevano inviato il messaggio, che impiega un giorno per arrivare a Gesú, il quale aspetta ancora due giorni prima di muoversi. Di qui il lasso di quattro giorni prima che egli si decida a intervenire. Nel frattempo, il cadavere, deposto in una grotta chiusa da una pietra per tenere lontani cacciatori di tombe e animali rapaci, situata fuori del villaggio per evitare ogni contaminazione, aveva inevitabilmente cominciato il processo di decomposizione. In un clima caldo, il seppellimento aveva luogo possibilmente nel giorno stesso della morte. La situazione climatica spiega anche il ricorso a oli e aromi, dal momento che non c'era una vera imbalsamazione come in Egitto.

Quando Gesú arriva a Betania, Marta si precipita verso di lui, parlandogli in tono di rimprovero: se fosse venuto subito, Lazzaro non sarebbe morto. Gesú le dice che Lazzaro risusciterà. Marta fraintende, pensando alla «risurrezione dell'ultimo giorno». Gesú allora le dice: «Io sono la risurrezione e la vita; chi crede in me, anche se muore, vivrà». Frase di straordinaria potenza, in cui prorompe tutto il genio dell'evangelista, che riesce a fissare in questo modo icastico la sua concezione dell'Inviato. Tutti i miracoli di Gesú sono segni della sua vera natura ma nessuno come il ridare la vita ne dimostra la potenza. Ma vi è di piú. Ridando la vita a Lazzaro, Gesú fa vedere chi egli è veramente: chi crede in lui non solo risorgerà ma avrà la vita eterna. Ancora una volta, al centro della drammatica scena c'è la sua autorivelazione.

AUGIAS Uno dei personaggi che incontriamo quando Gesú s'avvia verso il patibolo è Simone di Cirene, del quale conosciamo alcuni dettagli, però interviene nell'azione in modo contraddittorio. Per tre Vangeli su quattro sono i soldati romani che brutalmente lo incaricano di portare la croce dato che il condannato, sfinito dalle torture, non potrebbe farlo; secondo Giovanni invece è Gesú che carica sulle spalle il *patibulum*, braccio orizzontale della croce il cui peso viene stimato sui 40 chilogrammi. Questa discordanza tra i testi viene spiegata o come una lacuna cronistica nel senso che chi ha scritto il testo di Giovanni ignorava l'episodio, o con un significato teologico. La sua opinione qual è?

FILORAMO Quello di «cireneo» – *povero cireneo!* – è un termine che ha avuto una sua fortuna, ancora oggi viene usato per indicare qualcuno che si carica o viene caricato di problemi e pene altrui. Si è discusso se Simone di Cirene – che, ribadiamolo, Giovanni non cita – sia o meno un personaggio storico. Alcuni dettagli sembrerebbero confermarlo. Evidentemente è nato a Cirene, che era la capitale del distretto nordafricano della Cirenaica, in Libia. Sappiamo che Tolomeo I (intorno al 300 a.C.), per rinsaldare il suo dominio sulle città della Libia, vi aveva installato delle comunità giudaiche; Cirene infatti aveva anche una sinagoga. A Gerusalemme, poi, vi era una sinagoga cirenaica: ciò vuol dire che vi era una presenza di ebrei provenienti da Cirene. Marco riporta anche il nome dei due figli, Alessandro e Rufo: c'è chi ha pensato che Simone

sia rimasto colpito dalla crocifissione e abbia creduto in Gesú, questo spiegherebbe il conservare i nomi dei figli, un dettaglio altrimenti inspiegabile.
Sappiamo che quest'uomo era un contadino che stava tornando dai campi, all'oscuro di quanto stava accadendo. È strano: a Gerusalemme c'era la festa, la Pasqua, nonché un processo-condanna che doveva aver attirato l'attenzione di tutti. Per spiegare questo punto, si può ipotizzare che Simone avesse svolto un lavoro permesso dalla legge: ma entriamo cosí nel campo delle ipotesi, che è pressoché infinito. I soldati romani prendono questo contadino che doveva avere un fisico robusto anche se era sicuramente stanco dal lavoro e gli ingiungono, avvalendosi del loro diritto di occupanti, di portare il pezzo della croce che il condannato, con le mani legate, trascinava faticosamente sulle spalle. Gesú aveva subito delle sevizie, il cammino era arduo, un sentiero pietroso in salita. Lei indica il peso del *patibulum* in circa 40 chilogrammi, un carico pesante anche per un uomo in buone condizioni. Si può pensare che abbiano deciso di coinvolgere il primo che passava perché altrimenti Gesú sarebbe arrivato morto, e il supplizio avrebbe perso la parte piú spettacolare: crocifiggere un morto non rientrava nelle abitudini dei Romani. Nel mondo antico il supplizio era infatti uno spettacolo pubblico a cui partecipava la folla, doveva servire a irretirla, ammonirla, convincerla.

AUGIAS Se è per questo lo è rimasto anche in epoca moderna, penso ai tanti che passavano le giornate sotto la ghigliottina per veder cadere le teste nel cesto, credo che se venisse annunciata per domani mattina un'esecuzione in piazza Duomo o in piazza del Popolo – come avveniva sotto i papi – si radunerebbe la stessa folla.

FILORAMO Con in piú le foto fatte con il telefonino! Insomma, la prima ragione della presenza di Simone è pratica. È possibile che l'episodio abbia una sua storicità per i motivi che ho ricordato. Comunque, dal punto di vista teologico di Marco, serve a colmare una lacuna: l'assenza dei discepoli piú fedeli. Per questo già nell'antichità, forzando il testo, alcuni hanno immaginato che Simone si fosse poi convertito. C'è anche chi ha riletto la scena in modo tutto diverso, come gli gnostici. Ireneo di Lione attribuisce allo gnostico Basilide, vissuto nella prima metà del II secolo, la convinzione che il povero Simone di Cirene venisse crocifisso al suo posto! Non solo si deve sobbarcare il peso della croce fino in cima al Calvario, ma poi deve anche essere crocifisso mentre l'Inviato celeste se la ride bellamente: non del povero Simone, ma dei soldati romani e in genere del potere romano, simbolo degli arconti malvagi che governano il mondo.

AUGIAS Gesú affronta la penosa salita del Calvario perché la massima autorità romana, il procuratore Ponzio Pilato, lo ha condannato a morte. Prima che la sentenza venga emessa però, il procuratore offre alla folla che s'è radunata davanti al suo loggiato un'alternativa. Se stiamo al racconto evangelico, il procuratore disponeva di un altro prigioniero oltre a Gesú, un delinquente diventato famoso: Barabba. Dicono i testi che al tempo esisteva la tradizione di concedere una grazia in occasione della Pasqua. Pilato offre dunque alla folla un'alternativa: graziare uno dei due, Gesú o Barabba. La risposta della folla è nota e ricordo che – come abbiamo visto – questa «folla» è la piú importante dell'intera narrazione evangelica, vero soggetto attivo dell'azione.

L'episodio si offre a varie domande che interessano lo storico ma anche l'essenza del racconto. Esisteva davvero la tradizione della grazia pasquale che consentiva di liberare un prigioniero? Chi era Barabba? In genere viene presentato come un ladro o un assassino, era veramente un semplice bandito o le sue azioni erano motivate politicamente? È verosimile che il procuratore di Roma, *quel* procuratore potrei dire, s'affacci al balcone e chieda a una folla vociferante quale dovrà essere la sua scelta? Come dovrà orientare il suo giudizio? Il rappresentante dell'imperatore padrone del mondo si sarebbe mai «abbassato» a chiedere a un gruppo di Giudei un parere sulla sentenza che dovrà emettere?

FILORAMO Partiamo da una prima considerazione. I quattro Vangeli, discordi su molte cose, concordano però sul fatto che in occasione della Pasqua c'era l'abitudine di rilasciare un prigioniero scelto dalla folla. Alcuni resoconti l'attribuiscono a una concessione introdotta da Pilato, altri a un'usanza giudaica che Pilato aveva deciso di rispettare. Secondo punto: i Romani avevano un prigioniero di nome Barabba (che abbiamo già incontrato), non specificando se fosse già stato giudicato e condannato. Chi era? I Vangeli qui sono discordi. Per Giovanni era un *lestes*, un volgare ladro, uno dei tanti banditi che, come racconta Giuseppe Flavio, infestavano la Palestina. Marco e Matteo non lo descrivono cosí, però parlano di *lestai* a proposito dei due malfattori crocifissi insieme a Gesú. Barabba è invece chiaramente collegato con una situazione politico-religiosa: vi era stata una *stasis* a Gerusalemme, un termine tecnico del vocabolario politico greco a indicare una situazione di disordine che mina l'ordine del corpo civico. In questo caso, rimanda al fatto che vi era stata un'insurrezione, qualcosa di pericoloso che aveva provocato l'intervento romano. Non qualcosa di grave ma nemmeno una semplice scaramuccia poiché sia Marco sia Luca parlano di uccisioni. L'ipotesi piú probabile è che, come succedeva di tempo in tempo in occasione delle grandi feste che radunavano a Gerusalemme decine di migliaia di pellegrini, i gruppi che avevano mire politico-religiose di ribellione ai Romani come gli zeloti ne avessero approfittato per creare dei tafferugli insurrezionali.
Matteo aggiunge un particolare interessante: Barabba era «famoso». Il fatto che il suo nome sia stato conservato nella tradizione evangelica a differenza di quello dei due malfattori crocifissi con Gesú sembrerebbe confermarlo.

AUGIAS Insomma, stiamo precisando i contorni di una figura che – stando a quanto lei dice – sarebbe realmente esistita.

FILORAMO Apro una parentesi per chiarire come, a partire dai dati che ho ricordato, si possano costruire ipotesi e teorie che in certi critici sono sconfinate in una capacità immaginativa degna di un romanziere, prive però di reali basi storiche. Vi è una tradizione testuale del passo di Matteo dove si legge che Barabba (ricordo: solo un patronimico) aveva come nome proprio Gesú, molto comune all'epoca. Accettando questa lezione, vi è chi ha immaginato che il povero Pilato, già confuso per suo conto, si sia trovato di fronte a due prigionieri con lo stesso nome: come scegliere? Sbagliandosi – del resto, non è che fino ad allora il suo governo fosse stato esemplare – al posto del Gesú giusto, acconsente, sotto la pressione della folla, a liberare Gesú Barabba il malfattore. Quando si accorge di essersi sbagliato, la frittata ormai è fatta e non può piú tornare indietro. Altri interpreti sono ancora piú fantasiosi. Ci sarebbe stato un solo Barabba (ricordo: vuol dire il figlio del Padre) cioè Gesú, diciamo la sua personalità religiosa. Ma Gesú era anche accusato, lo abbiamo visto, di pretendere di essere il re dei Giudei. Pilato lascia perdere il primo aspetto e condanna Gesú per il secondo ruolo. Peccato che i testi non confortino una tale interpretazione, degna di un moderno amante dei Doppelgänger, i personaggi «doppi».

AUGIAS Torniamo al nostro personaggio storico, Barabba: chi lo condanna? Tutti e quattro gli evangelisti fanno entrare in scena il popolo, le sembra verosimile?

FILORAMO La cosa non deve sorprendere stando agli usi sia greco-romani sia ebraici. Secondo un passo di *Numeri*, un omicida non può essere messo a morte prima d'essere giudicato in presenza della comunità. Qui però l'unanimità termina. Per Luca e Giovanni, i sommi sacerdoti questa volta sono col popolo: essi gridano all'unisono la loro scelta, senza che vi sia bisogno, come in altre scene del processo, che sobillino la folla. Diversa la situazione in Marco e Matteo, che attribuiscono all'inizio alla folla un'ostilità minore nei confronti di Gesú che solo dopo essere stata sobillata dai sommi sacerdoti si pronuncerà in favore di Barabba.

Nonostante le discordanze, emerge chiaramente dal racconto dei quattro Vangeli il ruolo della folla dei Giudei, sobillata o meno dai sacerdoti. Il quadro di fondo è chiaro: Pilato propenderebbe per l'innocenza di Gesú, in un caso stimolato anche dal sogno della moglie; ma alla fine deve arrendersi all'ostilità della folla che è venuta a richiedere ciò che le spetta secondo un costume che lui stesso ha stabilito o che, avendo trovato, ha confermato. Nessun Vangelo spiega perché la folla vorrebbe Barabba, che è comunque un malfattore o un ribelle politico, insomma un assassino: Gesú non ha ucciso nessuno, anzi. Né, fatto ancora piú rivelatore, alcuna voce si leva a difesa di Gesú: cosa strana, dal momento che poco prima, al suo ingresso a Gerusalemme, era stato accolto trionfalmente. Improvviso cambio di umore della folla? È possibile, come abbiamo visto in un capitolo precedente; ma soprattutto esito di una scelta narrativa e teologica degli evangelisti, che dei Giudei fanno un protagonista negativo, peggiore di Pilato, nella condanna di Gesú.

AUGIAS Rimane l'ultima questione, fondamentale. Possibile che un orgoglioso procuratore romano si lasci dettare la sentenza dalle urla d'una folla che doveva profondamente disprezzare?

FILORAMO Non è pensabile che un procuratore romano rilasci un ribelle accusato di omicidio in occasione di una festa importante come la Pasqua davanti a una folla che lo acclama, e che dunque sarebbe pronta a seguirlo se riprendesse la rivolta. Cosa ne avrebbero pensato a Roma? Siamo dunque costretti a concludere che nel complesso si tratta di un plot narrativo costruito ad arte dagli evangelisti, che però non è scritto per divertire o far piangere il lettore, come nei romanzi ellenistici, ma per raccontare la verità – la loro, naturalmente. Questa verità attraverserà i secoli, ormai la conosciamo: i responsabili della morte del Cristo sono i Giudei, che hanno preferito un brigante assassino al vero Messia.

AUGIAS Altri due malfattori, di natura molto diversa da quella di Barabba e di minore statura, due piccoli lestofanti, compaiono sulla scena stessa dell'esecuzione. Sono i due ladroni crocifissi accanto a Gesú, a me pare con una studiata attenzione anche alla simmetria dell'immagine.

FILORAMO La condanna a morte per crocifissione era diventata, in epoca ellenistica, una pratica diffusa. I Romani sembra che l'abbiano appresa dai Cartaginesi, non a caso ritenuti un popolo crudele (ma i Romani in questo hanno superato i maestri). La crocifissione era un supplizio che i Romani usavano spessissimo, non di rado su dimensione di massa, per punire rivoltosi e dare un segnale forte alle popolazioni ribelli: un modo violento e crudele di difendere l'Impero e la colonizzazione. Ciò poteva voler dire centinaia di croci una accanto all'altra: questo doveva essere stato lo spettacolo offerto da Nerone a quelli che erano stati condannati per l'incendio di Roma del 64 d.C. Per venire a un caso piú vicino al nostro discorso, Giuseppe Flavio riferisce che nel 4 a.C. (l'anno della morte di Erode il Grande) il governatore della Siria aveva fatto crocifiggere duemila giudei. Sappiamo da fonti latine che i modi potevano essere diversi: il fatto che nella tradizione cristiana Pietro sarebbe stato crocifisso a testa in giú rimanda a un modo effettivamente praticato. A cadere vittime di questa forma terribile di morte non erano solo ribelli politici ma schiavi e spesso gente umile: non a caso, si trattava di una morte talmente infamante che le fonti romane tendono a parlarne poco (del resto, in ogni periodo della storia – basti pensare alla guerra d'Algeria o, piú vicino a noi, a Guantánamo – quelli che praticano la tortura non amano che si divulghino i dettagli). Ricordo questo aspetto soltanto per sottolineare che la condanna assimila Gesú a uno schiavo della peggior specie. Non a caso, la *Lettera ai Filippesi* di Paolo, riprendendo l'immagine del servo sofferente di *Isaia*, assimilerà l'incarnazione all'assunzione da parte di Gesú d'una figura da schiavo. Per converso, i polemisti pagani del II e III secolo dimostrano il loro disprezzo per un presunto Messia che finisce in un modo cosí ignominioso.

Per quanto riguarda i due ladroni posti ai lati di Gesú, bisogna notare che anche nel mondo antico era diffuso il simbolismo per cui la destra è il lato positivo, la sinistra quello negativo. Ci si è chiesti piú volte chi mai potesse essere questo buon ladrone e cosa mai potesse aver compiuto. Essendo la crocifissione una pena umiliante e terribile, la condanna a quel supplizio necessitava di un crimine serio, come nel caso di Gesú, che dal punto di vista romano era diventato un pericolo per la sicurezza dello Stato. Cos'aveva fatto di cosí grave quell'uomo che tuttavia ci viene presentato come buono? Il dato teologico dev'essere molto forte, al di là di ogni verosimiglianza criminale. L'evangelista ha voluto rappresentare la misericordia divina, la grazia che può raggiungere tutti. Nella ricostruzione è il buon ladrone che compie l'atto di fede, non è Gesú che compie di sua iniziativa un atto di misericordia. Perché è buono il ladrone? Pur nella sua situazione terribile, riconosce Gesú in quanto figlio di Dio. La scena con ogni evidenza va letta alla luce della teologia.

AUGIAS Nei pressi della croce compare un'altra figura alla quale viene affidato un gesto decisivo: il centurione Longino che assesta un colpo di lancia al costato di Gesú. Su quel colpo esistono due interpretazioni: che si sia trattato del colpo di grazia che si dava al condannato per stabilirne definitivamente la morte o che fosse invece un colpo per provocarla, la morte, ponendo cosí fine alle sofferenze di una penosa agonia. Ma vale davvero una spiegazione d'ordine «pratico», o dobbiamo pensare ad altro?

FILORAMO Ricostruiamo un momento la scena narrata in questi termini solo da Giovanni. La Pasqua è ormai imminente; ci sono diversi motivi per deporre i cadaveri dei crocifissi, a cominciare dal fatto che al tramonto comincerà il riposo sabbatico. L'autorità romana acconsente. Prima, però, secondo consuetudine, i soldati spezzano i femori ai due ladroni. Se mai fossero stati vivi, a questo punto sarebbero morti soffocati perché non avrebbero potuto piú respirare. Arrivati a Gesú, vedono che è già morto; nonostante ciò, uno dei soldati compie il gesto da lei ricordato. Perché, se Gesú era già morto? Non essendovi spiegazione negli usi del tempo, non ci rimane che pensare a una spiegazione teologica. Il fatto è che dal corpo di Gesú morto, precisa Giovanni, «uscí sangue e acqua»: il corpo del morto emette elementi vitali. Come non pensare che la vita in lui non è scomparsa, che egli in realtà si appresta a risorgere? In ogni caso cosí il gesto è stato interpretato dalla tradizione. Il nome del soldato – non si parla di centurione – non compare. Comparirà soltanto molto dopo in un apocrifo, gli Atti di Pilato, in cui una tardiva redazione identifica questo Longino con il centurione, che poco prima, di fronte alla morte di Gesú, aveva pronunciato una fondamentale confessione di fede, riconoscendo in lui il Figlio di Dio.

AUGIAS Rimane il fatto che l'azione di questo legionario innominato rappresenta un vero e proprio *coup de théâtre*: i suoi commilitoni hanno constatato che Gesú è morto, perché infierire su un cadavere?

FILORAMO L'azione ha qualcosa di illogico, ma anche di umano: il soldato è abituato quasi meccanicamente ad agire cosí, e, quasi volesse mantenersi in allenamento, anche col cadavere di Gesú esegue l'azione: non si sa mai, in fondo Gesú era un taumaturgo pericoloso, si vociferava che avesse fatto risorgere dei morti, poteva avere sette vite, era necessario essere sicuri. Come per tanti altri episodi che abbiamo preso in esame, anche questo gesto inutile ha conosciuto nell'arte e nella tradizione una fortuna immensa. Il soldato è stato promosso a centurione, gli si è trovato un nome (facile: «lancia» in greco si dice *logche*, da cui Longino), il povero soldatino ha iniziato una carriera leggendaria che lo farà diventare santo. La sua lancia sarà ritrovata dalla bigotta madre di Costantino, Elena (una ex prostituta). Sarà trasformata in una potente reliquia e portata a Costantinopoli ad arricchire la sua collezione. Come se non bastasse, questa leggenda entrerà a far parte del ciclo del Graal. Per un gesto in fondo inutile non è un piccolo riconoscimento: potenza del Vangelo!

AUGIAS In queste ultime ore cosí affollate di personaggi piccoli ma molto coloriti, ne incontriamo un altro di rilievo: Giuseppe d'Arimatea, un benestante che fa un gesto clamoroso, va da Pilato e chiede che sia violata la convenzione per la quale i giustiziati dovevano restare appesi per qualche giorno al patibolo a monito dei passanti. Possiamo immaginare lo spettacolo di questi cadaveri sulla cima del monte progressivamente dilaniati dai rapaci e dalle fiere. Giuseppe chiede che a Gesú venga risparmiato questo estremo oltraggio anche perché siamo alla vigilia di Pasqua. Prega che il corpo sia staccato dal legno in modo da potergli dare sepoltura prima che l'inizio dello *shabbat* lo impedisca. Giuseppe accompagnato da un certo Nicodemo chiede questa grazia e, stranamente, Pilato la concede.

FILORAMO Concordo con quanto osserva. L'aspetto storico rilevante è che nei Vangeli Giuseppe è presentato come un membro distinto del Sinedrio; è dunque possibile che abbia partecipato alla riunione in cui Gesú è stato condannato. Però egli è un pio ebreo e una legge del *Deuteronomio* prescriveva di non lasciare il cadavere attaccato all'albero (nel nostro caso, alla croce) durante la notte, tanto piú se alla sera iniziava lo *shabbat* di Pasqua, come già ricordato. Dunque, egli compie un gesto di pietà. Marco, che ci fornisce il resoconto piú antico, non dice che egli fosse un seguace di Gesú, ma semplicemente che attendeva il Regno di Dio, come ogni pio giudeo che si rispettasse.

AUGIAS Interessante anche il fatto che questo Giuseppe sia un fariseo. Dà da pensare il gesto pietoso di un membro del Sinedrio che ha deciso a maggioranza di denunciare Gesú ai Romani, fatto per di piú da un fariseo, ovvero dal membro di una delle sette contro cui Gesú si scaglia piú volte. Quest'uomo santo decide che a Gesú sia almeno risparmiata l'umiliazione estrema della putrefazione appeso al legno. Chiede e ottiene l'immediata sepoltura. È un gesto due volte grande: per il suo valore di misericordia e per l'aspetto procedurale.

C'è un altro personaggio che fuggevolmente compare sul quale vale la pena di gettare una piccola luce. Si tratta di un pubblicano, cioè, diremmo oggi, di un esattore delle tasse. Il suo nome è Zaccheo; si converte a Gesú dicendo, secondo Luca: «Ecco, Signore, io do la metà di ciò che possiedo ai poveri e, se ho rubato a qualcuno, restituisco quattro volte tanto».

FILORAMO L'Impero era retto su un fiscalismo rigido, sotto quest'aspetto i Romani erano spietati. I sovrani locali dovevano garantire un certo gettito all'erario di Roma se volevano evitare di perdere il posto. Di conseguenza i gabellieri o pubblicani dovevano spremere il piú possibile i loro soggetti, diventando figure odiose. Zaccheo invece fa eccezione per un motivo che ora preciserò. Come facevano i romanzieri dell'Ottocento, devo però fare un passo indietro, tornare agli inizi della predicazione di Gesú, anzi al momento della scelta dei Dodici. Nell'elenco compare un certo Matteo e, nel Vangelo intitolato a questo nome, si precisa che al momento della chiamata Matteo riscuoteva le imposte (in greco *telones*): dunque era un pubblicano o gabelliere. Negli altri Vangeli però quest'attività è attribuita a Levi. Si può facilmente immaginare quale discussione ne sia sorta.
Una delle ipotesi è che si tratti della stessa persona: Matteo-Levi (non era raro avere due nomi – vedi il caso di Simone Pietro o di Saulo Paolo). A me sembra altamente improbabile, comunque fa capire una cosa: i gabellieri potevano essere odiosi, ma Gesú era in grado di rovesciare i valori sociali. Lo si vede chiaramente nel caso di Zaccheo, un altro dei nostri comprimari, che però, essendo gabelliere, finisce per recitare un ruolo importante. Teniamo presente che i contratti per la riscossione delle tasse all'interno di una regione venivano di solito dati in appalto a forestieri facoltosi. L'occasione fa l'uomo ladro, recita il proverbio, ieri come oggi. In questo caso, ieri come oggi, gli appalti si prestavano a ogni abuso. Ma vi erano per fortuna le eccezioni e soprattutto i possibili pentimenti. Luca narra di questo Zaccheo, che era capo esattore delle tasse a Gerico: una città importante e dunque un'occasione ghiotta. Non a caso, gli esattori delle tasse, accusati di frodare continuamente la povera gente, erano disprezzati. Per gli Ebrei, al disprezzo si aggiungeva il grave fatto che il necessario rapporto con i pagani li rendeva inevitabilmente impuri. Per questo nei Vangeli pubblicani e peccatori

vengono citati spesso come esempi di categorie indesiderate. Di qui l'eccezionalità del caso di Zaccheo. Nei suoi confronti Gesú opera un tipico rovesciamento di valore, analogo a quello che opera nei confronti di altre categorie di reietti: le prostitute o i ladri che credono in lui. Poiché dimostra di credere in lui, entrerà nel Regno dei cieli. Zaccheo, a conferma della sua fede, promette che ripagherà quattro volte coloro che ha frodato: un esempio di condono fiscale alla rovescia. Purtroppo, non imitabile.

AUGIAS I gabellieri erano due volte odiosi: perché pagare le tasse non è mai piaciuto a nessuno e perché faceva ancora meno piacere doverle pagare a degli stranieri pagani che occupavano militarmente il paese per ragioni geopolitiche; essenzialmente per spremerne tutto il denaro possibile. Il popolo soffriva il giogo romano, stimava questi gabellieri alla stregua di giudei traditori che esigevano denaro da consegnare agli occupanti. Il generico divieto di non mescolarsi con il mondo dei *goyim*, dei pagani, nel caso dei gabellieri diventava ancora piú forte – e anche piú giustificato.

XX.
UN PROTAGONISTA MISTERIOSO: L'INVIATO CELESTE

Il nome ufficiale è Vangelo secondo Giovanni. Ma davvero quel testo è stato scritto da un qualche Giovanni? Verso la fine del II *secolo cominciò a circolare una versione, accreditata da Ireneo vescovo di Lione nel suo* Adversus Haereses, *secondo la quale: «Giovanni, il discepolo del Signore, colui che riposò sul suo petto, ha pubblicato anch'egli un Vangelo mentre dimorava a Efeso in Asia». Questa affermazione sembrò trovare conferma in un elenco di testi sacri risalenti agli stessi anni - ma scoperto solo nel Settecento - noto come* Canone muratoriano. *Quindi, la questione pareva chiusa: un nome, una data, un'attribuzione autorevole. Lentamente invece le cose sono cambiate e l'iniziale certezza è stata incrinata da numerose ipotesi alternative. Studi piú approfonditi, consentiti da piú raffinati strumenti filologici, storici e sociologici, hanno messo in dubbio la vecchia paternità del testo. Un forte contributo a una probabile origine collettiva e piuttosto tarda di questo Vangelo l'ha dato Rudolf Bultmann con argomenti di tale solidità che da quel momento si è preferito parlare non piú di Giovanni bensí di Scuola giovannea. Non una sola testa e una sola mano, per quanto ispirata, bensí piú teste e piú mani legate da una comune visione di Gesú detto il Cristo e della sua missione nel mondo.*

Sicuramente colpisce in quel Vangelo la forte diversità d'approccio rispetto ai fatti narrati e soprattutto alla figura di Gesú descritta negli altri tre Vangeli non a caso detti «sinottici» - cioè visti e letti insieme per i molti parallelismi. Secondo alcuni esegeti, nel Vangelo detto di Giovanni (o Quarto Vangelo) non bisognerebbe nemmeno cercare storia ma arte poiché l'origine delle pagine sarebbe puramente letteraria. In ogni caso è andata via via consolidandosi l'ipotesi che nel primo e ancora imprecisato cristianesimo, quel testo fosse da attribuire a una scuola particolare. La composizione di quelle pagine avrebbe attraversato varie fasi ad opera di altrettanti autori.

Prima di addentrarsi nel persistente, affascinante, enigma di questo testo, vale forse la pena di tratteggiare la figura del suo supposto autore, in base ai pochi elementi di cui disponiamo.

Giovanni detto l'Evangelista, che non va confuso con Giovanni il Battista, è stato uno dei dodici apostoli di Gesú. Sarebbe nato intorno al 10, morto a Efeso intorno agli anni finali del I o iniziali del II secolo (98-110). Era figlio di Zebedeo e fratello di Giacomo detto il Maggiore con il quale, insieme a Pietro, formava il terzetto dei piú stretti seguaci del Maestro. Di professione era stato pescatore, dunque uomo di umili origini, quasi certamente di scarsa cultura. Gesú aveva invitato lui e suo fratello a seguirlo avendoli visti mentre, sulla riva del lago di Tiberiade, rammendavano le reti insieme al padre Zebedeo. Questa umile condizione iniziale ha la sua importanza se si pensa all'elevato livello letterario e teologico del testo. Anche vero però che Giovanni aveva avuto una precedente esperienza religiosa come seguace del suo omonimo Giovanni il Battista. Dunque, non si trattava di un semplice pescatore ma di un uomo con curiosità e vocazione spirituali.

È lui comunque a essere identificato come «il discepolo piú amato» e, dei Dodici, è ancora lui il solo a essere presente, accanto a Maria, nel momento della morte in croce del Maestro.

Basta questo a farne l'autore certo del Quarto Vangelo? Non basta, tanto è vero che gli studiosi hanno continuato a interrogarsi sulle origini di questo testo fondamentale nella dottrina cristiana e tuttora continuano a farlo in una ricerca che non avrà fine poiché si tratta di tornare a esaminare fonti da tempo individuate e analizzate.

Si può tuttavia affermare con certezza che l'analisi accurata del testo consente di distinguere i vari interventi che si sono succeduti con introduzione di nuovi materiali a mano a mano che i gruppi giovannei s'allontanavano dalle originarie comunità giudaiche. Alcuni di questi rifacimenti hanno determinato incongruenze e ripetizioni di idee o eventi. Per esempio, nel brano del capitolo 6 intitolato (nell'edizione Cei 2008) Il pane della vita, Gesú annuncia due volte di seguito di essere nutrimento celeste; la prima ai versetti 35-50, la seconda, subito dopo, ai versetti 51-58. Un altro passo problematico *è quello contenuto nei versetti 1-18 del capitolo 10 nel quale Gesú illustra la funzione salvifica del buon pastore premuroso custode del gregge al contrario dei mercenari: «Il mercenario – che non è pastore e al quale le pecore non appartengono – vede venire il lupo, abbandona le pecore e fugge, e il lupo le rapisce e le disperde». La metafora del buon pastore è bella ed efficace e infatti il detto «Io sono il buon pastore» gode di vasta popolarità. Gli studiosi però fanno notare come, inserita in quel punto, l'esortazione appaia fuori contesto. Cosí appaiono fuori contesto ovvero narrativamente incoerenti certi passi dove Gesú che figurava a Gerusalemme viene di colpo a ritrovarsi nel Nord del paese, in Galilea. Questo accade per esempio nei capitoli 5 e 6 che sarebbero stati invertiti. Il capitolo 5 è ambientato a Gerusalemme; il capitolo 6 inizia con le parole: «Dopo questi fatti Gesú andò dall'altra riva del mare di Galilea» raccordandosi cosí non al capitolo precedente ma al capitolo 4, ambientato per l'appunto in Galilea, a Cafarnao. C'è poi la questione solo parzialmente risolta del doppio finale. Il Vangelo sembra concludersi al capitolo 20, salvo riaprire con un breve capitolo 21 (aggiunto in seguito?) che ripete la chiusa del capitolo precedente.*

Cosí numerose le incertezze, che dopo tanti anni dedicati alle piú scrupolose esegesi, nessuna ipotesi in pratica viene piú scartata. Continua perfino a resistere quella iniziale che ci sia stato un unico autore del testo anche se intervenuto piú volte, dato che nessuno mette in discussione le molteplici riscritture. Quel singolo autore avrebbe dunque messo mano piú volte al lavoro per aggiungere detti, segni, episodi dettati dalle mutate condizioni che il nascente cristianesimo andava incontrando. È anche possibile che i vari episodi in un primo tempo siano stati raccolti isolatamente e solo in seguito riuniti per farne un racconto il piú possibile unitario e compiuto; ovvero un «vangelo».

Il testo era probabilmente destinato a cristiani non di origine ebraica, con formazione culturale di tipo ellenistico. Un vangelo formatosi dunque mentre si delineava la separazione dei seguaci del Cristo dal tronco originario. Secondo un'ipotesi piuttosto diffusa, i seguaci della comunità definita «giovannea» subirono o provocarono una rottura netta con i Giudei per cui furono allontanati dalle sinagoghe. Si tratterebbe in definitiva di una comunità giudeocristiana che affronta il trauma della separazione fra ebrei ortodossi e neocristiani, verificatasi dopo la distruzione di Gerusalemme e del Tempio ad opera delle truppe romane del generale Tito. Questa circostanza spiegherebbe le profonde diversità di questo testo da quello degli altri Vangeli canonici. Se si accetta questa possibilità, il testo giovanneo si potrebbe leggere come un documento che testimonia la progressiva separazione di un gruppo di seguaci di Gesú dal resto dell'ufficialità giudaica indisponibile a riconoscerne la natura messianica.

Nel testo piú antico, quello di Marco, Gesú muore gridando il versetto del salmo: «Dio mio, dio mio, perché mi hai abbandonato?» È un grido straziante e disperato; se dobbiamo credere a Marco, Gesú – come abbiamo già ricordato – muore pieno d'angoscia per aver fallito la sua missione. A questo si riferirebbe il timore dell'abbandono, non ai patimenti della crudele pena subita.

Nel testo giovanneo Gesú muore in modo completamente diverso. Il grido straziante è scomparso, al suo posto ritroviamo una rasserenata consapevolezza della sua discesa sulla terra. In Marco muore un uomo, in Giovanni l'Inviato celeste commenta pacatamente l'esito del suo passaggio: «Dopo aver preso l'aceto, Gesú disse: "È compiuto!" E, chinato il capo, consegnò lo spirito».

È compiuto, ovvero sono stato inviato in questo mondo per redimere, immolandomi, il genere umano dal peccato di Adamo. Sto morendo su questo infame legno, ciò che il Padre m'aveva affidato è stato fatto.

Curiosamente troviamo nel Vangelo detto di Giovanni, un punto di contatto con il Vangelo detto di Giuda: la consapevolezza della missione redentrice che chiedeva a Gesú di spogliarsi della carne con il sacrificio della vita. Agnus Dei.

AUGIAS In un capitolo precedente lei ha accennato all'annuncio dell'Inviato celeste, ovvero Gesú detto il Cristo, l'Unto. Lo ha riassunto nelle parole: non piú culti ma spirito e verità. Frase enigmatica ovvero di ampio e impreciso significato di cui il Vangelo detto di Giovanni ci dà del resto numerosi esempi. L'argomento merita un approfondimento.

FILORAMO Nel Vangelo di Giovanni l'annuncio di questo Inviato celeste non coincide con l'arrivo imminente del regno di Dio. L'Inviato viene a rivelare se stesso, perché è cosí che si apre la possibilità di un culto in spirito e verità, ovvero separato dalla materia.

AUGIAS Ma se accogliamo un punto di vista unicamente spirituale, che cosa resta della «Resurrezione»?

FILORAMO Infatti l'autore del Vangelo che chiamiamo di Giovanni s'è trovato in difficoltà rispetto a questo evento. Per un aspetto sarebbe andata benissimo la risposta che lei ha scelto: è stata una resurrezione spirituale e interiore, che poi corrisponde alla risposta che si sono dati molti cristiani gnostici.

AUGIAS A me personalmente sembra anche molto piú bella, con tutta franchezza. Tra l'altro, non crede che questa interpretazione sia piú vicina alla predicazione di Gesú, ai suoi fini? Prima di cambiare il mondo, Gesú voleva che cambiassero gli uomini. Un'interpretazione spirituale della resurrezione sembra quindi coerente con quanto andava dicendo.

FILORAMO Il Vangelo di Giovanni ha un'attribuzione complessa, come ricordato. Noi lo chiamiamo «di Giovanni» solo per comodità storica. In ogni caso, chiunque sia l'autore, è evidente che s'è trovato in difficoltà. Da un lato la concezione spiritualista di questo «Inviato celeste» avrebbe dovuto comportare una visione ugualmente spiritualista sulla resurrezione; d'altra parte il testo esprimeva la posizione di gruppi legati a una certa idea dell'incarnazione come si vede dal prologo, che tenta di mettere insieme l'assoluta trascendenza del figlio (il Logos) e il fatto che questo Logos assume la carne.

AUGIAS Ricordiamoli questi versetti misteriosi e affascinanti: «In principio era il Verbo [*logos*], e il Verbo era presso Dio e il Verbo era Dio. Egli era, in principio, presso Dio: tutto è stato fatto per mezzo di lui e senza di lui nulla è stato fatto di ciò che esiste. In lui era la vita e la vita era la luce degli uomini; la luce splende nelle tenebre e le tenebre non l'hanno vinta». Dov'è l'incarnazione?

FILORAMO L'incarnazione si trova subito dopo, al versetto 14: «E il Verbo si fece [*egheneto*] carne [*sarx*] e venne ad abitare in mezzo a noi». Il Logos, che è *Verbum Dei*, Parola di Dio, assume la carne dell'uomo: questa è una distinzione fondamentale rispetto a una visione gnostica. Essa «pone la sua tenda» (questo significa il verbo greco *skenoun*, normalmente tradotto con «abitare») tra gli uomini; rimanda a una tipica visione dell'Antico Testamento, per esempio in *Esodo* dove a Israele è ordinato di fare una tenda (il Tabernacolo) cosí che Dio possa abitare presso il suo popolo: anticipazione del *sancta sanctorum* del Tempio di Gerusalemme dove risiedeva la Gloria di Dio. Con la differenza che ora il Figlio di Dio come tenda assume il corpo in carne e ossa dell'uomo per redimerlo. Dunque, fin dal prologo vi è una dimensione spirituale fortissima, ma anche la chiara sottolineatura che l'Inviato celeste, per comunicare con gli uomini, ha assunto il loro corpo e la loro carne. Anche il Risorto ha un corpo, e lí comincia la storia della cristologia, la riflessione sulla complessa natura del Cristo risorto, che, per Giovanni, è nel contempo uomo e Dio.

AUGIAS Qui si apre anche una serie di complicati paradigmi logici e teologici sui quali s'è discusso per secoli.

FILORAMO Semplificando al massimo: se il Figlio di Dio ha assunto un corpo umano, questo vuol dire che ha assunto anche un'anima e una volontà umane? però se è cosí, non ha assunto anche un'inclinazione al peccato? ma se Cristo è impeccabile, allora chi decide in lui: il Dio o l'uomo? e cosí via. Alla fine, come si è visto, al Concilio di Calcedonia del 451 passò la tesi, che divenne dogma, che le due nature, umana e divina, inconfuse cioè non mescolate, sono presenti in Cristo come unica persona: con quella umana egli partecipa pienamente alla natura umana, mentre con quella divina conserva pienamente la sua divinità. Naturalmente questa soluzione teologica, che viola le regole piú elementari della logica aristotelica (mettere insieme generi distinti, *a* e *b*), è stata rifiutata dalle correnti razionaliste, antiche e moderne.

AUGIAS Fino ad arrivare all'ipotesi di stampo illuminista, cioè totalmente razionale, della tomba vuota già introdotta dai polemisti pagani. Il filosofo tedesco Hermann Samuel Reimarus alla fine del Settecento ipotizzò che gli apostoli avessero trafugato il corpo facendolo sparire, per poi propalare la notizia della resurrezione. Cavalcando l'onda della nuova fede, si sarebbero fatti una loro Chiesa.

FILORAMO Mi sembra un esempio raffinato di machiavellismo politico, di un razionalismo estremo; non mi spingo fino a questo punto. Ritengo plausibile che ci siano stati gruppi di discepoli, inclusa la Maddalena, che potevano avere un carattere particolarmente emotivo – dati i loro precedenti – che hanno creduto nella resurrezione del cadavere, magari aiutati da alcune visioni o allucinazioni. Paolo per esempio ha influenzato la vita di milioni di persone, avendo conosciuto Gesú solo attraverso visioni e apparizioni. Quella che lo fa cadere a terra e lo acceca sulla via di Damasco è la prima nel racconto di Luca, ma il testo fondamentale è la *Lettera ai Galati* dove dice esplicitamente di aver ricevuto la rivelazione e la fede attraverso una visione del Cristo risorto. Io, come storico, devo prendere per buona la fede di Paolo e credere nella sincerità delle sue visioni, altrimenti è meglio che cambi mestiere.

AUGIAS Volendo accentuare maggiormente in senso razionalistico, potremmo aggiungere che Paolo soffriva di un male imprecisato – anche questo lo denuncia lui stesso – attribuibile a un disturbo di origine nervosa, male che avrebbe potuto comportare deliqui e visioni.

FILORAMO Faccio un'osservazione legata al nostro tema. Che cosa sarebbe il mondo senza delle belle visioni? Non esistono solo quelle dei poeti, ci sono anche visioni creatrici, produttrici di novità o di stati di beatitudine. Badi bene, le visioni sono sempre vere per chi le ha.

AUGIAS Ne sono convinto anch'io a cominciare dalle sante possedute da ricorrenti visioni di Gesú. Caso a parte sono i ciarlatani che però prima o poi vengono sbugiardati.

FILORAMO Mi sono occupato dell'origine dei movimenti religiosi, e questa delle visioni è una costante. Non si contano i movimenti religiosi che devono le loro origini a esperienze visionarie dei loro fondatori. Cosí è per Zarathustra, il fondatore dello zoroastrismo, o per Mani, il fondatore del manicheismo. Se per un momento ipotizzassimo, come hanno fatto alcuni, che il vero fondatore del cristianesimo sia stato Paolo, potremmo aggiungerlo alla nostra lista. E che dire del fondatore dell'islam? Le visioni di Maometto sono state vere? Sí, per lui e per quelli che vivevano con lui e che gli hanno creduto. Nell'ambiente in cui costoro vivevano il fenomeno era diffusissimo. Ma non è questo il punto. Non basta avere una bella visione di una qualche divinità per essere creduti e fondare un nuovo movimento. Bisogna essere dotati di carisma, convincere la gente, con parole e azioni, che quella visione è vera, che non si è un falso profeta. Non è facile.

AUGIAS Pur non essendo credente e tendendo a vedere i fenomeni religiosi in termini soprattutto psicologici, riconosco che una fede trascendente esercita una funzione fondamentale sia per le collettività sia per gli individui. Quando questo elemento viene meno, molte persone – penso alle società attuali – si smarriscono. Il sogno illuminista era di dare a tutti un livello d'istruzione e consapevolezza tale da affrancare i piú da ogni necessità di trascendenza o di superstizione. Alcune superstizioni sono effettivamente scomparse, altre però si sono aggiunte, spesso di qualità scadente.

FILORAMO Sono un laico che ha passato la vita a studiare il fenomeno religioso; devo quindi fare una precisazione. Le religioni sono una realtà antropologica; a differenza però di altre realtà antropologiche, proprio perché esprimono miserie e grandezze dell'uomo, esse posseggono una tavolozza di colori amplissima: dal nero o grigio della violenza distruttrice alla luce splendente dei voli mistici e delle visioni divine. Personalmente, sono affascinato dagli eccessi che si ritrovano in abbondanza visitando i mondi religiosi vicini e lontani nel tempo e nello spazio. Lo popolano figure di santi peccatori, di morti viventi, di stiliti che passano la vita su di una colonna, di asceti dediti a pratiche che superano l'umana immaginazione, tutti in fondo accomunati dalla tensione di vincere la morte, di essere tra coloro che sono salvati in vita. In questo senso, la religione – o meglio, un tipo di religione – è fondamentale per conservare un certo distacco, come direbbe Giovanni, dal cosmo, che in fondo è dominato piú da ombre che da luci. Possiamo, anzi, dobbiamo trovare delle spinte ideali anche in altre fonti, senza dover necessariamente ricorrere a fonti trascendenti.

AUGIAS Tornando al Vangelo detto di Giovanni, lí c'è una rappresentazione della figura di Gesú cui si è già fatto cenno che vale la pena di approfondire data la radicale diversità dal Gesú dei tre Vangeli sinottici di Marco, Luca, Matteo. Chiunque legga quei testi si rende conto che molti elementi compositivi e di narrazione li accomunano mentre il testo di Giovanni, che è anche il meno antico, se ne distacca non solo per il clima, la tensione, la visione del mondo che contiene, ma soprattutto per il modo in cui delinea la figura dell'Inviato celeste.
Intanto una domanda storica ma anche un po' personale: perché questo Vangelo la interessa tanto?

FILORAMO Si tratta anche di una mia inclinazione, è vero, ma la sostanza della questione è proprio quella che lei ha enunciato per ultima: il modo in cui viene delineata la figura di Gesú. L'autore del testo in fondo è anonimo, come si spiega nella premessa, non siamo sicuri che sia quel Giovanni considerato il discepolo prediletto. Anche se cosí fosse, non sapremmo mai veramente chi era. Il Vangelo di Giovanni, come tanti testi antichi, ha un elemento per noi difficilmente pensabile che è l'anonimato. Si scrivevano testi apologetici come questo, solo *ad maiorem Dei gloriam*, non pensando ai diritti d'autore né per andare in televisione. Nel nostro caso comunque, bisogna distinguere. Una cosa è se l'autore ha davvero conosciuto personalmente Gesú, altra cosa, ben diversa se invece non l'ha conosciuto.

AUGIAS Da quanto lei ha detto nel corso di questa conversazione, credo d'aver intuito una sua forte simpatia, vicinanza, adesione alle tesi gnostiche. Pensa che il testo detto di Giovanni possa essere avvicinato allo gnosticismo?

FILORAMO L'elemento chiave che apparenta il Vangelo di Giovanni ai testi gnostici è il dualismo radicale, che si manifesta fin dal prologo e che si sostanzia nella contrapposizione tra coloro che sono in grado – per grazia, per elezione da parte del Padre – di seguire il Logos, il Verbo, e i figli della tenebra, simboleggiati dai Giudei, che lo rifiutano. Aggiungerei anche il ruolo centrale della conoscenza: solo Gesú conosce il Padre, ma quelli che conoscono lui possono condividere questa conoscenza. Anche se Giovanni non è uno gnostico, viene però da un mondo in cui la dimensione dualistica è chiaramente presente. Nel Vangelo di Giuda, invece, richiamato nella premessa al capitolo, Cristo rifiuta la carne, che non può essere salvata. Quella che lo «riveste» è una carne apparente, che non compromette la sua vera natura spirituale. Per l'autore del Vangelo di Giuda la carne è presente ma solo nella misura in cui appare, non è lí la vera sostanza, tanto è vero che alla fine Gesú chiede di esserne spogliato, di tornare cioè a essere puro spirito. La crocifissione, in realtà, consiste in un'opera definitiva di separazione.

AUGIAS La premessa al capitolo riassume le varie ipotesi avanzate nel corso dei secoli nel tentativo d'individuare l'autore di questo testo. Autore singolo o collettivo, testo piú volte rimaneggiato, autore che ha conosciuto direttamente Gesú o al contrario che ne ha solo sentito parlare. Qual è la sua idea?

FILORAMO Io propendo per leggere questo testo come scritto da un autore finale che non ha conosciuto direttamente Gesú e che mette in pagina, per cosí dire, l'esito conclusivo di un complicato processo redazionale. Analogamente a Paolo, che ha conosciuto Gesú solo attraverso le sue «visioni», anche l'autore del testo detto di Giovanni ha avuto di lui un'esperienza unicamente spirituale. Si tratta indubbiamente di un teologo geniale, che ha spinto la riflessione sulla natura del Cristo risorto, iniziata con Paolo, a livelli speculativi di particolare profondità.

AUGIAS Allora vediamo quale natura, umana e divina, questo autore descriva.

FILORAMO Il dramma rappresentato nel Vangelo di Giovanni non concerne, come in Marco, il destino del Figlio dell'uomo abbandonato da tutti, bensí quello del Figlio di Dio, impotente a farsi accogliere dai suoi. In altri termini, un Dio che rischia di fallire. Egli si è abbassato fino alla misera condizione umana, ma ciò non basta: alla fine, è respinto dai suoi. Ma perché? Non perché si presenti come Messia – è il tema di Marco – ma perché fin dall'inizio si presenta come Figlio di Dio: un'empietà dal punto di vista ebraico. Lo scandalo sta proprio qui: la rivelazione, cui è attribuito un immediato potere salvifico («Chiunque vive e crede in me non morirà in eterno») riguarda lui stesso: chi egli è, da dove viene, dove si accinge a ritornare. Questa rivelazione, una conoscenza che potrebbe salvare, viene però rifiutata e alla fine il protagonista muore. Ma tutto è previsto: come nella parabola del seminatore, il seme deve prima essere sepolto, per poi risorgere. L'incontro con la Maddalena, di cui abbiamo parlato, sta a testimoniare che per l'autore del Vangelo ciò che alla fine conta è la fede nella sua resurrezione in carne e ossa, non la semplice conoscenza.

AUGIAS Per noi oggi non è facile capire in quali condizioni il testo sia stato composto negli anni a cavallo tra la fine del I e l'inizio del II secolo. Paolo ha già mandato le sue epistole, compiuto una prodigiosa azione di apostolato anche dal punto di vista dell'impegno fisico, viaggiando ininterrottamente attraverso il Medio Oriente e poi da lí ad Atene e a Roma, dove troverà la morte sotto Nerone. I cristiani però non sono ancora una corrente con una riconoscibile fisionomia dottrinale, infatti ci vorrà ancora qualche decennio perché si porti a compimento il distacco completo dalla matrice ebraica. Comporre un testo come quello di Giovanni e, nei limiti consentiti dalle circostanze, diffonderlo è un'operazione che possiamo definire grandiosa.

FILORAMO Infatti ciò che in quel testo mi colpisce particolarmente è l'audacia. L'autore finale, di chiunque si tratti, viene dal mondo ebraico, scrive rivolgendosi a seguaci del Cristo che con l'ebraismo hanno ancora profondi legami, anche se gli elementi conflittuali stanno prevalendo. Questo conflitto radicale spiega la posizione particolare di Giovanni verso i Giudei, respinti in blocco, come abbiamo avuto occasione di vedere, considerati figli del diavolo. Difficile dire dove ciò sia avvenuto; forse a Efeso o in Asia Minore. Comunque, la comunità che si riconosce in questo Vangelo si sente minacciata dalle forze del mondo, maligne, che non hanno accolto la luce portata dalla Parola di Dio.

Mentre il Gesú di cui ci parla Marco è un personaggio che scopre progressivamente la sua coscienza messianica senza però mai acquistare davvero una dimensione divina; mentre Luca e Matteo si muovono sulla stessa linea con un Gesú nel quale abbondano gli elementi umani, il Risorto del Vangelo di Giovanni è l'Inviato celeste che – come abbiamo visto – si presenta fin dall'inizio come il figlio di Dio, colui che esiste con Dio, accanto a Dio, il suo Logos, la sua Parola – inviato dal Padre per salvare il genere umano. Un messaggio audacissimo.

Proviamo a immaginarci dei discepoli o anche dei semplici lettori o ascoltatori del testo, insomma la cerchia dei seguaci di Giovanni, che vengono a conoscere un personaggio in grado di indirizzarli lungo una via diretta verso Dio, una via diretta per diventare Dio, in qualche modo. È una prima dimensione che ci dà il tema centrale, fortissimo, di questo Vangelo: il rivelatore è venuto in primo luogo a rivelare se stesso.

AUGIAS Nel testo di cui stiamo parlando, è compresa l'idea centrale dell'attuale dottrina cristiano-cattolica? Ovvero che Dio si sia incarnato nel ventre di una donna, le abbia fatto mettere al mondo un figlio fatto di carne e sangue come ogni mortale, venuto tra gli uomini per riscattare il peccato originale di Adamo. Un agnello sacrificale che ha assunto su di sé tutti i peccati dell'umanità, cosí richiamando il sacrificio arcaico del capro espiatorio (non a caso Gesú viene chiamato *Agnus Dei*, Agnello di Dio), che con la sua morte e il sacrificio della sua stessa vita ha riscattato il mondo dall'ombra del peccato. C'è in Giovanni questa complessa dottrina, almeno in embrione?

FILORAMO Sarei portato a rispondere di no. Che cosa promette il Gesú di Giovanni, nei suoi discorsi, sia quelli iniziali sia i grandi discorsi prima della cena e della Passione? Promette che coloro che lo riconosceranno sapranno quello che lui sa. Lui è il mediatore nei confronti del Padre, è colui che porta a compimento la sua volontà. Questo è un primo grande tema, la comunanza tra il Padre e il Figlio. Quello che sa il Padre sa il Figlio, e il Figlio, incarnandosi, è venuto a comunicare ai suoi quello che lui sa e quello che lui è. Qui c'è una via d'accesso che non tiene conto di ciò che lei ha riassunto nella domanda, quegli elementi non li troviamo in Giovanni, sono tasselli di una dottrina e di un insegnamento che verranno in seguito. L'importante, nel Gesú di Giovanni, è che chi lo segue lo riconosca. Certo, se vogliamo c'è un atto di fede, ma altrettanto se non piú importante è riconoscere la realtà divina e trascendente di colui che è in comunione profonda col Padre. C'è, nel Vangelo di Giovanni, a mio modo di vedere, una dialettica irrisolta tra *pistis* o fede e *gnosis* come forma di conoscenza assoluta, quella che il Figlio ha del Padre, e che anche il semplice credente può avere. Peccato che si tratti di due vie inconciliabili, come dimostra la stessa storia del cristianesimo. Il Vangelo cerca di tenerle insieme: è la forza dei testi fondativi. Poi la dura realtà storica ha dimostrato che queste due vie non sono conciliabili: o si è, come Abramo o la Maddalena, uomini di fede, o uomini della conoscenza, gnostici.

AUGIAS Ma come! Non è quello l'insegnamento cardine, il fondamento? Non sono cattolico ma vivendo in Italia ho occasione di frequentare le chiese per qualche rito e cerimonia, ascolto sempre con il dovuto rispetto ma anche con molta attenzione e curiosità. La mia impressione è che gli elementi che ho riassunto nella domanda costituiscano il fondamento della dottrina come si vede anche dalle preghiere piú comuni. Gesú è il Salvator Mundi, il Redentore, ha salvato il mondo dal peccato originale, è il novello Adamo che con il suo sacrificio ha assicurato agli esseri umani la possibilità della salvezza eterna.

FILORAMO Lei ha detto tre cose. Peccato originale: se l'è inventato Agostino, c'è già un'idea in Paolo ma sicuramente non si trova in quanto tale in Giovanni. La Chiesa ha tutto il diritto di parlare di un peccato originale, ma non può certo fondarsi su Giovanni. Poi ha fatto cenno all'elemento del Salvator Mundi: certo che è un salvatore, qui però entra in gioco il dualismo del Vangelo di Giovanni, e questo è un vero problema. Nel prologo si dice che è venuto a salvare non tutti, perché il mondo non lo accoglie e tanti lo rifiutano.

Provo a spiegarmi con un'immagine, che renda meglio il fascino profondo che emana dal testo. Il Vangelo si struttura secondo un duplice movimento: di diastole e sistole o, se vogliamo riferirci allo spazio, di discesa e ascesa. La prima immagine rimanda al movimento che parte dal Padre, che vuole farsi conoscere dagli uomini, per cui invia il Figlio, che però non è accolto: un movimento espansivo, di amore. Questo movimento di «espansione» divina coincide con un movimento di «discesa» dell'Inviato celeste, comprensibile spazialmente in un universo come quello antico, che vede la terra in basso, al centro dell'universo, con in alto una serie di cieli, in genere sette, in corrispondenza dei pianeti, della luna e del sole, fino ad arrivare alla volta celeste oltre la quale si immagina risieda – per quanto incorporea – la potenza divina. A questo movimento di diastole fa da contraltare un movimento di sistole, di contrazione, di ritorno: l'Inviato viene per portare la conoscenza del Padre a chi è in grado (per grazia?) di accoglierla. Chi la accoglie, ritornerà con lui nella sede del Padre: spazialmente, seguirà il Figlio che dopo la resurrezione ascende presso il Padre.

Qui sulla terra si consuma dunque il dramma, direbbe Bultmann, della decisione: di chi ha fede nelle parole dell'Inviato, e di chi invece le respinge (i Giudei, simbolo dei figli delle tenebre). In realtà, piú che di una decisione esistenziale, si tratta di compiere o meno un atto di conoscenza. La conoscenza o gnosi ha un ruolo fondamentale nel Vangelo. Ma qual è l'oggetto? In fondo, si tratta di credere e riconoscere che Gesú è l'Inviato del Padre: «Padre giusto, il mondo non ti ha conosciuto, ma io ti ho conosciuto, e questi hanno conosciuto che tu mi hai mandato». Questa conoscenza non è dunque legata al Regno imminente: il messianismo è spiritualizzato. La conoscenza promessa dall'Inviato è un dono promesso non per un futuro piú o meno prossimo, ma nel presente: quella giovannea, come quella gnostica, è un'escatologia realizzata. Credendo nell'Inviato si è già salvi. Tutto ciò si basa sulla pretesa di Gesú all'uguaglianza con Dio: pretesa non da poco. Giovanni, in questo, è radicale: chi altri può rivelare la realtà stessa della vita divina se non Dio stesso? Ma come si arriva a questa conoscenza? La fede di Giovanni è una fede particolare, intrisa di gnosi, che presuppone una elezione da parte del Padre, perché generati da Dio stesso.

AUGIAS Non sono sicuro di avere capito tutto e in ogni caso sono colto da un dubbio. La sua interpretazione di Giovanni è di tipo storico. Trattandosi però di un testo cosí particolare non può fare a meno di sconfinare nella teologia. Se i tre Vangeli sinottici sono testi apologetici, il Vangelo detto di Giovanni è già filosofia. Mi chiedo se il fondatore, quel Gesú che percorreva i sentieri polverosi della Palestina predicando agli umili, avrebbe approvato una tale analisi applicata alle sue semplici parole.

FILORAMO Io cerco di dire perché il Vangelo di Giovanni mi piace, ma soprattutto di tradurre – da storico – il punto di vista dell'autore, che parla in funzione di una comunità un po' elitaria, il che è innegabile. Questo testo non ha una vera e propria dimensione universalistica, se non di tipo spirituale. Se la Chiesa vuole propagandare l'universalismo che l'aggettivo «cattolica» richiama, non ricorre al Vangelo di Giovanni, può ricorrere a Paolo o alle dottrine dei Padri della Chiesa.

AUGIAS Ciò che dice mi turba profondamente e credo che sorprenderebbe molti tra coloro che sono ancora interessati a simili problemi. Oggi il messaggio principale mandato dai sacerdoti cattolici e dal Papa è: Gesú è il Dio incarnato venuto tra noi per redimere l'umanità.

FILORAMO Nessun dubbio su questo. Lei sta sintetizzando la dottrina della redenzione cristiana, che – ripeto – non si trova già formulata tale e quale fin dall'inizio, tanto meno nel Vangelo di Giovanni. Di questa dottrina si trovano una serie di elementi, soprattutto in Paolo; per esempio dietro questa dottrina, a suo fondamento, s'intravede la sua *Lettera ai Romani*. Essa riceve poi una elaborazione teologica decisiva in Ireneo, non a caso in polemica con la concezione gnostica della redenzione.
Consideriamo per esempio il modo in cui nel Vangelo di Giovanni è presentata l'Ultima Cena. Tenga presente che il nucleo della dottrina della redenzione è lí. Se confrontiamo la versione che ne dà Giovanni con quella che si legge nei sinottici ci rendiamo conto che sono profondamente diverse. Per cominciare il Gesú di Giovanni fa la lavanda dei piedi, perché vuole introdurre i suoi a questa comunità d'amore. L'autore ci presenta un Gesú che compie un'opera d'iniziazione alla comunità che i suoi seguaci dovranno ripetere. C'è in quel gesto l'idea che il nucleo del messaggio cristiano si fondi sulla capacità di un gruppo di vivere fino in fondo lo spirito di quegli insegnamenti. Un gruppo però, non tutti. Un gruppo che si potrà estendere, certo, ma siamo lontani dalla chiusa di Matteo «andate e battezzate tutte le genti»: Giovanni espone una condizione piú elitaria.

AUGIAS Non Paolo però. Anche se non ha mai conosciuto Gesú, anche se è arrivato per ultimo, Paolo con i suoi scritti è il meno lontano dalla vita terrena di Gesú. La sua azione e le relative epistole vengono datate intorno al 50, i testi evangelici arrivano ben che vada almeno vent'anni dopo se non ancora piú tardi come appunto nel caso di Giovanni. Ebbene, in Paolo quest'idea universalistica c'è, anzi possiamo dire che sia il fulcro della sua azione apostolica, del suo incessante girovagare.

FILORAMO Concordo, ma dipende dal fatto che il messaggio di Paolo si estende ai gentili, ed è incentrato, piú di quello giovanneo, sul mistero di una fede che, in teoria, non esclude nessuno. Gesú è venuto a liberare dal peccato commesso da Adamo tutta l'umanità, non solo gli Ebrei; dunque, la fede in lui, che salva, non è un privilegio degli Ebrei, ma è una possibilità offerta a tutti. Questo non è, ripeto, il caso di Giovanni.

AUGIAS Passo ai momenti finali di Gesú e al suo spirare sulla croce. Secondo lei Giovanni fa morire Gesú da cristiano o da ebreo?

FILORAMO Bella domanda. Si parla dell'enigma del Vangelo di Giovanni, purtroppo né io né lei lo risolveremo. Perché un enigma? Perché non si riesce a collocarlo. Paolo è chiaramente rivolto ai gentili, altrettanto Marco, Luca e Matteo – come abbiamo detto. E Giovanni? Non si capisce bene a quale ambiente si rivolga.

AUGIAS Se posso azzardare, la mia idea è che Gesú muoia da ebreo almeno per quanto riguarda Marco, il testo piú antico, che lo dice esplicitamente. Le sue ultime parole sono quel grido disperato del salmo: «Dio mio, Dio mio, perché mi hai abbandonato?» Quella è, in modo lampante, la morte di un pio ebreo.

FILORAMO Sicuro, ma questo riguarda Marco per l'appunto. E Giovanni? Dove si può collocare quest'autore? Non possiamo attribuirlo né a un ambiente ebraico, né ad ambiente giudeocristiano perché polemizza duramente contro i Giudei, né a un ambiente di cultura ellenistica com'è possibile fare con Luca, che tra l'altro scrive in un greco ricercato. Una risposta chiara e condivisa non c'è, studiosi e specialisti si dividono tentando di collocarlo. Proprio questo è uno degli elementi che rafforzano la mia ipotesi: il testo rispecchia una comunità originale che si è costruita intorno a un'interpretazione forte dell'Inviato celeste, che raccoglie elementi provenienti da ambienti diversi che

si ritrovano in un tipo di convivenza in obbedienza a ciò che l'Inviato ha esortato a fare.
Lui vive in comunione d'amore col Padre, e l'ha insegnato attraverso l'iniziazione della lavanda dei piedi e i frequenti discorsi sul tema. Fino a che punto questo messaggio è universalistico? C'è chi ha voluto vedere un'apertura universalistica nell'ultimo capitolo, il 21. Ma la critica è per lo piú unanime nel ritenere che, come nel caso del capitolo finale di Marco, si tratti di un testo aggiunto successivamente come del resto s'accenna nella premessa al capitolo. A mio modo di vedere, questo epilogo, in cui è confermato il ruolo privilegiato del discepolo prediletto rispetto a Pietro, è una conferma indiretta che, colui che ha aggiunto questo epilogo, ha visto il Vangelo come la carta costitutiva di una comunità che fonda la sua superiorità sul possesso di una tradizione privilegiata, quella che si richiama a questo misterioso discepolo prediletto, depositario dei misteri dell'Inviato celeste.

AUGIAS Secondo lei è un testo che rimane difficile collocare e sicuramente ha ragione. Però almeno un elemento certo, in negativo, c'è, ed è l'antisemitismo. Almeno questo dà al testo un connotato riconoscibile.

FILORAMO Resta comunque la domanda: gli aderenti a questo tipo di comunità, coloro che utilizzano questo Vangelo, da quale ambiente provengono? Possiamo fare solo ipotesi. Per esempio, potevano venire tranquillamente anche da ambienti ebraici. Dov'è stato scritto questo Vangelo? Un elemento importante è sapere se l'autore o il redattore finale è lo stesso dell'*Apocalisse*.
Sull'autore dell'*Apocalisse* sappiamo che è il Veggente di Patmos, che proviene da una zona dell'Asia Minore. Siamo alla fine del I secolo, inizi del II, in una situazione di Chiese perseguitate. Uno dei problemi che si pone a chi vuole identificare gli autori dei due testi è che nell'*Apocalisse* non si ritrovano gli elementi teologici fondamentali del Vangelo di Giovanni. Torna invece la concezione del Cristo glorioso. Ora questo Cristo glorioso potrebbe essere la rilettura, applicata a una situazione di persecu-

zione, del Cristo Inviato celeste che compare nel Vangelo di Giovanni e lo caratterizza. Se si accetta quest'ipotesi, un luogo di provenienza potrebbe essere questa zona dell'Asia Minore, Efeso e dintorni, dove era arrivata la prima predicazione di Paolo e dove c'era un mix culturale straordinario.

AUGIAS È importante ripetere che la redazione finale del testo che conosciamo come Vangelo di Giovanni è sicuramente posteriore alla predicazione di Paolo, che era avvenuta alcuni decenni prima.

FILORAMO Siamo almeno mezzo secolo dopo. Aggiungo qualche considerazione secondaria. Il Vangelo di Giovanni, per questa sua lettura cosí particolare, ha avuto una ricezione difficile nella Chiesa del II secolo. Ad esempio, vi mancavano gli elementi universalistici cosí insistiti in Paolo. Sia Paolo sia Giovanni sono stati molto usati dagli gnostici; nel momento però in cui – tra il 150 e il 180 – questi vengono considerati pericolosi dai cattolici e combattuti come eretici – un utilizzo da parte cattolica di un Vangelo spirituale come quello di Giovanni, caro agli autori gnostici, diventa problematico. Sappiamo che intorno alla fine del II secolo, l'utilizzo del Vangelo di Giovanni è rarissimo. Possiamo dire che per un secolo intero questo testo scompare. Era poco in linea con la vocazione universalista ma anche con il concetto di redenzione – da lei richiamato poc'anzi – che stava diventando vincente. La redenzione interiore e spirituale di cui il testo giovanneo è intriso è passata in secondo piano, il nuovo imperativo punta molto sull'incarnazione, sulla cattolicità, sull'espiazione, sulla visibilità, la dimensione pubblica della Chiesa, tutti gli elementi ancora oggi predominanti.

AUGIAS Caro professore, la nostra conversazione chiude qui. Ascoltandola, cercando di provocarla con le mie domande, mi sono confermato nell'idea di quanto sia difficile costruire una dottrina e dare connotati certi, il piú possibile coerenti, alla sua figura centrale. Il che introduce un altro elemento forte: le dottrine religiose non vengono calate nel mondo fatte e compiute da una divinità che elargisce dall'alto dei cieli la verità d'una fede. Le dottrine religiose, come le teorie filosofiche, sono laboriose e difficili costruzioni, lunghe e contraddittorie ipotesi costruite dagli uomini. Il che potrebbe portarci a concludere che gli stessi uomini (nel senso di *Homines*), nella loro immensa creatività, dalle lettere alla musica alle scoperte scientifiche, hanno spinto questa loro infaticabile capacità a dare vita, connotati e poteri alla figura di un qualche Dio in qualche modo fatto a loro immagine e somiglianza.

FILORAMO Le religioni, se interrogate opportunamente e delicatamente come abbiamo cercato di fare, possono continuare a essere una risorsa; potrebbe esserlo anche questa nostra ricerca – forse non inutile.

AUGIAS Me lo sono posto anch'io, mentre discutevamo, il tema della possibile utilità del nostro dialogo. Apprezzo che lei abbia detto «risorsa» perché mi domando se il nostro racconto possa avere senso in una società che in Occidente si è cosí largamente secolarizzata – e lo ha fatto nel modo peggiore, mettendo da parte vecchie superstizioni per sostituirle spesso con altre piú scadenti. Anche un ateo quale io sono non può non vedere in questi cambiamenti una pericolosa deriva verso surrogati di fede rudimentali e futili. Fenomeno che, a suo modo, ha investito anche la politica. Servirà davvero a qualcuno – mi sono chiesto – vedere di quale umanità diano testimonianza i personaggi che animano le pagine dei Vangeli? A cominciare dalla figura del protagonista? Papa Francesco cosí inviso a una parte della gerarchia cattolica ha detto una volta che è meglio essere atei che simulare un sentimento religioso senza avvertirvi l'impegno di un'appartenenza profonda.

Atei o credenti non c'è dubbio che il cristianesimo metta tutti di fronte a un'eredità inquietante. Chiedersi oggi se Dio esista o no è una domanda che non ha piú molta importanza – tanto piú che una risposta certa è impossibile, infatti nessuno l'ha mai data. Importante a me pare è vedere in che modo l'eredità cristiana possa ancora essere una «risorsa», per chi ha fede e per chi non ce l'ha. Forse può ancora esserlo se si cerca nelle Scritture non piú una Verità ma un possibile Significato. Nell'analizzare in che modo il cristianesimo aveva operato nel mondo, Nietzsche prese in considerazione ciò che la nuova religione aveva demolito dell'*epos* greco e con che cosa lo avesse sostituito. Il suo bilancio com'è noto era negativo, tuttavia almeno un merito dovette riconoscerlo: l'abissale ricerca portata dal cristianesimo *in interiore homine*.

Anche lei ha contribuito a questa ricerca spogliando i protagonisti dei Vangeli dalla rigidità indotta dalla teologia per farne personaggi della vita, partecipi, uomini e donne, alla nostra comune condizione di mortali.

Ringraziamenti.

In primo luogo, il professor Giovanni Filoramo per aver dato generoso contributo a un progetto divulgativo, lui abituato alla severità dell'insegnamento accademico. Spero che questo racconto serva a qualcosa, detto da un ateo può sembrare strano. Ateo sí, però convinto che ricostruire l'aspetto letterario dell'insegnamento cristiano sia ancora una risorsa per il mondo smarrito nel quale viviamo. Lo spirito teocratico che tante volte è prevalso nella Chiesa oggi non è piú possibile. I tempi non lo consentono, la predicazione del papa regnante va in direzione opposta. Questo può creare problemi ma relega in un passato sperabilmente senza ritorno abusi e prevaricazioni. Sono grato ai dirigenti e funzionari Einaudi che hanno appoggiato il progetto: Ernesto Franco, Andrea Canobbio. Maria Ida Cartoni, einaudiana di ferro, mi ha assistito e protetto logisticamente. Grande riconoscenza devo a Claudia Canale che ha rivisto e corretto il testo con implacabile attenzione.

C.A.

Ringrazio a mia volta il dottor Augias. È stato un compagno di viaggio ideale: sua l'idea, suo l'itinerario, sua la scansione delle tappe. Un itinerario per me inconsueto ma che ho percorso con crescente curiosità e convinzione grazie alle competenze e alla passione della sapiente guida. La casa editrice Einaudi è stata come al solito disponibile e perfetta al momento di tradurre il nostro dialogo in un vero libro. Ringrazio Ernesto Franco per la fiducia e Claudia Canale per la lettura attenta e le sapienti correzioni.

G.F.

Nota bibliografica.

Per le citazioni dalla Bibbia si è fatto riferimento all'edizione Cei (2008). Si riepilogano qui di seguito le altre fonti edite citate, quando non tradotte dagli autori: Aa.Vv., *I Vangeli,* a cura di G. Gaeta, Einaudi, Torino 2006; Aa.Vv., *I Vangeli apocrifi*, a cura di M. Craveri, Einaudi, Torino 2014; Rudolf Bultmann, *Gesú*, a cura di I. Mancini, Queriniana, Brescia 1972; Joseph Conrad, *Cuore di tenebra*, a cura di G. Sertoli, Einaudi, Torino 2016; *Vangelo di Giuda*, a cura di D. Devoti, Carocci, Roma 2012.

Indice

Stampato per conto della Casa editrice Einaudi
presso ELCOGRAF S.p.A. - Stabilimento di Cles (Tn)
nel mese di settembre 2019

C.L. 23280

Ristampa							Anno			
0	1	2	3	4	5	6	2019	2020	2021	2022